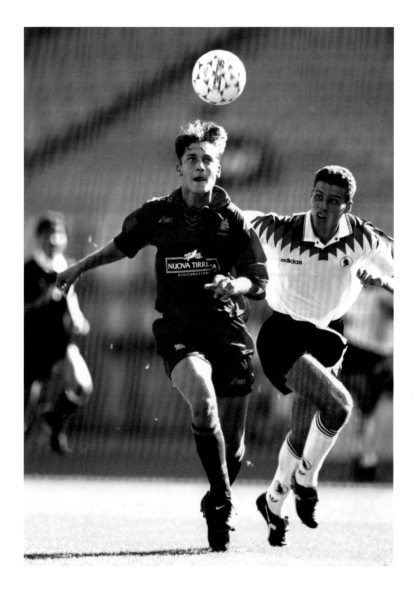

이미 지난 시즌부터 전국구 유망주로 이름을 날리고 있던 17세 소년 토티는 포자를 상대로
한 1994/1995시즌 세리에 A 개막전에 선발로 출장했다. 아직 앳된 얼굴의 토티는 전반 30
분 프로 무대 첫 득점까지 올렸다. 골 세리머니 경험이 없는 토티는 이리저리 뛰다가 관중
석을 향해 주먹을 휘둘렀다. '로마의 왕자'는 그렇게 왕위 등극을 준비하고 있었다.

2000/2001시즌 세리에 A 최종 라운드를 앞둔 AS 로마는 유벤투스에 2점 차로 앞선 1위를 유지하고 있었다. 로마의 마지막 상대는 부폰, 칸나바로, 튀랑 등이 버티는 파르마였다. 전반 19분, 토티는 부폰이 손도 쓰지 못한 강슛으로 선제골을 터뜨린 후 흥분하여 유니폼을 벗어 제치며 세리머니를 했다. 결과는 3-0 승리. 토티는 치명적인 찬스메이커이자 최연소 주장으로서 로마에 18년 만의 우승을 선사했다.

토티의 활약은 이탈리아 대표팀에서도 이어졌다. 유로 2000에서 준우승에 그쳤지만, 토티는 명실상부 세계적인 공격수로 발돋움했다. 그러나 기대를 모은 2002 월드컵 16강에서 개최국 한국을 만난 토티는 시뮬레이션 판정으로 퇴장당하며 아주리의 운명을 지옥으로 던져 버렸다. 이어진 유로 2004에서는 본선 첫 경기 만에 상대 선수에게 침을 뱉고 징계를 받는 등, 대표팀에서 토티는 나락으로 떨어졌다.

2003/2004시즌 세리에 A 20라운드 유벤투스전. 토티 스스로 느끼기에 자기 경력에서 가
장 아름다웠던 그 경기에서 토티가 역주하고 있다. 토티는 자신과 비슷한 유형의 판타지스
타 안토니오 카사노와 투톱을 이뤄 유벤투스 수비진을 혼돈의 도가니로 빠뜨리며 4-0 승
리를 이끌었다. 기록상으로는 페널티킥으로 한 골을 넣었을 뿐이지만, 황홀하고 영감 넘치
는 플레이로 가장 빛났던 것은 분명 토티였다.

'오, 월드컵이여!' 2006 독일 월드컵에서 토티는 이탈리아 대표팀에서의 기나긴 악몽을 떨쳐 내고 마침내 세계의 정상에 섰다. 비록 부상 때문에 최고의 몸 상태는 아니었고 팀 공격의 중심 역할도 피를로에게 내줘야 했지만, 토티는 훌륭한 팀플레이로 자신의 역할을 다했다. 특히 이탈리아의 우승은 같은 시기 터진 세리에 A의 칼초폴리 스캔들 속에 이뤄 낸 집념의 결과여서 더욱 빛이 났다.

2006/2007 챔피언스리그 8강 1차전에서 맨체스터 유나이티드를 만난 토티가 마이클 캐릭을 제치고 슛을 준비하고 있다. 챔피언스리그에서 토티는 뚜렷한 족적을 남기지 못했다. 이는 로마 자체가 토티의 경기력에 걸맞은 역량을 갖추지 못한 탓이 컸다. 간만에 8강까지 진출한 로마는 1차전에서 토티를 중심으로 승리를 거두었지만, 2차전에서 치욕적인 1-7 대패를 당했다. 맨유 선제골의 주인공은 캐릭이었다.

30대 후반이 된 토티는 세월이 흐를수록 존재감이 희미해지기는커녕 로마를 상징하는 선수가 되어 가고 있었다. '축구 도사'가 된 토티는 2014/2015 챔피언스리그에서 유럽 전체가 주목하는 맨체스터 시티를 만나 대회 역사상 최고령 득점을 기록했다. 영국까지 찾아온 원정 팬들에게 토티가 경기 종료 후 감사의 박수를 보내고 있다. 이어진 모스크바 원정에서도 골을 넣은 그는 자신의 기록을 38세 59일로 늘렸다.

토티 없이 살아가는 법을 배운 로마는 그를 떠나 보낼 준비를 하고 있었다. 어느덧 후보 선수가 되었지만, 토티는 출전할 때마다 뛰어난 활약을 선보였다. 그래서 그와의 작별은 더더욱 아쉬웠다. 2017년 5월 28일 2016/2017 세리에 A 최종전, 마침내 선수로서 마지막 순간을 맞이한 토티는 로마로부터 받은 사랑에 눈물을 흘리며 감사를 표했다. 팬들도 25년에 걸친 그의 헌신을 알았기에 뜨거운 눈물과 박수로 화답했다.

**프란체스코 토티**
로마인 이야기

FRANCESCO
# TOTTI
**프란체스코 토티 : 로마인 이야기**

**초판 1쇄 펴낸 날** | 2018년 5월 25일

**지은이** | 김정용
**펴낸이** | 홍정우
**펴낸곳** | 브레인스토어

**책임편집** | 이상은
**편집진행** | 남슬기
**디자인** | 이유정
**마케팅** | 정다운

**주소** | (04035) 서울특별시 마포구 양화로7안길 31(서교동, 1층)
**전화** | (02)3275-2915~7
**팩스** | (02)3275-2918
**이메일** | brainstore@chol.com
**페이스북** | http://www.facebook.com/brainstorebooks

**등록** | 2007년 11월 30일(제313-2007-000238호)

© 브레인스토어, 김정용, 2018
ISBN : 979-11-88073-19-1 (03690)

이 도서의 국립중앙도서관 출판예정도서목록(CIP)은 서지정보유통지원시스템 홈페이지
(http://seoji.nl.go.kr)와 국가자료공동목록시스템(http://www.nl.go.kr/kolisnet)에서 이용
하실 수 있습니다. (CIP제어번호 : CIP2018014423)

FRANCESCO
# TOTTI

**프란체스코 토티**
**로마인 이야기**

bs
브레인스토어

# 서장

## 토티, 가장 이탈리아인다운 축구 선수

FRANCESCO TOTTI

## "프란체스코 토티가 좋겠네요."

나는 이탈리아 축구 선수 중 한 명을 다뤄 달라는 요청에 반사적으로 토티를 떠올렸다. 더 나은 인물이 없는지 잠시 검토한 뒤, 나는 입장을 굳혔다. 역시 프란체스코 토티가 좋겠네요.

왜 토티인지 독자 여러분에 앞서 나 자신을 납득시키는 과정이 필요했다. 토티는 프랑스의 지네딘 지단, 아르헨티나의 디에고 마라도나, 네덜란드의 요한 크루이프처럼 한 나라의 축구를 대변하는 선수는 아니다. 사실 이탈리아의 칼초(calcio, 축구) 전체를 대표할 단 한 명의 레전드 따위는 없다. 여러 후보 중 가장 적합한 인물을 고르는 건 내 소관이었다.

먼저 인정할 수밖에 없는 점이 있다. 토티는 이탈리아의 주류가 되지 못한 선수다. 토티는 25년이나 되는 경력 내내 한 팀에서만 뛰었고, 그 팀은 이탈리아 최강이 아니었다. 긴긴 경력 중 스쿠데토(scudétto, 이탈리아 세리에 A 우승 기념 패치. 우승 자체를 상징하는 말로 쓰인다)를 차지한 건 겨우 한 번에 불과하다.

스쿠데토를 기준으로 가장 위대한 선수를 찾는다면, 8회 우승을 달성한 선수가 4명 존재한다. 그중 한 명은 잔루이지 부폰이다. 7회 우승한 선수도 파올로 말디니와 레오나르도 보누치를 비롯해 6명이나 있다. 기준을 개인 상 수상 경력으로 바꿔 봐도 토티는 최고가 아니었다. 토티는 발롱도르는커 녕 포디움(3위 이내 입상)에도 오른 적 없는 선수다. 이탈리아인 발롱도르 수상 자 중에서 고른다면 오마르 시보리, 지안니 리베라, 파올로 로시, 프랑코 바 레시, 로베르토 바조, 파비오 칸나바로 등 다양한 선택지가 있다.

그럼에도 토티는 이탈리아를 대표하는 선수다. 트로피 진열장의 크기가 아니라 살아 온 길과 축구장에서 보인 모습을 기준으로 삼는다면 토티만큼 이탈리아인 특유의 기질을 잘 지켜 온 선수는 드물다. 때론 지나칠 정도로 이를 잘 지켰기에 로마라는 한 도시에서 축구 인생을 마쳐야 했다.

토티는 2016년 플레이어스 트리뷴에 글을 하나 실었다. 플레이어스 트리 뷴은 미국의 전설적인 야구 선수 데릭 지터가 만든 매체다. 세계 최고의 스 포츠 선수들이 직접 글을 쓴다. 종목과 국적은 가리지 않는다. 다만 최고여 야 한다. 한국인 중에서는 프로게이머 페이커 이전까지 아무도 참여하지 못 했을 정도로 기준이 깐깐하다. 선수들의 글은 제각각이다. 때론 주제가 분명 한 글이 실린다. 코비 브라이언트의 은퇴 선언, 골퍼 모건 호프먼의 투병 고 백이 대표적이다. 반면 정해진 주제 없이 인생 역정을 길게 나열하는 선수들 도 있다. 크리스티아누 호날두와 칸나바로가 그랬다.

토티의 글은 한 가지 키워드를 다루고 있었다. 바로 토티에게 세상 그 무 엇과도 바꿀 수 없는 존재인 '가족'이었다. 그는 기고문 내내 가족에 대한 사 랑을 잔뜩 늘어놓다가, 후반부에 들어서는 "인생에서 가장 중요한 것은 가 족"이라는 노골적인 문장을 쓰기에 이르렀다. 토티에게는 평생직장 AS 로 마도, 삶의 터전 로마시(市)도 확장된 형태의 가족과 같았다. AS 로마는 조금 큰 가족이고, 로마시는 더 거대한 가족이다. 그는 가족의 품을 떠나서는 살

수 없는 인간이었다. 이 점은 그가 레알 마드리드로 이적하지 못한 결정적인 이유였다. 토티가 로마와 가족을 동일시하며 쓴 문장들은 이탈리아인답게 거창하다.

"사람들은 내게 묻는다. 왜 온 생애를 로마에서 보내느냐고. 로마는 내 가족, 내 친구, 내가 사랑하는 사람들이다. 로마는 바다, 산, 기념비다. 그리고 당연하게도, 로마인 그 자체다."

토티가 선명하게 보여 주는 가족주의와 지역주의는 이탈리아를 이해하는 데 요긴한 힌트를 제공한다. 특히 가족주의는 이탈리아 사회의 중요한 키워드다. 유럽 선진국들은 합리주의적이고 개인주의적인 태도 위에서 발전해 왔다. 개인주의에 기반을 둔 계약 관계는 근대 시민사회를 구성하는 원리였다. 반면 이탈리아는 서유럽의 주요 국가임에도 불구하고 개인주의와 거리가 멀다. 좋게 말하면 정이 넘치고, 나쁘게 말하면 무질서하다. 윈스턴 처칠은 전근대적인 이탈리아에 질서를 가져다 줬다는 이유로 베니토 무솔리니를 위시한 파시스트들을 긍정적으로 평가하기까지 했다. 처칠 자신이 권위주의적인 사람이었기에 내린 평가였지만, 한편으로 이탈리아인은 근대 개인주의를 갖추지 못했기 때문에 시민사회를 만들 자질도 없다고 깔보는 시선도 담겨 있다.

이탈리아인들에게 가족은 절대적으로 '우리 편'이다. 미국 사회학자 에드워드 밴필드는 남부 이탈리아인들의 삶이 '무도덕적 가족주의(amoral familism)'에 바탕을 둔다고 보았다. 이 유명한 표현에 담긴 의미는 곧 '가족을 위해서라면 법도 윤리도 필요없다'는 태도다. 이탈리아인은 개인이 아니라 아들/딸로서 어린 시절을 보내고, 나이를 먹은 뒤에는 개인이 아니라 아버지/어머니로서 존재한다는 이야기다. 어째 한국 사람에 대한 묘사처럼 들린다. 흔히 한국과 이탈리아는 같은 반도 국가라서 국민성이 비슷하다는 말을 하는데, 가족주의만큼은 분명 두 나라의 뚜렷한 공통점이다. 가족은 최후의 안식처이자 이익을 공유하는 파트너다. 성인이 된 자식들이 여전히 부모와 한 집에 사는 풍속도 역시 한국과 이탈리아가 비슷하다.

대중 매체를 통해 이탈리아식 가족주의를 간접 체험하는 가장 쉬운 방법은 마피아를 다룬 영화나 드라마를 보는 것이다. 이탈리아인들이 범죄자라는 뜻이 아니라, 범죄 조직조차 가족에 근간을 두고 있다는 뜻이다. 영화 〈대부〉, TV 드라마 〈소프라노스〉 등 미국에 정착한 이탈리아계 마피아를 다룬 걸작은 늘 가족 안에서 벌어지는 갈등을 다룬다. 이 작품들에는 마피아 사업이 철저한 패밀리 비즈니스라는 점이 잘 반영되어 있다. 합법적인 삶을 사는 보통 사람들도 돈이 걸린 문제는 가족과 함께 풀고 싶어 한다. 이런 문화는 가족 단위 중소기업의 번창으로 이어졌고, 한때 이탈리아 경제의 가장 큰 특징이자 경쟁력이었다. 대기업 소유주들도 가족과 일하는 건 마찬가지다. 유벤투스 구단주인 아넬리 가문의 크라이슬러 오토모빌스가 대표적이다. AC밀란 전 구단주인 실비오 베를루스코니와 그 자녀들이 건설한 미디어 재벌 기업도 패밀리 비즈니스다. 베네통, 페라가모, 구찌, 베르사체 등 패션 브랜드들도 가족기업이다.

심지어 축구 감독들도 패밀리 비즈니스를 선호한다. 마르첼로 리피가 중국으로 갈 때, 카를로 안첼로티가 독일로 갈 때, 안토니오 콘테가 잉글랜드로 갈 때, 그들은 동생이나 아들을 꼭 동행시켜 한 자리를 맡겼다. 2017년 말 안첼로티가 바이에른 뮌헨에서 해고당할 때 문제가 됐던 것도 혈연으로 얽힌 코칭스태프 구성이었다. 그러나 이탈리아인들에게 이것은 자연스러운 일이다. 독일인들은 이를 혈연에 따른 채용 비리로 의심했지만, 이탈리아인들에게는 '가장 믿을 만한 사람을 곁에 두고 힘을 합치겠다는데 뭐가 문제냐'라는 논리가 성립한다.

토티가 한 지역에서 평생을 뛰었다는 점은 더없이 이탈리아인답지만, 한 편으로는 이탈리아에서 보기 드문 선택이기도 하다. 이탈리아 구단 사이에서는 '저 팀으로 이적하면 역적'이라는 관계가 좀처럼 없다. 오히려 선수 활용도를 극대화하기 위해 선수를 자주 주고받는다. AC 밀란과 인테르나치오날레, 로마와 라치오에서 모두 뛴 선수가 수두룩하다. 한 팀을 오래 지킨 최근 선수로는 밀란의 파올로 말디니, 인테르의 하비에르 사네티, 로마의 토티와 다니엘레 데로시 정도가 있을 뿐이다.

그런 '원 클럽 맨' 중에서도 한 도시의 상징이 된 선수는 토티 단 한 명이다. 말디니와 사네티는 밀라노를 대변하지 못한다. 한 도시에 유명 팀이 두 개라서 그런 건 아니다. 로마 역시 라치오와 한 경기장을 쓰는 사이다. 오히려 더비 경기의 격렬함은 로마가 더 치열하다. 그럼에도 로마를 상징하는 축구 선수는 단연 토티다. 자신이 사는 도시, 그것도 세계에서 가장 유서 깊은 도시에다 거대한 초상화로 영역 표시를 한 선수는 축구 역사를 통틀어 토티 뿐이다.

카를로 안첼로티는 토티와 로마의 관계를 말할 때 "프란체스코는 이론의 여지가 없는 로마의 상징으로 남았다"고 표현했다. 프랑스인인 티에리 앙리는 이렇게 말했다. "로마에 대해 말할 때는 토티를 생각하게 된다. 토티에 대해 말할 때는 로마를 생각하게 된다."

이렇듯 한 지역을 오롯이 대표하는 선수라는 점에서, 토티는 이탈리아 지역주의를 잘 드러내는 인물이기도 하다. 이탈리아인들은 자신들이 하나의 나라로 통합된 적이 없다고 생각한다. 이미 19세기에 오스트리아 정치가 클레멘스 폰 메테르니히가 "이탈리아는 지리적 표현에 불과하다"며 그들에게 국가 정체성이 없는 것을 비꼬았다. 비슷한 시기 이탈리아인들도 '이탈리아인 만들기(fare gli italiani)'를 해야 한다는 문제의식을 가졌다. 그러나 인위적인 방법을 써서라도 한 국민의 정체성을 만들어 보려는 시도는 약 150년이 지 난 지금까지도 성공하지 못했다.

도시국가로 갈라져 산 세월이 워낙 길다 보니, 이탈리아의 사투리는 방언 이라기보다 아예 별개의 언어에 가깝다. 대중 매체의 영향으로 표준어의 영 향력이 점점 커지고 있지만, 토티 세대까지만 해도 로마인들은 로마어와 표 준어 '2개 국어'를 기본적으로 구사했다. 로마 사투리는 최근까지 통신 은어 나 문자 메시지 등에 쓰이며 젊은 층 사이에서도 생명력을 유지하고 있다.

토티는 이탈리아인의 지역주의가 골수까지 박힌 채 태어난 사람이다. 그 는 자신이 이탈리아인이라기보다 로마인이라는 점을 끝없이 드러낸다. 그의 어록 중 가장 유명한 말도 이탈리아어가 아닌 로마 사투리였다.

토티는 유로 2000의 명경기였던 네덜란드전에서 승부차기를 칩숏으로 처리해 화제를 모았다. 킥을 하러 나가기 직전, 토티는 파올로 말디니에게 "모 제 파초 에르 쿠키아이오(Mo je faccio er cucchiaio)"라고 말했다. 이 말은 "나 는 칩숏을 할 거야"라는 뜻의 로마 사투리다. 표준어라고 생각하고 보면 해 석이 불가능하다. 평생 밀라노에서 산 말디니에게 로마 사투리를 쓰는 건 괴 상한 짓이었지만, 토티는 긴장되는 순간 본능적으로 로마인의 언어를 쓴 것 이다.

축구는 점점 세계화되고 있다. 토티는 1990년대 초에 데뷔한 선수다. 2000년대 들어 유럽 전역의 교류가 훨씬 활발해졌다. 2010년 이후로는 선 수가 유럽을 넘어 미국이나 중국으로 이적하는 것조차 자연스러운 시대가 왔다. 한때 토티보다 더 낭만적인 선수로 인식됐던 스티븐 제라드조차 로스 앤젤레스에서 마지막 1년을 보내느라 원 클럽 맨이 되길 포기했다. 토티도 말년에 새로운 무대를 택할 수 있었다. 그러나 토티는 감독과 갈등을 겪으면 서도 끝내 로마에서 은퇴했고, 공백기 없이 곧장 로마 구단 운영에 참여하기 시작했다. 토티의 일터는 10대 시절부터 지금까지 줄곧 로마의 홈구장 스타디오 올림피코다. 로마 시민들은 그런 토티에게 동질감을 느낀다. 같은 정체성을 서로 공유한다는 사실을 잘 알기 때문이다.

내가 토티를 주목하는 가장 큰 이유는 그가 이탈리아 축구의 가장 큰 매력을 느끼게 해 주는 선수이기 때문이다. 토티는 그라운드 위에 판타지아(fantasia)를 펼쳐 보인 선수다. 그는 우리 시대 선수 중에서 가장 강렬한 판타지아를, 무려 20여 년에 걸쳐 선사했다. 토티 같은 선수를 판타지스타(fantasista)라고 부른다. 요즘엔 의미가 다소 퇴색된 표현이다. 영어 단어 'fantastic'에서 영향을 받은 탓인지, 이제 판타지스타는 '판타스틱한 선수'에게 붙이는 평범한 칭찬 정도로 받아들여지곤 한다. 혹은 뛰어난 2선 공격수를 뭉뚱그려 판타지스타라고 부를 때도 있다. 크리스티아누 호날두처럼 창의성과 거리가 먼 선수에게 판타지스타라는 수식어가 붙는 걸 보면 이 단어의 의미가 과거보다 많이 넓어진 듯하다. 그러나 이 단어에는 원래 미묘한 뉘앙스가 있다. 판타지스타라는 말이 쓰이는 맥락을 보면, 이탈리아인들이 갖고 있는 독특한 취향이 느껴진다.

이탈리아에 오래 산 영국인 존 후퍼는 판타지아의 좋은 예로 '육군 제3군단'을 든다. 1950년대 이탈리아는 소련의 침공에 대비하기 위해 30만 명 규모의 부대를 베네치아에 창설했다. 이 부대의 이름이 육군 제3군단이었다. 소련은 대군이 지키는 이탈리아 북동부를 섣불리 건드릴 수 없었다. 그런데 사실 이 부대는 허구였다. 부대장과 참모 몇 명만 실제로 임명했고, 30만이나 되는 부대원은 서류상으로만 존재했다. 참모들은 진짜 군대가 있는 것처럼 인력 배치, 보급, 심지어 진급에 대한 서류를 꾸준히 만들어 소련 측 스파이에게 일부러 흘렸다. 이탈리아 육군의 초대형 허풍이었다. '죽은 공명이 산 중달을 쫓았다'는 고사를 연상시키는 이탈리아의 계략이다.

《삼국지》의 독자들이 제갈량의 계책을 보고 받는 쾌감과 비슷한 것이 판타지아다. 그리고 이탈리아 축구팬들이 판타지스타에게 바라는 플레이다. 판타지아는 '상상', '공상' 혹은 '일시적인 생각', '홀연히 내킨 생각'이라는 뜻이다. 그러므로 판타지스타를 영어로 옮긴다면 '판타스틱 플레이어'가 아니라 '일루셔니스트'에 가깝다고 볼 수 있다. 상상력을 통해 그라운드 위에 환상을 창조함으로써 상대 수비를 골탕 먹이는 존재가 판타지스타다. 이탈리아인들이 가장 좋아하는 승리 방법이다.

토티는 지단의 우아한 발레, 메시의 현란한 탭댄스를 갖지 못한 선수다. 지단과 메시는 어떤 상황에서도 자기 신체를 완벽하게 통제한다는 점에서 김연아처럼 우아한 예술가들이다. 반면 토티는 종종 뒤뚱거리며 패스한다. 그런데 토티의 발을 떠난 공은 상대 수비진 누구도 예상하지 못한 곳에 떨어진다. 토티의 상상력을 이해하고 호흡을 맞추는 공격수가 있다면 즉시 득점 기회가 생긴다. 기술이 아닌 상상력과 감각만으로 만드는 득점 기회. 이탈리아인들의 전형적인 환상이다. 토티의 플레이에서 천재의 영감이 번뜩인다고 느낄 때 이탈리아 사람들은 유독 큰 환호를 보냈다. 만화적 과장이 섞여 있긴 하지만 일본 만화《환타지스타》가 판타지스타의 이상적인 모습을 잘 표현했다. 이 만화에 등장하는 판타지스타는 '몇 초 뒤 미래를 볼 수 있는 선수'로 묘사된다.

토티의 명장면은 다른 어느 선수의 명장면과도 다르다. 토티의 롱 패스는 사비 알론소나 데이비드 베컴처럼 아름다운 호를 그리며 날아가지 않았다. 대충 뻥 찬 것처럼 보이는 패스가 볼품없이 땅에 떨어져 통통 튕길 때도 있었다. 베컴이 평생 동안 연마해 한 치의 오차도 없는 자세로 킥을 날렸던 것과 달리, 토티의 킥 자세는 상황에 따라 제멋대로였다. 그러나 결과는 똑같이 정확했다. 오히려 상대의 허를 찌른다는 점에서는 토티가 더 절묘했다.

토티는 '180도 회전 장거리 백힐 로빙 스루 패스'라든가 '360도 회전 원터치 백힐 패스'와 같은, 대체 어떻게 저런 발상을 하는지 궁금한 패스를 날리곤 했다. 역시 몸동작은 그리 우아하지 않았다. 그럴 때 토티의 무기가 바로 상상력과 감각이었다.

"예전에 축구는 더 전술적이었고, 지금은 더 육체적이에요. 나는 예전이 더 마음에 들어요. 더 기술적이고 더 차분했어요. 내겐 그런 게 축구예요. 축구는 기술적이고 정신적인 것이죠. 모든 긴 머릿속에 있어요. 공이 어디에 있는지, 공을 어디로 보내고 싶은지 이해해야만 해요."

역사는 때로 천재에 의해 진보한다. 토티의 영감은 '가짜 9번'이라는 새로운 포지션 개념을 만들어 냈다. 현대 축구는 토티의 상상력 덕분에 한 발 발전할 수 있었다. 당신이 천재들의 영감에 매혹을 느끼는 사람이라면 토티를 지지하게 될 것이다.

이탈리아인들이 가장 좋아하는 종류의 천재이며, 이탈리아인답게 자기 고장에 자긍심을 느끼며, 이탈리아인답게 가족 안에 머무른 선수. 이 점만으로도 토티에 대해 이야기할 필요는 충분해 보인다. 여기에 하나를 더한다면 토티가 영원한 2인자라는 점이다. 토티는 이탈리아 대표팀과 함께 세계 챔피언이 되었고, 자국 리그 우승도 경험해 보긴 했다. 그러나 그의 실력과 위상에 비해 트로피의 목록은 턱없이 부족하다. 그를 지긋지긋하게 따라다닌 건 우승이 아니라 준우승이었다.

영원한 2위는 때로 챔피언보다 매력적인 법이다. 2위는 두 번째로 영광스런 성적이지만, 동시에 모든 패자 중 가장 눈에 띄고 창피한 패자다. 1위 못지않게 멋진 축구를 하면서도 정상 직전에서 늘 좌절하는 자의 얼굴엔 예술성이 깃들어 있다. 조반니 보카치오가 《데카메론》에 쓴 것처럼 "고통받는 사람에게 연민을 느끼는 것은 인지상정"이다. 토티의 이야기를 따라가다 보면 자주 연민을 느끼게 된다. 잘하는 것도 모자라서 보호 본능까지 불러일으키는 축구 선수라니. 이 정도면 25년이나 되는 인생을 따라갈 가치가 충분하지 않나. 그래서 나는 토티의 여정을 뒤쫓기로 했다. 그 여정은 토티가 어린 시절 공을 차던 골목에서 시작된다.

# 차례

에 르 푸 포 네

# ER PUPONE

1

토티가 이탈리아 최고 선수로 자리 잡기까지

## __ 토티가 살던 동네에서

비아 베툴로니아는 관광 안내서의 지도에서는 누락된 동네다. 일반적인 로마 관광 지도의 오른쪽 아래 모서리는 콜로세움으로 끝난다. 거기서 남동쪽으로 2km 정도 더 내려가야 비아 베툴로니아가 나온다. 왕복 2차선 정도밖에 되지 않는 평범한 차도에 차들이 빽빽하게 서 있고, 그 좌우로는 누리끼리한 아파트뿐이다. 골목의 서쪽 끝은 아우렐리우스 방벽으로 끝난다. 이 길에 들어선 여행자가 있다면 방벽을 따라 걷다가 라티나 문(Porta Latina) 근처에서 길을 잘못 꺾었을 가능성이 높다. 그는 코레 데 로마(Core de Roma)라는 이름의 리스토란테-피제리아 말고는 아무것도 볼 게 없다는 걸 알고 금방 발길을 돌릴 것이다.

눈이 밝은 사람이라면 코레 데 로마가 여느 식당과는 다르다는 걸 눈치챌지도 모른다. 차양막에는 가게의 옛 이름인 '로마 1927(Roma 1927)'이 적혀 있다. 문을 닫은 날은 셔터 위에 그려진 축구 선수들의 그림이 보인다. 채색은 진홍색과 노란색으로만 이뤄져 있다. 셔터가 올라가면 유리문 위에 덕지

**토티가 태어나 어린 시절을 보낸 비아 베툴로니아와 골목 끝에 보이는 아우렐리우스 방벽**

덕지 붙어 있는 축구팀의 엠블럼이 나타난다. 엠블럼은 방패 모양이다. 방패를 진홍색과 노란색이 양분하고, 그 위에서 검은색 늑대가 로물루스와 레무스(늑대 젖을 먹고 자랐다고 전해지는 로마 건국 신화의 두 주인공)에게 젖을 먹이고 있다. 모두 AS 로마 축구팀의 상징이다. 이곳은 로마 서포터를 위한 식당이다. 프란체스코 토티가 나고 자란 집이 바로 이 근처에 있다. 토티는 지금도 여전히 코레 데 로마의 단골손님이다.

내부를 둘러보면, 식당이라기보다 토티에게 바치는 작은 박물관에 가까운 공간이 펼쳐진다. 벽은 온통 로마의 역사적인 사진과 사인 유니폼으로 장식돼 있다. 그중에서도 로마가 리그 우승을 차지한 2000/2001시즌의 영광스런 기억이 큰 비중을 차지하고 있다. 한쪽 벽을 크게 차지하고 있는 토티, 데로시, 알레산드로 플로렌치의 사인 유니폼도 눈에 띈다. 로마 왕가 3대를

**AS 로마의 역사와 자긍심이 한눈에 보이는 코레 데 로마 식당**

상징하는 유니폼 배치다. 방문자가 토티 이야기를 하면, 직원은 은밀한 거래를 하는 사람처럼 계산대로 그를 데려간 뒤 사진 두 장을 조용히 건넨다. 토티의 사인(아쉽게도 친필은 아니다)이 적힌 사진을 고화질로 복사한 것이다. 직원 유니폼의 가슴에는 AS 로마 엠블럼이 그려져 있고, 등에는 '잔뜩 마시고 로마를 응원하자'라는 로마 사투리 문구가 적혀 있다. 이 식당은 로마에 대한 자부심이 유독 강하다. 직원은 "로마식으로 드시겠습니까?" 한 마디만 물어본 뒤 손님이 고개를 끄덕이면 추천 코스를 내 온다. 생선 튀김이 포함된 로마 특유의 정식이다.

토티가 태어난 1976년 6월 7일에도 비아 베툴로니아는 서민들이 사는 동네였다. 아버지 로렌초는 은행원이었고, 어머니 피오렐라는 전업주부였다. 토티는 어렸을 때부터 신체 능력이 좋은 편이었다. 영웅 신화를 쓸 정도는 아니었지만 뭐든 빨랐다. 생후 9개월부터 걸었다. 로렌초는 훗날 아들의 어린 시절을 돌아보면서, 프란체스코가 4살 때 8살 형들을 깜짝 놀라게 할 정도로 잘 뛰어다녔다고 말한 적이 있다.

그러나 토티의 집안에 딱히 운동선수의 피가 흐르는 건 아니었다. 위대한 축구 선수의 자질은 신체적으로보다 문화적으로 물려받은 측면이 컸다. 토티 집안은 대대로 AS 로마의 서포터였다. 토티가 어렸을 때 세상을 떠난 할아버지도, 할머니 잔루카도, 부모와 형제도 마찬가지였다. 토티는 은퇴를 1년 남기고 쓴 자전적인 글에서 "로마에서 자란 꼬마라면 생각할 수 있는 선택지는 둘뿐이다. 빨강과 파랑, 즉 로마 아니면 라치오다. 그러나 우리 가족이라면 선택지는 하나뿐이었다"라고 말한 적이 있다. 그는 자신이 로마 서포터로 시작해 선수가 된 걸 '운명'이라고 했다.

토티는 4살 때부터 좁은 아파트에 있던 TV를 통해 축구 경기를 봤다. 아직 모든 경기를 중계해 주던 시기가 아니었기에 토티는 경기장에 직접 가고 싶다는 충동을 느꼈다. 7살이 되자 아버지는 토티를 로마 홈구장 스타디오 올림피코로 처음 데려갔다. 그때나 지금이나 이탈리아 관중석에는 담배 연기가 자욱하다. 어린 토티에게 엄청난 함성과 매캐한 연기 가운데 서 있는 건 완전히 새로운 경험이었을 것이다. 토티는 그때 느낀 감정을 다른 언어로 번역할 수 없다며 "벨리시모(bellissimo)"라는 단어를 썼다. '아름답다(bello)'의 최상급에 해당하는 표현이다.

어린 토티에게는 자기 동네였던 산 조반니, 특히 비아 베툴로니아를 오가며 공을 차는 게 중요한 일과 중 하나였다. 토티는 길거리에서 공을 차며 상상력을 키운 구세대 선수다. 울타리 사이로 공을 통과시키는 연습, 골목에 놓인 장애물과 오가는 사람들을 자연스럽게 피하는 연습을 통해 어떤 상황에서도 드리블할 수 있는 능력을 갖췄다. 산 조반니는 낡은 아파트 사이사이

**토티가 다녔던 알레산드로 만초니 초등학교**

유적과 유명 건축물이 섞여 있는 곳이다. 토티는 성당 벽을 따라 공을 몰고 다녔다.

코레 데 로마에서 한 골목만 건너면 토티가 다닌 초등학교가 있다. 알레산드로 만초니 초등학교의 운동장은 축구장 절반 정도 크기에 불과하다.

토티는 이 운동장에서 나와 비아 베툴로니아를 거쳐 근처 공원까지 공을 차며 쏘다녔다. 토티의 형 리카르도, 그리고 리카르도보다 더 나이가 많은 동네 형들이 토티의 상대였다. 토티는 형들이 축구하자고 불러내면 쭈뼛거리며 뒤로 숨을 때도 있었지만, 일단 공놀이가 시작되면 밀리지 않았다. 어린 시절 토티의 상대였고 여전히 알레산드로 만초니 학교 앞에 사는 마르코 씨는 한 인터뷰에서 "발코니에서 소리치거나 인터폰으로 불러내 토티 형제와 함께 축구를 했어요. 프란체스코는 종종 함께 뛰고 싶지 않다고 말했지만 결국 같이 축구를 했고요. 끝난 다음 우리는 '거봐, 너 잘하잖아'라고 말해 주곤 했어요"라고 회고했다.

이 동네 사람들은 한 자리에서 오래 사는 편이다. 이탈리아 매체들은 토티가 은퇴할 즈음 차례로 비아 베톨로니아를 찾아갔다. 그 동네 사람 누굴 붙잡고 물어봐도 30년 전 토티에 대한 에피소드가 하나씩 나왔다. 그 정도로 다들 토박이였다. 토티가 축구를 하다가 물을 얻어 마시던 술집, 파니니 카드(이탈리아의 유명한 선수 스티커 카드)를 사던 가게, 토티의 어머니가 머리를 자르던 미용실과 그 건물에 사는 사람들이 모두 그대로 머물러 있었다.

토티는 자기 인생에 가장 큰 영향을 미친 인물이 어머니라고 생각한다. 이탈리아 가정이 대개 그렇듯 토티네 집도 피오렐라가 실세였다. 피오렐라는 두 아들을 독실한 가톨릭 신앙에 따라 키웠다. 일요일에는 꼬박꼬박 미사에 참석했다. 대가족이 모인 저녁 식사 자리에서 카드 게임이 벌어졌고, 어린이들은 노인의 심부름을 해야 했다. 종교적이고 가족적이라는 점에서 전형적인 로마 서민 집안의 가정 교육이었다. 토티에겐 좋은 울타리였다. 그는 수업 시간에 충실하려고 노력하는 학생이었지만, 나중에 무식한 이미지로 유명해질 남자답게 성적은 좋지 못했다.

어린 시절 많은 사람들이 그렇듯 토티에게도 약간의 도벽이 있었다. 친구들과 축구를 하다가 공을 슬쩍 숨긴 뒤 시치미를 떼며 집으로 돌아가는 장난에서 재미를 느꼈다. 한때는 축구공 컬렉션이 생길 정도로 공이 쌓였지만 나중에 다 돌려줬다. 그는 나쁜 길로 빠지지 않은 것이 온전히 어머니 덕분이라고 믿는다.

토티를 축구장으로 데려가고 벤치에서 기다리다가 집에 데려오는 건 늘 피오렐라의 몫이었다. 그 시절 방과 후에 아들에게 시킬 만한 교육은 많지 않았다. 토티 형제는 하교 후 자연스럽게 축구를 하기 시작했다. 토티가 7살에 들어간 첫 팀은 동네 팀 포르티투도였다.

토티가 어린 시절 뛰었던 축구팀 포르티투도의 현재 모습

1920년대 명문팀의 이름을 물려받았지만 1980년대에는 좁고 질척거리
는 운동장을 가진 동네 축구교실에 불과했다. 이후 토티는 형을 따라 SMIT
트라스테베레(현재 ASD 트라스테베레)로 옮겼다. 여전히 집에서 가깝긴 했지만 테
베레 강을 서쪽으로 건너가야 했다. 트라스테베레는 이탈리아 6부 리그인
프로모치오네에 속한 팀이었다(2016년 2월, 토티가 로마를 떠날 가능성이 제기됐을 때 트라
스테베레 서포터들은 토티의 '친정 복귀'를 권유하는 유쾌한 응원을 보내기도 했다). 토티는 1985년
여름에 처음으로 이탈리아축구협회(FIGC)에 정식 등록됐다.

이때부터 토티가 보여 준 천재성은 계속된 월반을 통해 잘 기록되어 있
다. 토티를 가진 감독들은 다들 규정 위반을 감수해 가며 천재를 상위팀으로
올려 보내고 싶어 했다. 토티는 유소년 리그에 처음 참가한 1985/1986시즌
후반기에 10살의 나이로 U-15 팀에서 뛰었다. 로마 유소년 팀과 맞대결을
벌이기도 했다. 나중에 1군 동료가 될 파비오 페트루치, 로베르토 무치, 프란
체스코 스타투토가 토티의 상대로 등장했다. 물론 토티보다 5살 많은 형들
이었다.

단 한 시즌을 뛰고 토티의 소속팀은 로디지아니로 바뀌었다. 이번 팀은
4부 리그에 속해 있었다. 로마 지역 유소년 축구계에서는 꽤 비중이 있는 팀
이다. 토티보다 후배인 로마 태생 스타 에밀리아노 모레티, 안토니오 칸드레
바, 알레산드로 플로렌치도 어린 시절 로디지아니 유소년 팀을 거쳤다. 더
큰 팀에서 뛸수록 토티의 재능은 점점 널리 알려졌다.

10세 때부터 토티는 토티였다. 그의 플레이에는 이미 판타지아가 자리 잡
고 있었다. 토티는 여느 사람의 발상과는 다른 플레이를 했다. 로디지아니에
서 토티를 지도한 에미디오 네로니는 종종 그의 플레이를 이해할 수 없었다
고 고백했다. "내가 해야 할 일은 토티를 발전시키는 게 아니라, 타고난 재능
을 옳은 길로 이끄는 것뿐이었어요. 토티는 DNA 속에 축구를 품고 있었어

요. 토티는 멍청한 플레이를 했죠. 길을 잃은 것처럼 보였어요. 그 순간, 갑자기 골을 터뜨렸어요."

토티는 이미 AS 로마와 라치오 양쪽의 주목을 받는 선수였다. 로마는 심지어 토티가 10살 때부터 주시하고 있었다. 트라스테베레 감독이었던 아르만도 트릴로가 로마 유소년 담당자인 에르메네질도 잔니니에게 토티를 소개했기 때문이다. 그러나 토티의 부모가 이미 아들을 로디지아니로 이적시키기로 결정했다는 걸 알고 잔니니가 한 발 물러났다. 그는 로마에서 주장을 맡고 있던 전설적 선수 쥐세페 잔니니의 아버지이기도 하다. 쥐세페 잔니니의 브로마이드는 토티의 침실 벽에도 붙어 있었다. 여러모로 운명적인 만남이었지만 시점이 약간 엇갈리는 바람에 토티의 로마 입단은 3년 뒤로 미뤄졌다.

1988년 1월, 로디지아니는 토티의 활약에 힘입어 유소년 대회 결승전에서 라치오에 2-0 승리를 거뒀다. 라치오는 그때 2부 리그 구단이었다. 소규모 구단 로디지아니의 이변을 이끈 천재 미드필더는 라치오의 관심을 끌었다. 그때 토티와 상대한 라치오 선수 중에는 알레산드로 네스타도 있었다. 네스타 역시 로마 토박이였고, 곧 더비 경기에서 치열하게 맞부딪칠 운명이었다.

로디지아니에서 세 시즌을 보낸 토티는 13세가 되었다. 그는 4부 구단이 품을 수 없는 전국구 유망주로 성장해 있었다. 어느 날 토티의 집 문을 노크하는 소리가 들렸다. 피오렐라가 문을 열자 양복을 입은 남자 몇 명이 서 있었다. 약간 극적으로 각색이 됐을 수도 있지만, 어쨌든 토티의 회고는 이렇다. 양복쟁이들은 AC 밀란에서 나온 축구 디렉터라며 토티를 영입하려고 했다. 비용이 얼마가 들든 상관없다는 태도였다. 하지만 피오렐라는 제스처로 말하는 이탈리아 사람답게 손을 내저으며 "아뇨, 아뇨. 미안하지만 거절

합니다. 거절해요"라고 잘라 말했다.

토티는 피오렐라가 밀란 입단을 거절한 건 어린 자식을 머나먼 북부 도시에 보낼 수 없다는 생각 때문이었을 거라고 짐작한다. 당시 밀란은 세리에 A 챔피언이었다. 중위권에 불과한 로마보다 훨씬 크고 화려한 팀이었다. 아들의 축구 경력만 생각했다면 이적을 받아들이는 게 맞았을 것이다. 토티가 다른 도시로 떠날 유일한 기회가 어머니의 보호 본능에 막혀 사라졌다. 그러나 토티는 어머니의 결정에 이의가 없었다. 오히려 이 경험은 그에게 인생에서 가장 중요한 게 가족이라는 가치관을 가슴속에 새기는 계기가 되었다.

토티는 1988/1989시즌을 마치고 마침내 AS 로마에 입단했다. 입단 과정에 대해서는 몇 가지 증언이 엇갈리는데, 여러 이야기를 조합하면 이렇다. 밀란이 토티 영입에 실패한 뒤 유벤투스, 라치오, 로마가 연이어 그의 영입에 관심을 보였다. 로디지아니는 그중 라치오로 토티를 보낼 생각이었다. 그러나 잘로로시(Giallorossi, 붉은색과 노란색이라는 뜻으로, AS 로마의 별명)의 철천지원수 구단으로 아들을 보내게 된 피오렐라가 펄쩍 뛰었다. 피오렐라는 로마의 잔니니와 접촉해 토티를 데려가 달라고 부탁했다. 다른 증언에 따르면, 토티 가족이 다함께 로디지아니 회장 사무실로 불려 가 로마와 라치오 중 한 팀을 선택했다고도 전해진다.

어찌 됐든 이미 토티에게 관심이 있던 로마가 본격적인 이적 협상에 나섰다. 디노 비올라 로마 회장이 쥐세페 말비치니 로디지아니 회장에게 직접 전화를 걸어 속전속결로 영입을 성사시켰다. 로마는 토티를 데려가는 대신 성인 선수인 잔니 카베치와 스티파노 플라치디에 300만 리라(약 1,550유로)까지 얹어 주었다. 토티 집안에는 경사였다. 오랜 잘로로시 서포터 집안에서 선수를 배출한 것이다. 토티가 티포지(tifosi, 팬)에서 지오카토리(giocatori, 선수)가 된 순간이었다.

## ___ 꼬마, 네 차례다

피오렐라는 토티가 잘로로시의 일원이 된 뒤에도 여전히 아들의 출퇴근을 책임졌다. AS 로마 유소년 팀 훈련장 겸 홈구장인 트레 폰타네 경기장은 토티의 집으로부터 겨우 5km 정도 떨어져 있었다. 피오렐라와 토티에겐 다행이었다. 1989년 7월 20일 로마 소속으로 이탈리아축구협회에 등록된 토티는 8월부터 트레 폰타네로 훈련을 받으러 다녔다. 토티는 입단하자마자 2년을 월반해 U-15 팀에서 뛰었고, 첫 시즌에 최우수 선수상을 받았다. 그리고 1년에 한 단계씩 밟고 올라가 1992/1993시즌에는 프리마베라(primavera, 2군)에 이름을 올리는 데 성공했다. 2군에 적을 두고 있었지만 더 낮은 연령대 팀에서 요청이 있으면 경기에 참가하기도 했다.

15세 때 토티는 잊기 힘든 경험을 했다. 로마 1군의 선배들이 UEFA컵(유럽축구연맹컵, 현 유로파리그) 결승전에 올라 인테르나치오날레 밀라노와 맞붙었다. 1차전 원정에서 0-2로 패배하고 홈으로 온 로마는 2차전 역전이 절실했다. 후반 36분이 되어서야 선제골이 나왔다. 로베르토 무치가 헤딩으로 공을 떨어뜨렸고, '리치골'이라는 별명이 붙을 정도로 골 냄새를 잘 맡았던 루지에로 리치텔리가 왼발로 강하게 차 넣었다. 그러나 이후 추가골은 나오지 않았다. 스타디오 올림피코에서 우승 세리머니를 한 팀은 로마가 아니라 인테르였다.

그날 토티는 볼보이였다. 그것도 서포터들이 자리 잡는 쿠르바 노르드(Curva Nord, 휘어진 모양의 북쪽 스탠드) 바로 앞에 자리를 잡고 있었다. 귀로는 시끄러운 응원 소리를 듣고, 눈으로는 수십 개의 홍염을 보며 거대한 자극을 받을 수밖에 없는 자리였다. 리치텔리의 골은 토티의 눈앞에서 터졌다. 골이 터지는 순간 토티를 비롯한 볼보이 소년들은 경기장으로 난입할 뻔했다.

어린 토티에게 강렬한 인상을 남긴 인테르의 게르만 삼총사.
왼쪽부터 마테우스, 클린스만, 브레메

잠시 후 종료 휘슬이 울리자 인테르의 전설적인 골키퍼 왈테르 젱가가 골문 앞에서 만세를 부르다가 벌렁 드러누웠다. 볼보이 소년들은 좀비처럼 걸어가 눈앞의 스타를 둘러쌌지만, 젱가는 철조망을 빠져나가는 특공대처럼 민첩하게 몸을 굴려 회피한 뒤 벌떡 일어나 동료들에게 달려갔다. 토티만은 젱가에게 다가가지 않았다. 광고판 근처에서 서성이던 토티는 환호하며 멀어지는 젱가를 아쉬운 듯 바라볼 뿐이었다.

토티는 이날 목격한 인테르의 스타들을 똑똑히 기억하고 있다. 인테르는 게르만 삼총사의 시대였다. 미드필더 로타르 마테우스, 왼발의 달인 안드레아스 브레메, 당대 최고의 스트라이커 위르겐 클린스만은 2년 전 바로 그 장소에서 월드컵 우승까지 차지한 독일의 핵심 멤버들이었다. 캄피오니 델 몬도(campioni del mondo, 세계 챔피언들)가 토티의 눈앞에서 뛰고 있었다.

토티는 경기가 끝난 뒤에도 흥분을 간직하고 싶었다. 경기장을 나선 그는 서둘러 집으로 달려갔다. RAI 채널의 하이라이트 프로그램 〈도메니카 스포르티바〉를 보기 위해서였다.

토티의 눈앞에서 뛴 로마 선수 중엔 어린 시절부터 그의 우상이었던 잔니니도 있었다. 잔니니는 벌써 열 시즌 째 로마에서 뛰고 있던 위대한 주장이었다. 로마의 10번답게 우아하고 창조적이었다. 사람들은 그를 '왕자 (Il Principe)'라고 불렀다. 그는 로마를 응원하는 모든 꼬마들의 우상이었고 당연히 토티의 우상이기도 했다. 이때까지만 해도 토티는 잔니니의 10번을 자신이 물려받을 줄은, 그리고 잔니니보다 더 위대한 주장이 될 줄은 알지 못했다.

볼보이로서의 강렬했던 경험 이듬해, 16세가 된 토티는 프리마베라 경기에서 탄성이 나올 만한 골을 터뜨렸다. 토티 본인의 회고에 따르면 "페널티 지역 밖에서 왼발 발리를 했고 골망 뒤쪽에 꽂힌, 잊을 수 없는 골"이었다. 프로 데뷔 직후 가진 인터뷰에서 토티는 이 골을 자기 생애 최고의 골로 꼽았다.

AS 로마 유소년 팀은 확실히 그의 지난 소속팀보다 좋은 환경을 제공했다. 로디지아니 시절에도 토티는 공격형 미드필더였지만 전형적인 10번, 즉 수비 부담에서 벗어나 공격을 주도하는 선수는 아니었다. 당시 감독은 토티가 그리 특별해 보이지 않았다는 말도 했다. 토티의 재능을 알아볼 만한 지도자들은 로마에서 기다리고 있었다.

토티에게 결정적인 해는 1993년이었다. 그는 그해 2월 처음으로 1군 경기를 치렀다. 스타디오 올림피코에서 테베레 강을 건너면 나오는 스타디오 플라미뇨(지금은 폐쇄되었다)에서 치른 친선 경기였다. 동시에 알리에비(Allievi, 주니어라는 뜻으로 U-17 팀을 부르는 말)도 토티를 계속 불러냈다. 토티와 함께 승승장구

한 알리에비는 6월 27일 결승전에 진출했다. 페루자에서 열린 결승전 상대
는 밀란이었다. 거기서도 토티를 중심으로 두 골을 넣은 로마가 우승을 차지
했다.

우승 당시 감독이었던 에치오 셀라는 중간에 부임했기 때문에 토티와 함
께한 시간이 몇 개월에 불과했다. 그러나 셀라는 토티와 나눈 시간을 특별하
게 기억하고 있다. 결승전에서 밀란 선수들은 토티를 막기 위해 전술적인 수
비부터 거친 태클까지 이탈리아 수비수의 모든 술수를 썼다. 토티는 셀라의
전술에 따라 중앙 미드필더와 공격수 자리를 오가며 계속 공격을 이끌었고
두 골에 모두 관여했다.

셀라는 "토티는 내가 지도한 선수 중 최고입니다. 기술적인 지도는 필요
없었어요. 그건 시간낭비일 뿐이었죠"라고 회고했다. "어린 선수가 그토록
특별한 플레이를 해내는 건 아무도 보지 못했을 겁니다. 첫 훈련부터 나는
성장 중인 전설을 만났다는 걸 알았죠. 그는 무에서 유를 만들 수 있었어요.
내가 해 준 말은 그저 '뭐라도 이뤄 낸 것처럼 생각하지 마라'는 말뿐이었습
니다. 다른 사람들은 하나같이 그를 칭찬하기 바빴거든요."

프리마베라에서 토티를 지도한 루치아노 스피노시 역시 천재를 한눈에
알아봤다. 스피노시는 토티의 플레이를 보고 10분 뒤에 조르조 페리네티 스
포츠 디렉터를 불렀다. "이 캄피오네(campione, 챔피언이라는 뜻의 단어지만 이탈리아 축
구계에서는 챔피언의 자질을 가진 선수, 우승 경험이 있는 선수 등 다양한 의미로 쓰인다)가 절대로 팀
을 떠나지 못하게 해."

무엇보다 1993년이 중요한 결정적인 이유는 따로 있다. 그해 3월, 토티의
인생이 뒤집혔다. 로마 1군 선수단이 브레시아 원정을 준비하고 있을 때였
다. 부야딘 보스코프 감독은 토티를 버스에 태우기로 결정했다. 그때 토티는
아스콜리를 상대로 한 프리마베라 경기에서 전반에 2골을 넣고 하프타임에

교체되어 벤치에서 쉬고 있었다. 토티에게는 얼른 짐을 챙겨 선배들을 따라가도 될 만큼 기력이 남아 있었다.

3월 28일, 토티는 벤치에 앉아 선배 선수들이 경기하는 모습을 지켜봤다. 아르헨티나의 전설적 공격수 클라우디오 카니자(이듬해 코카인 중독이 적발돼 13개월 출장 정지 징계를 당했다)가 선제골을 넣었고, 세계적인 왼발 키커였던 시니사 미하일로비치가 절묘한 프리킥으로 골을 추가했다. 일찌감치 점수를 벌린 로마는 화창한 날씨 아래서 순조롭게 승리를 지켜 나갔다. 경기가 끝나갈 때, 보스코프의 시선이 토티를 향했다.

그날 토티와 함께 후보 선수였던 무치의 회고에 따르면, 보스코프는 벤치로 고개를 돌리고 "꼬마, 네 차례다"라고 말했다. 무치는 당시 21세였고 공격수 루지에로 리치텔리의 후계자로 불리는 유망주였다. 토티가 무치를 바라보며 "감독님이 형 나가래"라고 이야기했다. 그러나 무치는 보스코프의 의중을 읽었다. 무치는 "아니, 너보고 하는 소리잖아"라고 말하며 토티를 준비시켰다. 토티는 허둥지둥 10초 정도 몸을 풀고 바로 경기장으로 뛰어 들어갔다.

토티가 첫 경기에서 보여 준 건 별로 없었다. 로마는 승리를 지키기만 하면 됐고, 토티는 리치텔리와 교체돼 겨우 3분 동안 뛴 것이 다였다. 공을 몇 번 터치하자 경기가 끝나 버렸지만 토티는 생애 가장 큰 흥분과 만족감을 느꼈다. 토티의 투입은 로마 선배들에게도 꽤 기대되는 사건이었다. 1군으로 불려 와 훈련할 때마다 '알까기' 드리블과 같은 묘한 기술을 써서 선배들을 골탕 먹이는 소년이 실전에서는 어떤 플레이를 할지 궁금했기 때문이다.

그러므로 원정 버스에 탄 순간부터 토티의 데뷔 여부는 로마 선수들의 관심사였다. 리치텔리는 이날을 회고하며 "토티가 첫 경기에서 나와 교체됐다는 게 자랑스럽다. 그 이야기를 듣고 싶은 사람들에게서 자꾸 전화가 오니

까"라고 말하기도 했다. 다른 증
언에 따르면, 미하일로비치가
하프타임에 보스코프 감독에
게 토티를 투입해 보라고 권했
다고 한다. 토티가 별 생각 없
이 워밍업을 하고 있던 순간 벤
치에서는 다들 토티를 신경쓰
고 있었던 것이다. 그날 토티
의 나이는 만 16세 6개월 1일
이었다. 이탈리아 리그의 최연
소 자국 선수 출전 12위에 해당
하는 기록이다. 토티는 그 뒤로
8,827일 동안 785번이나 더 로
마 경기를 소화하게 된다.

**1군 선배들에게 신선한 자극을 준
16세의 토티**

## ___ 유년기의 끝

이탈리아어에서는 소년의 범위가 넓다. 소년과 소녀를 뜻하는 '라가초
(ragazzo)'와 '라가차(ragazza)'는 젊은이, 청년까지도 포괄하는 말이다. 언어에
서 알 수 있듯, 이탈리아는 청년들을 어린애 취급하는 경우가 종종 있다. 그
래서인지 축구 유망주들의 1군 기용도 늦는 편이다. 유망주를 빨리 키우지
못하는 건 이탈리아 축구의 고질적인 문제로 지적되기도 한다.

토티도 데뷔전 이후 1군에서 자리 잡는 데 오랜 시간이 걸렸다.

1993/1994시즌부터 1군 멤버로 등록됐지만 경기 스쿼드에 들지 못하는 날이 훨씬 많았다. 토티의 무대는 여전히 프리마베라였다. 1994년 3월까지 인테르와의 프리마베라 경기에서 골을 터뜨린 기록이 남아 있다.

다른 시각으로 본다면, 토티의 출장 기회가 적었던 건 그만큼 감독이 그를 애지중지했다는 뜻도 된다. 토티 인생의 첫 귀인이라고 할 수 있는 감독은 카를로 마초네였다. 부스코프 역시 토티를 아끼긴 했지만 인연이 짧았다. 1992/1993시즌 고작 리그 10위를 기록한 부스코프는 마지막 희망이었던 코파 이탈리아까지 놓쳤다. 그는 삼프도리아에서 1990/1991시즌 스쿠데토를 이끈 명장이자 지적이고 유머러스한 화법으로 존경받는 신사였지만, 로마를 이끌고는 10위에 그쳤으니 목이 달아나도 할 말이 없었다.

로마의 신임 감독이 된 카를로 마초네는 아버지 같은 태도로 토티를 돌봤다. 지휘했다는 표현보다 돌봤다는 표현이 더 적합한 관계였다. 게다가 마초네는 로마 토박이였다. 유고슬라비아 출신인 부스코프보다 더욱 로마인다웠고, 자연스럽게 토티와 유사 부자관계를 형성했다. 마초네는 로마시가 가진 빛나는 원석을 조심해서 다뤄야 한다고 생각했다. 그는 토티의 출장 시간을 조절하면서 서서히 1군에 적응시켜야 한다는 입장을 고수했다. 심지어 토티가 좋은 선수라는 점을 다른 팀에 숨기려는 시도도 했다. 토티에 대한 소문을 내는 스태프는 가만 두지 않을 거라는 엄포를 놓을 정도였다. 마초네는 밀라노에 기반을 둔 일간지 코리에레 델라 세라와 가진 인터뷰에서 "토티에게 인내심을 가져 달라"고 요구했다.

로마는 온갖 소문으로 시끄러운 도시다. 토티가 나중에 '이탈리아의 베컴'이라는 별명을 갖게 된 것도 로마 언론이 토티의 일거수일투족을 보도하려 들었기 때문이었다. 마초네는 어린 토티가 축구보다 미디어와 먼저 친해지는 걸 경계했다. "로마가 어떤 곳인지 잘 아시지 않습니까? 정신이 나가기 딱 좋은 상황이었죠. 나는 그를 보호하려 했습니다."

마초네가 토티를 배려한 두 번째 측면은 초창기 포지션을 정리한 것이다. 마초네는 전술가의 면모가 꽤 있는 사람이었다. 나중의 일이지만, 그는 브레시아를 지휘하던 2000/2001시즌에는 안드레아 피를로의 포지션을 공격형 미드필더에서 수비형 미드필더로 바꾸는 역사적인 결단을 내리기도 했다. 그가 찾은 토티의 역할은 '세콘다 푼타(seconda punta)'였다. 세콘다 푼타는 '두 번째 꼭짓점'이라는 뜻으로, 영어의 세컨드 스트라이커(second striker)에 해당하는 표현이다.

이탈리아식 투톱은 보통 프리마 푼타(prima punta, 첫 번째 꼭짓점)와 세콘다 푼타의 조합으로 구성된다. 프리마 푼타는 최전방에서 득점에 전념한다. 득점 기회를 스스로 창조하는 것보다는 동료가 만들어 주거나 우연히 찾아온 기회를 놓치지 말라는 주문을 받는다. 그에게는 골 냄새를 맡는 본능이 가장 중요하다. 이탈리아에서도 '골 냄새'라는 뜻으로 '피우토(fiuto, 후각)'라는 표현을 쓴다. 예를 들어 필리포 인차기는 다른 능력이 보잘것없는 와중에 피우토만 극도로 발달한 선수였다. 어떻게든 공을 건드려 득점하는 인차기를 보면 이탈리아식 프리마 푼타의 순정한 모습을 알 수 있다.

세콘다 푼타는 그보다 좀 더 다양한 역할을 수행한다. 골대와 약간 먼 곳에서 활동하기 때문에 중거리 슛이나 드리블 돌파를 통해 직접 득점 기회를 창출하라는 요구를 받는다. 프리마 푼타에게 득점 기회를 만들어 주는 것도 세콘다 푼타의 역할이다. 판타지스타라는 수식어는 화려한 세콘다 푼타에게 주로 주어지곤 했다.

토티는 공격수와 미드필더의 중간 정도 캐릭터를 가진 선수다. 그런 그에게 세콘다 푼타는 자연스런 포지션이었다. 슛보다 패스를 더 재미있어 했다는 점은 토티의 미드필더적인 성향을 보여 준다. 토티는 훗날 가진 인터뷰에

코파 이탈리아 경기에서
1군 무대 첫 선발로 출전한
토티(왼쪽)

서 "그 시절 나는 스스로 득점하기보다 동료에게 골 기회를 만들어 주는 걸 좋아했어요. 내가 할 일은 그들에게 가능한 한 많은 기회를 마련해 주는 거였죠"라고 회고했다.

로마가 잘 감춰 뒀던 토티는 당시 최강팀 중 하나였던 삼프도리아를 만나 비로소 재능을 드러내기 시작했다. 삼프도리아는 로마보다 강팀이었다. 삼프도리아 역사상 최고 선수인 로베르토 만치니와 네덜란드의 전설적 공격수 뤼트 훌리트가 엄청난 투톱을 이뤘다. 그러나 세계적인 명성을 갖고 있던 두 공격수보다 토티의 창조성이 더 빛났다. 1993년 12월에 열린 삼프도리아와의 코파 이탈리아 32강 2차전에서 토티는 선발로 투입됐다.

토티 없는 1차전에서 패배했던 로마는 2차전에서 토티 덕분에 원활한 공격을 펼치며 2-1 승리를 거뒀다. 승부차기 끝에 16강 진출은 놓쳤지만, 로마 홈 관중들에겐 새 영웅이 등장했다는 것만으로도 의미 있는 경기였다.

다음해 2월 열린 세리에 A 후반기 삼프도리아전에서 토티는 첫 리그 선발 출장을 했다. 마초네나 토티나 모두 오래 기다려 온 경기였다. 토티는 이번에도 돋보였다. 비록 경기의 유일한 골은 삼프도리아 만치니의 발에서 터졌지만 가장 강력한 공격수는 누가 봐도 토티였다. 등번호 11번을 단 토티는 헤딩슛과 오른발 강슛을 통해 골을 노렸다. 특유의 절묘한 로빙 패스, 발뒤꿈치로 내주는 원터치 패스로 어시스트도 기록할 뻔했다. 그러나 토티의 모든 공격은 당시 이탈리아 대표팀의 주전 골키퍼였던 잔루카 팔루카의 화려한 선방에 막혔다. 경기 후 평점은 팔루카가 8점으로 1위, 토티가 7점으로 2위였다. 로마 지역 스포츠 신문인 코리에레 델로 스포르트는 '불운한 로마, 베이비 토티로 위안을 삼다'라는 헤드라인을 뽑았다.

마침내 전국구 유망주가 된 토티는 1994년 7월부터 완전한 1군 선수가되어 모든 훈련에 동참했다. 이젠 마음껏 남들 눈에 띄어도 괜찮았다. 여전히 확고한 주전은 아니었지만 토티는 분명 1군에서도 중요한 전력으로 평가받고 있었다. 마초네는 1994/1995시즌 개막전에 토티를 투입해 보기로 했다.

포자를 상대한 AS 로마의 경기력은 형편없었다. 그러나 그 개막전은 역사적인 경기였다. 전반 30분에 토티의 프로 첫 골이 터진 것이다. 요나스 테른이 올려 준 롱 패스를 주전 공격수였던 다니엘 폰세카가 머리로 떨어뜨렸다. 페널티 지역 밖에서부터 달려오던 토티가 왼발을 휘둘렀다. 공이 낮고 빠르게 골문 구석으로 빨려 들어갔고, 골 세리머니 경험이 없는 토티는 이리저리 뛰다가 쿠르바 노르드를 향해 주먹을 휘둘렀다. 로마는 졸전 끝에 1-1로 비겼다. 이 경기에서 좋았던 점이라고는 오직 토티의 득점뿐이었다.

토티는 첫 골을 어떻게 축하해야 할지 알지 못했다. 경기를 마치고 오후

포자와의 1994/1995시즌 개막전에서 세리에 A 데뷔골을 폭발시킨 토티

에 집으로 돌아온 토티는 뭘 할까 하다가 결국 가장 좋아하는 걸 찾아 나섰다. 그는 형 리카르도와 함께 젤라토를 사 먹으며 간단한 축하 파티를 가졌다. '에르 푸포네(er pupone)', 즉 덩치 큰 아기라는 별명대로 토티는 군것질을 좋아했다.

토티의 데뷔골이 나온 9월 4일은 삼촌의 지갑이 열리는 날이기도 했다. 삼촌은 토티에게 데뷔골을 넣으면 산악자전거를 사 주겠다고 약속을 했었다. 토티는 그 약속을 오래 기억하고 있었다. 그는 이미 자전거쯤이야 얼마든지 살 수 있는 직업인이었다. 그러나 삼촌이 사 주는 자전거를 꼭 갖고 싶다고 마음을 먹자 스스로 동기 부여가 됐다. 소박한 시절이었다.

토티는 데뷔골을 넣은 뒤 주로 교체 선수로 뛰며 네 달 동안 무득점에 그쳤다. 그러나 1995년 1월 열린 15라운드 바리전에서 다시 득점을 시작해 이 시즌을 총 4골로 마쳤다. 우루과이인 폰세카와 아르헨티나인 아벨 발보의 투톱이 아직은 위력을 떨치고 있었다. 발보는 그 시즌 22골로 리그 득점 2위를 차지했다. 두 선수의 뒤를 받치며 득점 기회를 제공하는 역할은 여전히 잔니니의 몫이었다. 토티는 주로 폰세카나 발보가 결장하면 그 자리에 대타로 투입됐다. 그렇게 한정된 출장 시간과 어린 나이를 감안하면 4골은 성공적이었다.

이어진 1995/1996시즌, 토티의 출장 시간은 선배들을 위협할 정도로 늘어났다. 토티보다 세 살 많은 마르코 델베키오가 영입됐음에도 토티의 비중은 줄어들지 않았다. 세리에 A 득점은 두 골에 그친 대신 유럽 무대 데뷔골이 나왔다. 토티는 UEFA컵에서 벨기에의 중소 구단 에인드라흐트 알스트를 4-0으로 대파할 때 쐐기골을 터뜨렸다. 왼쪽으로 한 번 접은 뒤 오른쪽으로 다시 접는 이중 드리블로 수비수를 혼란에 빠뜨리고 골키퍼 바로 옆으로 공을 강하게 차 넣은, 토티다운 골이었다. 덴마크 팀 브뢴비를 3-1로 깰 때는 선제골을 넣었다. 둘 다 장소는 스타디오 올림피코였다. 로마는 그해 UEFA컵 8강까지 진출했다.

프로에서 자리를 잡아가는 동안, 토티는 아주리(Azzuri, 파란색)에서도 꾸준히 활약하고 있었다. 파란색은 이탈리아의 마지막 국왕을 배출한 사보이 왕가의 상징이었다. 1911년 이후로 아주리는 이탈리아 대표팀의 상징 색으로 굳어졌다. 축구뿐 아니라 NBA 선수 마르코 벨리넬리가 뛰는 이탈리아 농구 대표팀도, 세계 최강을 다투는 배구 대표팀도 청색 유니폼을 입는다. 한때 이탈리아인들은 입헌군주제를 고려할 정도로 사보이가에 대한 애정이 깊었다. 그러나 국가 정체성을 공화국으로 못 박은 뒤로 사보이의 후손들은 선거를 할 수 없고 공직에도 나갈 수 없도록 헌법의 규제를 받는다. 왕가의 흔적은 오직 유니폼 색에만 남아 있다.

## 1995/1996시즌 AS 로마 베스트 라인업

토티가 청소년 대표팀에서 보여 준 경기력은 흠잡을 데 없었지만 팀의 성적은 영 아니었다. 1993년 UEFA(유럽축구연맹) U-16 챔피언십에서 끈질긴 수비 축구 끝에 결승에 올랐지만, 토티가 빠진 결승전에서 패배하는 바람에 우승을 놓쳤다. 그해 열린 FIFA(국제축구연맹) U-17 챔피언십에서는 조별리그에서 토티만 빼고 아무도 골을 못 넣는 심각한 졸전 끝에 예선 탈락을 했다. 1995년 UEFA U-18 챔피언십에서 다시 결승에 올랐지만 토티가 한 골을 넣는 동안 스페인은 네 골을 퍼부었고, 결과는 이번에도 이탈리아의 준우승이었다.

토티는 1995/1996시즌에 걸쳐 열린 UEFA U-21 챔피언십에서 마침내 이탈리아의 우승을 이끌었다. 이탈리아는 유망주를 느리게 키우는 나라답게 10대 대회 성적은 엉망이고, U-21 대회에 유독 강하다. 역대 대회에서 4강에 12번 올랐고 준우승 두 번, 우승 다섯 번을 달성했다. 1996년 대회 멤버 중에는 2년 전에도 우승을 차지한 파비오 칸나바로, 크리스티안 파누치 등 형님들이 포함돼 있었다. 만 19세였던 토티는 잔루이지 부폰 다음으로 어렸다. 토티, 부폰, 칸나바로는 10년 뒤 캄피오니 델 몬도가 될 동료들이기도 했다(2017/2018시즌 엘라스 베로나에서 이승우를 지휘한 파비오 페키아 감독도 이때 우승 멤버였다).

이탈리아는 이때도 득점이 적었다. 예선에서는 우크라이나보다 적은 득점을 하고도 더 적은 실점으로 조 1위를 차지했다. 본선에 오른 이탈리아는 4경기에서 딱 4골만 넣었고, 심지어 그중 두 골은 상대방의 자책골이었다. 8강까지 여러 지역에서 분산 개최된 대회는 4강부터 스페인 바르셀로나에 있는 몬주익 경기장에서 진행됐다. 토티는 준결승 득점으로 프랑스를 꺾었다.

결승전은 토티와 라울 곤잘레스의 대결이었다. 라파엘레 아메트라노의 프리킥을 토티가 절묘한 백 헤딩으로 돌려놓았고, 이 공이 스페인 미드필더

이니고 이디아케스의 자책골을 유발했다. 전반전이 끝나기 전에는 라울이 멋진 프리킥으로 동점을 만들었다. 라울의 킥은 골망을 흔들기 직전 토티의 머리 위를 스쳐 지나갔다. 그러나 라울은 프리킥보다 쉬운 승부차기에서 실수를 저질렀다. 스페인 4번 키커 라울이 약하게 깔아 찬 킥을 안젤로 파고토 골키퍼가 잡아냈고, 토티와 교체되어 들어갔던 공격수 도메니코 모르페오가 마지막 킥을 성공시키면서 승패가 갈렸다. 토티가 생애 처음으로 큰 대회 우승을 차지한 순간이었다(토티, 칸나바로, 네스타, 라울은 2017년 골닷컴이 선정한 대회 역대 베스트 일레븐에 이름을 올렸다).


## ___ 로마를 떠나려 했던 토티

유럽 챔피언의 명예를 얻고 로마로 돌아온 토티는 곧 작별의 시간을 맞이해야 했다. 토티의 대부와 같던 마초네가 성적 부진으로 경질됐다. 부스코프와 마초네 모두 토티를 아들처럼 돌보는 감독이었다. 반면 마초네의 후임으로 부임한 카를로스 비안키 감독은 남미 축구의 정상을 밟고 온 명장이었지만 토티에겐 별다른 애정이 없었다.

토티가 형처럼 따랐던 잔니니 역시 15시즌 동안 정들었던 로마를 떠나 새로운 팀을 찾아 나섰다. 잔니니는 이미 32세였고, 오스트리아의 슈트룸 그라츠에서 경력을 잘 마무리할 생각이었다. 잔니니는 반년 뒤 지독한 향수병을 고치기 위해 로마의 이웃인 나폴리로 이적한 뒤 레체에서 1999년에 경력을 마무리하게 된다. 미래를 볼 수 있었다면 어떻게든 로마에 붙어 있었겠지만 당시 잔니니에게는 떠나는 것이 최선의 방법이었다.

잔니니는 토티와 겨우 세 시즌 동안 함께 했지만 자신의 후계자가 될 만

**AS 로마의 레전드이자 토티의 우상 쥐세페 잔니니**

한 재능을 가진 동생에게 각별한 애정을 쏟았다. 둘은 룸메이트였다. 잔니니는 토티의 일거수일투족을 걱정하는 피오렐라와도 자주 연락하고 지내는 사이가 됐다. 피오렐라는 토티가 첫 차를 살 때도 잔니니에게 상담을 받았다. 토티가 폭스바겐의 골프 GTI를 사겠다고 하자 피오렐라는 아들의 사치가 걱정됐다. 잔니니는 "제가 처음 산 차는 메르세데스였는데요"라는 말로 피오렐라를 안심시켰다. 그럴 때 잔니니는 가족이나 마찬가지였다.

멘토 두 명을 한꺼번에 잃은 토티는 시즌이 시작되기 전부터 비안키 감독과 심상찮은 조짐을 보였다. 토티는 잔니니가 남겨 둔 10번을 갖고 싶었다. 그러나 토티에게 주어진 등번호는 17번이었다. 10번은 붙박이 주전도 아니었던 폰세카의 차지였다. 한결 성장한 실력에도 불구하고 토티의 팀

내 입지는 오히려 좁아졌다. 비안키는 종종 토티를 별 이유 없이 선발에서
제외했다.

10월에 열린 5라운드 경기에서는 천재들만 할 수 있는 플레이가 나왔다.
올림피코로 지난 시즌 챔피언인 AC 밀란이 찾아왔다. 토티와 로베르토 바
조의 대결이기도 했다. 토티의 골은 예상치 못한 상황에서 나왔다. 로마 수
비진이 뺑 찬 공을 걷어내겠다고 밀란의 세바스티아노 로시 골키퍼가 달려
나왔지만 토티가 한 발 빨랐다. 골키퍼는 자리를 비웠지만 여전히 골을 넣기
는 힘든 상황이었다. 토티의 위치는 측면이었고, 수비수 두 명이 슛의 코스
를 막기 위해 토티 앞을 막아섰다. 그때 토티 특유의 괴상한 플레이가 나왔
다. 오른발 바깥쪽으로 공을 슬쩍 들어 올려 수비수들의 머리를 넘기는 로빙
슛을 시도한 것이다.

이는 이탈리아어로 숟가락, 즉 '쿠키아이오(cucchiaio)'라고 부르는 기술이
다. 쿠키아이오의 달인은 많지만, 발 바깥쪽으로 시도하는 선수는 매우 드물
다. 토티도 이 기술을 미리 연습했을 리 없다. 그저 타고난 감각에서 나온 골
이었다. 그는 경기 후 "쉽지 않은 상황이었는데요, 앞에 두 명이 있었기 때문
에 그렇게 해야만 득점할 수 있었어요"라고 설명했다. 로마는 휘청거리던 밀
란을 3-0으로 대파했다. 1993년부터 로마를 경영한 석유 사업가 프랑코 센
시는 "진짜 만족하며 올림피코를 떠나는 건 오늘이 처음"이라고 말했다.

토티의 멋진 골에 힘입어 명경기를 만든 뒤에도 비안키는 딱히 토티에게
신뢰를 보내지 않았다. 비안키는 볼로냐 원정에서 토티를 선발에서 뺐다가
후반에 부랴부랴 투입했지만 2-3으로 패배했다. 파르마 원정에서도 토티를
배제했고, 결과는 0-0 무승부였다. 토티의 속은 부글부글 끓고 있었다.

비안키에겐 로마인의 텃세와 싸워야 한다는 나름의 사정이 있었다. 그러
나 로마인들에 대한 반감을 정면으로 드러내는 건 어리석은 행동이었다. 토

티는 훗날 인터뷰에서 "비안키는 로마인들, 그중에서도 어린 나를 견딜 수 없었던 거죠. 자체 연습 경기를 할 때 비안키가 '로마인 팀'과 '비(非)로마인 팀'으로 시합을 붙였다는 게 믿어지시는지"라며 여전한 앙금을 드러내기도 했다.

감독의 눈 밖에 난 천재 선수에게 삼프도리아와 토트넘 홋스퍼가 접근했다. 비안키가 앞장서서 토티를 방출하려 했고, 토티 역시 삼프도리아의 임대 제의를 받아들일 생각이었다. 삼프도리아에는 전설적인 판타지스타 선배 만치니, 갓 스타로 발돋움한 23세 프리마 푼타 빈첸초 몬텔라가 있었다. 매력적인 조합이었다. 마초네가 잔류를 권했음에도 불구하고 토티의 마음은 로마를 떠나고 있었다. 토티는 나중에 가체타 델로 스포르트를 통해 "그때 떠났으면 돌아오지 않았을 것"이라고 말했다. 원 클럽 맨은 고사하고 4년 만에 북부로 이적하기 직전이었다.

그러나 2월이 되자 상황이 갑자기 뒤집혔다. 로마는 친선 대회인 '로마 시 3개 팀 토너먼트'를 개최했다. 명문 구단인 아약스와 보루시아 묀헨글라드바흐도 방문했다. 로마는 먼저 토티, 다미오 톰마시, 델베키오의 골로 묀헨글라드바흐를 꺾었다. 두 번째 상대인 아약스는 당대 최강의 팀이었다. UEFA 챔피언스리그에서 1995년 우승, 1996년 준우승을 차지한 아약스는 핀란드의 축구 영웅 야리 리트마넨, 장차 네덜란드의 중심이 될 파트리크 클루이베르트가 공격을 이끌고 있었다.

토티가 아약스를 상대로 얼마나 뛰어난 활약을 했는지는 그날 가체타의 기사 제목인 '토티가 리트마넨의 별빛을 꺼뜨렸다'에 잘 반영되어 있다. 가체타는 '토티는 자신만의 특징이 확실한 천재(fenomeno)'라고 거창하게 추켜세웠다. 그는 강력하고 정교한 중거리 슛으로 골을 터뜨렸고, 뱅상 캉델라가 추가골을 넣는 과정에서도 공격 전개를 도왔다. 아약스는 마르크 오베르마스의 골로 추격했지만 결국 승자는 AS 로마였다.

유럽 최강을 상대로 토티가 맹활약하는 걸 본 센시는 소감을 묻는 기자들에게 결정적인 한마디를 남겼다. "토티가 리트마넨보다 나은 선수네. 로마 선수라서 하는 말은 아니고." 리트마넨은 UEFA 챔피언스리그 우승을 이끌었고, 득점왕까지 차지한 선수다. 토티에게 그만한 잠재력이 있다는 뜻이었다. 유망주는 안고 죽어야 한다는 스포츠계의 오랜 원칙을 퍼뜩 떠올린 센시는 토티를 어느 팀에도 보내지 않겠다고 마음을 먹었다.

결국 파워 게임의 승자는 토티였다. AS 로마는 친선 대회 이후 1승 2무 3패로 부진에 빠졌다. 그중 마지막 경기였던 4월 6일 칼리아리전에서 토티를 라인업에서 제외시킨 상태로 패배하자 센시가 결단을 내렸다. 비안키는 즉시 경질됐다. 대신 부임한 감독은 1982/1983시즌 로마 역사상 두 번째 스쿠데토를 선사했던 닐스 리에드홀름이었다. 센시는 이미 74세 할아버지인 리에드홀름에게 남은 시즌을 잘 수습해 달라고 부탁했다. 리에드홀름을 보좌하며 사실상 훈련을 총괄한 코치는 토티의 유소년 시절 감독이었던 셸라였다. 토티에게 힘을 실어 주는 결정이었다. 토티는 리에드홀름이 부임하자마자 선발 라인업에 복귀했고, 남은 시즌 동안 모든 경기에 출장했다. 대부분 선발이었다. 로마의 순위는 비안키를 자른 시점의 7위에서 더욱 떨어져 12위로 곤두박질쳤지만 로마에는 더 밝은 미래가 열려 있었다.

재신임을 받은 토티는 로마에서 오래 뛰고 싶다고 공언했다. 리에드홀름은 "토티가 미래의 로마에서 아주 중요한 선수가 될 거라 확신합니다. 최소한 앞으로 10년 정도를 책임질 거예요"라고 말했다. 리에드홀름의 예언은 대체로 맞았지만 딱 하나 틀린 부분이라면 10년이 아니라 20년이라고 말했어야 한다는 점이다.

## ___ 첫 번째 스승

AS 로마가 다음 감독을 찾는 건 쉬운 일이었다. 같은 구장을 쓰는 라이벌 라치오는 지난 세 시즌 동안 2위, 3위, 4위에 올랐다. 중위권으로 떨어져 있던 로마는 이웃 라치오를 부러워하는 처지였다. 라치오를 성공적으로 이끌던 즈데넥 제만 감독이 1997년 1월 중도 해임됐다. 제만이 제대로 지휘한 두 시즌 동안 라치오는 세리에 A 최다 득점 팀이기도 했다. 로마는 냉큼 제만을 모셔다 트리고리아(로마 근교 트리고리아에 위치한 클럽 하우스의 별명)와 스타디오 올림피코의 지휘권을 맡겼다. 제만은 반년 만에 팀을 바꿔 올림피코로 돌아왔다.

제만은 토티의 축구를 이야기할 때 가장 중요한 인물 중 한 명이다. 상대 눈치를 보며 조심스럽게 축구를 해야 한다고 믿는 이탈리아인들 가운데서, 체코 출신인 제만은 독자적인 길을 갔다. 제만은 무조건 공격 축구를 해야 한다고 믿었다. "시즌 90골을 넣을 수 있다면, 몇 골을 실점하는지는 중요치 않다"는 것이 제만의 정신이었다. 신념을 지탱할 이론도 갖고 있었다. 그는 독특한 4-3-3 포메이션으로 하부리그에서 여러 차례 성과를 냈고, 특히 포자를 세리에 C(3부 리그)에서 세리에 A 상위권까지 올려놓는 마법을 부렸다. 그리고 라치오에서의 경력을 통해 세리에 A 정상권에서도 자신의 전술이 통한다는 걸 증명해 냈다.

제만은 특히 공격수 육성 전문가였다. 일반적인 이탈리아 감독들은 공격수 스스로 창의성을 발휘해 상대의 허점을 찌르라고 요구했다. 반면 제만은 시스템 공격을 했다. 수비 전술이 부실하고 공격 전술이 정교하다는 점이 제만의 가장 큰 특징이었다. 제만에게서 배운 공격수들은 늘 기량이 급성장했다. 심지어 완전한 무명 선수였던 살바토레 스킬라치는 1988/1989시즌 세

**토티라는 원석을 갈고닦아 밝게 빛나게 한 스승 즈데넥 제만**

리에 B(2부 리그) 득점왕을 차지하고 1년 뒤 월드컵 득점왕이 됐다. 토티 직전
의 작품으로는 쥐세페 시뇨리가 있다. 제만은 세리에 B 구단 포자를 지도할
때 아무도 주목하지 않던 시뇨리라는 이름의 미드필더를 최전방에 세웠다.
결과는 포자의 세리에 A 승격이었다. 시뇨리는 이후 세리에 A에서도 특급
스트라이커로 성장했고, 라치오에서 제만과 재회하게 된다.

어리고 재능 넘치는 공격수를 선호하는 제만에게 토티는 완벽한 원석이
었다. 제만은 줄담배를 물고 사는데다 괴팍한 고집불통이었지만, 토티에게
는 최고의 스승이었다. 토티는 유소년 시절부터 성인이 된 뒤까지 전술에 대
한 교육을 제대로 받은 적이 없었다. 기존 감독들은 그의 재능을 믿고 마음
대로 플레이하게 내버려 뒀다. 제만은 달랐다. 세밀한 공격 축구에 토티를
적응시키려 했다.

그때까지 토티는 올림피코에서 데르비 델라 카피탈레(Derby della Capitale,
수도의 더비라는 뜻. 로마와 라치오의 더비 경기를 부르는 말)를 치를 때마나 상대팀 라치오의

4-3-3 포메이션을 상대해 왔다. 이젠 스스로 4-3-3에 적응해야 했다. 이 시스템에는 세콘다 푼타가 없었다. 토티의 포지션은 왼쪽 윙어로 바뀌었다. 그에게는 새로운 세계였다. 농구의 제왕 마이클 조던이 개인플레이의 비중을 줄이고 삼각 대형 공격(triangle offence)을 익힌 뒤 더 쉽게 득점하는 선수가 된 것처럼, 토티 역시 제만의 삼각 대형에 적응한 뒤 오히려 자유를 얻었다. 상대 풀백 한 명만 돌파하면 바로 슛이나 킬러 패스를 날릴 수 있다는 건 토티 같은 천재에게 매우 수월한 환경이었다. 이탈리아의 천재들은 너무 창의적인 플레이를 하려고 머리를 굴리다 비효율의 수렁에 빠지는 경우가 있다. 토티는 제만 아래서 효율적으로 상대 문전에 진입하는 법을 깨달았다.

그 전에 거쳐야 할 과정이 있었다. 제만은 기본적으로 압박 축구를 하는 감독이다. 모든 선수는 혹독한 체력 훈련을 거쳐야 했다. 산을 타고, 무거운 주머니를 어깨에 이고 걸으며 다리 근력을 기르는 훈련은 다른 감독들과 차원이 달랐다. 원래부터 강골인 토티는 제만의 훈련을 성공적으로 소화한 뒤 한결 강한 신체의 소유자가 되었다. 이제 토티는 추가시간에도 공을 치고 나갈 수 있을 정도로 하체 근력과 근지구력이 향상돼 있었다.

제만은 토티가 새로운 로마의 상징이라는 점을 순순히 인정했다. 1년 전 잔니니가 남기고 간 10번이 마침내 토티의 차지가 됐다. 토티는 시즌 개막 직전 인테르와 가진 친선 경기에서 처음 10번 셔츠를 입었고, 올림피코의 서포터들은 새 에이스에게 흐뭇한 박수를 쳤다. 토티에게 딱 필요한 변화였다. 그는 10번의 무게감을 감당하기 시작했다.

1998년에는 주장 완장까지 토티에게 승계됐다. 제만은 주장 자리를 투표에 부쳤고, 당시 주장이었던 아우다이르가 최다 표를 받았지만 토티에게 완장을 양보하기로 했다. 이미 라커룸에서 토티가 새 시대의 리더라는 공감대가 형성되고 있었던 것이다. 토티는 22세 34일로 세리에 A 사상 최연소 주장 기록을 세웠다. 현재까지도 깨지지 않은 기록이다.

전술, 신체, 정신적으로 모두 성장한 토티는 2년 동안 탁월한 플레이를 마음껏 펼쳤다. 그의 두 시즌 기록은 30골 26도움이다. 지난 다섯 시즌 동안 넣은 골이 총 16개였던 것에 비하면 두 배 넘게 증가한 영향력을 확인할 수 있다.

제만은 로마에 가장 필요한 게 뭔지 꿰뚫어 보았다. AS 로마는 중심이 붕괴된 팀이었고, 어린 토티를 축으로 회로를 복구하는 작업이 필요했다. 토티의 아우라가 커진 건 팀 전체에 긍정적인 영향을 미쳤다. 아우다이르는 로마 역사에 길이 남은 선수지만 브라질 출신이고 수비수였기 때문에 토박이 플레이메이커 잔니니만큼 강한 상징성을 갖기 힘들었다. 반면 토티는 잔니니의 완벽한 후계자였다.

제만이 이끈 두 시즌 동안 로마의 순위는 4위, 5위였다. 1990년대 내내 겪은 부진에 비하면 성적이 개선되고 있었다. 올림피코에 운집한 로마 팬들은 토티의 성장을 보며 스쿠데토에 대한 꿈을 점점 더 키워 나갔다. 마침내 토티와 함께 로마의 암흑기가 끝나가고 있었던 것이다. 제만이 토티를 부르던 '나의 기쁨(la mia gioia)'은 당시 상황에 딱 맞는 별명이었다.

토티는 1997/1998시즌 두 번째 출장 경기였던 레체전에서 새로운 모습을 마음껏 보여 줬다. 오른발잡이 선수들은 왼쪽에서 안으로 파고들며 패스할 때 편안해 하는 경우가 많다. 지네딘 지단도, 호나우지뉴도, 베슬러이 스네이데르도 자연스럽게 왼쪽에서 공을 받는 선수들이었다. 토티 역시 왼쪽이 편했다. 그는 강도, 높이, 거리를 가리지 않고 대각선 스루 패스를 날릴 수 있었다. 상대의 허를 찌르는 오른쪽 침투를 통해 골을 넣었고, 원래 활동 공간인 왼쪽으로 돌아가서 발보의 쐐기골을 만드는 기점 패스를 했다. 이 경기에서 로마는 3-1로 승리했다.

11월 바리 원정 경기를 보면 토티의 전성기 플레이가 이미 나오기 시작했다는 걸 알 수 있다. 토티는 데뷔 이후 처음으로 한 경기에서 두 골을 넣었는데, 골이 모두 의미심장했다. 먼저 프리킥 득점이 있었다. 상대 수비벽 왼쪽에 작은 구멍이 있다는 걸 눈치 챈 토티는 잔디 위로 살짝 뜬 채 날아가는 저공 강슛을 골대 구석으로 꽂아 넣었다. 쐐기골은 더 강렬했다. 다미아노 톰마시가 오른쪽 측면을 돌파한 뒤 크로스를 올렸을 때, 토티는 유령처럼 수비수들 등 뒤로 숨어들어가 공을 받았다. 그리고 흔들림 없이 왼발로 서서 오른발을 공중으로 휘둘렀다. 안정적인 자세에서 나온 완벽한 발리 슛이 순식간에 골망을 흔들었다. 낮고 빠른 프리킥과 발리는 앞서 보여 준 쿠키아이오와 함께 토티를 상징하는 슛 테크닉이다.

제만을 만나 토티가 펼친 많은 활약 중에서도 후반기 파르마전은 특별히 언급할 가치가 있다. 1998년 3월이었다. 이날 AS 로마는 언제나처럼 토티가 1골 1도움으로 로마의 모든 득점을 이끌어 냈지만, 파르마의 간판스타 엔리코 키에사에게 반격을 당해 2-2 무승부를 거뒀다. 토티는 파르마의 주전으로 자리 잡은 부폰을 완전히 속이며 득점했다. 스루 패스를 받은 토티는 왼발로 공을 살짝 들어 올려 부폰의 머리 위로 넘겼고, 부폰은 팔을 허우적대며 명장면의 명품 조연 역할을 했다. 앞선 시즌 밀란을 상대로 넣은 로빙슛은 발 바깥쪽으로 끊어 찼기 때문에 전형적인 쿠키아이오는 아니었다. 반면에 파르마전 득점은 쿠키아이오의 정석이었다. 그걸 주발도 아닌 왼발로 해냈다는 점에서 토티의 천재적인 감각을 다시 확인할 수 있었다.

이 골에는 토티 특유의 유희가 살아 있다. 쿠키아이오는 완벽하게 실용적인 기술은 아니다. 약간의 과시욕이 섞여 있다. 토티는 이 점을 부정하지 않는다. 토티는 골을 넣자마자 유니폼을 머리 위에서 빙빙 돌리며 쿠르바 노르드로 달려갔다. 스스로 로마의 팬이었던 그는 골을 통해 관중을 흥분시키는

## 1997/1998시즌 AS 로마 베스트 라인업

게 축구에서 얼마나 중요한지 잘 알고 있었다.

"제만은 내가 재밌는 축구를 하길 원했어요. 사람들은 경기장에 단지 승리를 보러 오는 것이 아니라 구경거리를 찾아오는 거예요. 그들에게 재미를 주는 건 영광이자 책임이죠. 이 사실이 나로 하여금 파르마전 로빙슛처럼 기교를 부리게 만드는 겁니다."

## ___ 토티, 토티, 토티, 토티, 그리고 토티

파르마를 상대로 자신의 축구 철학을 보여 주고 난 2주 뒤, 토티는 또한 번 인상적인 경기를 치렀다. 올림피코를 찾은 인테르 멤버 중에는 호나우두가 포함돼 있었다. 전반기 인테르와의 대결 당시에는 결장했던 호나우두가 토티와 처음 그라운드에서 만난 날이었다. 호나우두는 토티보다 겨우 9일 먼저 태어난 동년배지만 훨씬 일찍 천재로 인정받았다. 이미 네덜란드와 스페인에서 득점왕을 차지한 뒤 이적료 신기록을 경신하며 인테르로 이적한 호나우두는 세계 축구의 황제였다.

토티는 인간의 육체를 초월한 것 같은 호나우두의 움직임에서 강렬한 인상을 받았다. 호나우두는 후반전에 두 골을 터뜨렸다. 첫 골은 골키퍼까지 드리블로 돌파하는 호나우두의 특기를 통해 나왔다. 두 번째 골 직전에는 로마의 미하엘 콘젤 골키퍼가 튀어나와 공을 가로채는 듯 보였으나, 호나우두는 골키퍼 손에 걸린 공을 다시 낚아채 골대로 집어넣어 버렸다. 초인적인 반응 속도였다. 반면 토티는 무리한 동작을 하다 상대 수비수의 머리를 걸어차는 등 고전했다. 양 팀의 전체적인 경기력이 팽팽한 가운데 호나우두와 토티의 대결에서 승부가 갈린 셈이었다.

동시대를 제패한 두 황제, 호나우두와 토티

　제만 시절 AS 로마가 더 높이 올라가지 못한 결정적인 이유는 최전방 공
격수였다. 윙어 토티의 득점력이 급상승한 데 비해 최전방의 득점력은 딱히
올라가지 않았다. 1997/1998시즌 발보는 14골에 그쳤고, 다음 시즌 주전
자리를 탈취한 델베키오도 18골을 넣은 게 전부였다. 제만의 팀이라면 더
나은 스트라이커를 배출할 법도 했으나 로마엔 그럴 만한 재능이 없었다. 토
티로서는 완벽한 스트라이커를 가진 팀이 부러울 만했다. 나중에 토티는 축
구 경력을 통틀어 후회되는 일 하나를 말해 달라는 요구에 "호나우두와 함
께 뛰어 보지 못한 거죠. 그가 인테르에서 엄청났던 시기에 말이에요. 그게
내 꿈이었고, 그의 꿈이기도 했어요. 그는 수많은 골을 넣었지만 나와 함께
라면 더 많은 골을 넣었겠죠"라고 말하기도 했다. 토티의 상상 속에서 완벽
한 투톱 조합은 자신과 호나우두였다.

　토티는 이제 기복 없이 팀 공격을 이끌 수 있는 선수로 발선해 있었다. 토티는 1997/1998시즌이 끝난 뒤 구에린도로(Guerin D'oro)를 수상했다. 잡지 구에린 스포르티보의 이름으로 주어지지만 이탈리아의 4개 주요 스포츠 매체의 평점을 합산해 가장 점수가 높은 선수에게 주는 상이다. 비교적 객관적인 상이라고도 볼 수 있다. 토티가 시즌 내내 가장 빛났다는 인증서인 동시에 처음 받은 개인상이었다.

제만은 토티의 꾸준함에 대해 직접 설명한 적이 있다. "토티에 대해 말할 때는 컨디션의 상승과 하강 따위를 이야기하는 게 어울리지 않아요. 토티는 축구 사상 가장 위대한 재능 중 하나입니다. 축구 선수가 일정 기간 동안 부진한 건 평범한 일이에요. 그러나 토티의 경우, 부진은 오직 부상에 의해서만 발생합니다. 그는 언제나 의문의 여지가 없는 경기를 하는 선수예요."

토티의 행복한 축구는 1998/1999시즌에도 이어졌다. 이 시즌은 AS 로마와 라치오의 두 차례 더비로 정리할 수 있다. 1998년 11월에 열린 전반기 더비는 제만의 화끈함과 라이벌전의 화끈함이 상승 작용을 일으켜 엄청난 열기를 내뿜었다. 디에고 마라도나까지 와서 경기를 관전할 정도로 관심을 모은 가운데, 로마는 격렬한 공격과 부실한 수비를 번갈아 보여 주었다. 로마가 델베키오의 골로 앞서갔지만 라치오가 곧 세 골을 따라잡았다. 그중 두 개는 한때 로마 선수였던 미하일로비치의 왼발 킥을 만치니가 마무리한 골이었다. 삼프도리아를 떠나 라치오로 온 만치니는 선수 생활을 정리하는 34세 노장이었고 이미 경기력이 떨어진 상태였지만 이날만큼은 달랐다. 로마는 수비수 파비오 페트루치까지 퇴장당한 상태에서 두 골 차로 뒤진 채 경기 막판을 맞았다.

막판 20분을 지배한 선수는 토티였다. 그는 후반 33분 피에르 워메의 스로인을 페널티 지역 안에서 받은 뒤 1차 마법을 부렸다. 파올로 네그로를 등지고 공을 잡은 토티는 절묘한 터닝 동작으로 네그로를 돌파한 뒤 골라인으로 빠져나가 땅볼 크로스를 했다. 네그로, 페르난두 쿠투를 비롯한 라치오 수비 다섯 명이 토티에게 시선을 빼앗기고 있었다. 토티의 패스를 파벨 네드 베트가 제대로 처리하지 못했고, 이 공을 에우세비오 디프란체스코(2017년에 토티와 디프란체스코는 각각 AS 로마의 디렉터와 감독이 되어 다시 뭉치게 된다)가 냉큼 차 넣었다.

아직 토티에겐 2차 마법이 남아 있었다. 두 팀 선수들이 뒤엉켜 공을 흘렸을 때 후방에서부터 달려온 토티가 골키퍼 없는 골문을 향해 쉽게 득점했다. 토티는 경기가 끝나기 전 절묘한 프리킥을 문전으로 올려 한 골을 더 만들 뻔했지만 파울로 득점이 무산됐다. 결국 명승부는 3-3 무승부로 마무리 됐다. 많은 로마 팬들에게 생애 최고 기억으로 남아 있는 더비다. 토티의 생애 첫 더비 득점이 나왔다는 사실이 이 경기를 조금 더 특별하게 만들었다.

더비의 맛을 제대로 본 토티는 다섯 달 뒤에 열린 후반기 재대결을 벼르고 있었다. 이번엔 로마의 경기가 더 수월하게 풀렸다. 델베키오가 화려한 드리블 돌파를 통해 선제골을 넣었다. 토티가 코너킥을 동료와 짧게 주고받은 뒤 크로스를 올렸고, 또 델베키오가 마무리했다. 이번 경기에서도 퇴장이 빠지지 않았다. 로마의 파울루 세르지우와 라치오의 미하일로비치가 동반 퇴장을 당했고, 잠시 후 네스타까지 쫓겨났다. 그 와중에 세계에서 가장 비싼 이적료를 기록한 크리스티안 비에리가 추격골을 넣으며 라치오가 희망을 품었다. 그러나 후반전이 끝날 무렵 토티가 쐐기골을 넣으며 승부의 종결을 선언했다.

토티에게 골보다 중요한 건 세리머니였다. 골을 넣은 그는 유니폼 앞쪽을 걷어 머리 뒤로 넘긴 채 라치오 서포터들에게 달려갔다. 속옷에는 '내가 너희들을 또 몰아냈다(Vi ho purgato ancora)'라는 문구가 적혀 있었다. 토티는 경기가 끝난 뒤에도 이 문구를 자랑스럽게 드러냈다. 라치오 서포터를 조롱하는 문구였다. 토티는 이 경기가 관중들에게 어떤 의미인지 정확히 파악하고 대립의 역사에 동참하는 중이었다. 이날 마찬가지로 속옷 세리머니를 했던 델베키오와 비교하면 토티의 특이한 접근법이 더 분명하게 드러난다. 델베키오의 속옷에는 '날아라 슈퍼 마르코(Vola Super Marco vola)'라는, 자신에 대한 응원 문구가 쓰여 있을 뿐이었다.

무관에 그친 제만은 두 시즌을 마치고 로마를 떠났다. 그러나 그에게 가장 즐거운 기억을 남긴 제자는 오래도록 토티였다. "내게 있어 토티는 축구 그 자체"라는, 듣는 사람이 민망해질 정도로 엄청난 칭찬을 마구 날려 댔다. 그중에서도 제만의 토티 사랑을 가장 잘 보여 주는 발언이 있다. 이탈리아에서 가장 뛰어난 선수 5명을 꼽아 달라는 질문에 제만은 곧장 대답했다. "토티, 토티, 토티, 토티, 그리고 토티."

**토티 인사이드 1**
## 즈데넥 제만, 아웃사이더, 기하학자, 축구의 마스터

즈데넥 제만은 체코의 수도 프라하에서 태어났다. 1968년, 영화 〈프라하의 봄〉으로 유명한 체코 민주화운동이 일어나고 소련이 무력으로 개입했다. 자유를 원한 제만은 삼촌이 축구 감독으로 일하던 이탈리아의 시칠리아로 이주했다. 본격적으로 축구에 관심을 갖기 시작한 그는 팔레르모 유소년 팀에서 시작해 지도자 경력을 쌓았다. 1980년대 포자를 3부에서 1부로 끌어올리며 화제를 모았고, 이탈리아의 대세를 거스르는 공격 축구의 실용성을 증명해 냈다. 제만은 AS 로마 감독 시절 알레산드로 델피에로 등 유벤투스 선수들의 약물 복용 의혹을 제기해 긴 법정 투쟁에 들어가기도 했다. 처음부터 끝까지 아웃사이더였던 그는, 주류인 북부보다 남부 구단들과 잘 어울렸다.

제만식 축구는 화이트보드에서 먼저 시작된다. 경기장을 어떻게 나눠야 모든 지역을 고르게 장악할 수 있는가? 이것이 현대 축구가 태동할 때 이탈리아의 전술가들이 던진 질문이었다. 모범 답안은 아리고 사키가 제시했다. 경기장의 가로 길이는 약 70m다. 사키는 70m를 커버하기에 가장 이상적인 숫자는 4명이라고 생각했다. 그러므로 한 개의 라인에는 4명이 필요하다. 그래서 사키가 내놓은 포메이션은 4명씩 두 줄을 세워 수비 조직을 맞추고, 그 위에 투톱을 둔 4-4-2였다.

제만의 해답은 조금 달랐다. 제만의 홈페이지에는 "왜 4-3-3이 그라운드의 모든 곳을 커버할 수 있는 이상적인 포진인가? 그건 기하학을 통해 알 수 있다"는 선언문이 게재돼 있다. 4-3-3 포진을 바탕으로 선수들을 배치한 뒤 각 선수를 선으로 이어 보면 수많은 삼각형이 탄생한다. 제만의 말대로 그라운드 모든 구역에서 3명 이상이 상대를 에워쌀 수 있다.

제만은 4-3-3을 바탕으로 강한 압박과 끝없는 공수 전환을 추구했다. 사실 핵심 원

## 4-4-2와 4-3-3이 현대 축구에서 중요한 이유

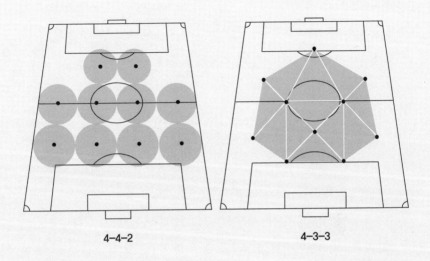

4-4-2                           4-3-3

리만 놓고 보면 아약스, 네덜란드 대표팀, 바르셀로나의 4-3-3과 큰 차이는 없다. 제만을 아약스의 아류로 보는 사람들도 많다. 그러나 제만은 자신이 독자적으로 개발한 전술이라는 입장을 고수했다. 아약스의 토털풋볼은 1970년대와 1990년대에 성행했고 1980년대 초는 네덜란드 축구의 암흑기였기 때문에, 그 시기 4-3-3을 대표하는 감독이 제만이었다는 건 어느 정도 사실이다.

　제만의 포백은 일자 형태로 오프사이드 라인을 준비하는 것이 아니라 계속 전진하면서 수비하는 것이 기본이었다. 그래서 포백의 기본 모양은 좌우 풀백이 조금 앞에 있는 초승달 모양을 그렸다. 게다가 풀백은 공격 가담을 매우 자주, 매우 과감하게 하라는 주문을 받았기 때문에 일자 수비를 유지할 일은 거의 없었다.

　미드필더들은 기본적으로 경기 운영을 하고 상대의 빈틈을 찔러야 하지만, 눈치만 보고 있는 것이 아니라 과감하게 상대 진영으로 전진하라는 주문을 받았다. 특히 좌중간과 우중간을 맡는 중앙 미드필더들은 공격에 자주 가담하는 것이 필수 역할이었다.

가운데 있는 수비형 미드필더는 중심을 지키면서도 넓은 수비 범위를 책임질 수 있어야 했다. 중앙뿐 아니라 측면까지 아우르는 미드필더들의 동선은 제만식 4-3-3의 특징이다. 윙어가 자주 중앙으로 이동하기 때문에 미드필더들의 측면 침투가 중요했다. 이를 위해 제만의 미드필더는 에너지가 넘치고 스피드가 빠르면서 기술도 좋아야 했다.

제만은 트리덴테(tridente, 삼지창이라는 뜻으로, 스리톱을 표현하는 이탈리아식 용어) 전원을 빠르고 기술적인 선수로 채우려 했다. 제만의 시스템이 잘 작동하면, 연쇄적인 삼각형을 타고 끊임없이 전진 패스가 투입될 수 있다. 이를 득점 기회로 만드는 것이 트리덴테의 역할이었다. 좌우 윙어는 안으로 침투하며 슛을 노렸고, 포지션 체인지도 많이 시도했다. 그러다 공을 빼앗기면 바로 수비에 가담해 전방 압박을 펼쳐야 했다. 윙어들은 공의 위치에 따라 압박을 할지 수비 대형에 가담할지 빨리 판단하라는 주문을 받았다.

제만식 축구는 일종의 확률 게임이라고 볼 수 있다. 같은 포메이션을 쓰는 바르셀로나의 경우, 기본적으로 낮고 짧은 패스를 계속 돌리며 점유율을 높이는 경향이 있다. 반면 제만은 롱 킥을 두려워하지 않았다. 일단 상대 진영의 적합한 위치로 롱 킥을 보내면, '기하학'에 따라 공을 따낼 확률이 더 높으므로 이득을 본다고 생각했다.

그래서 제만은 재능이 비교적 떨어지는 선수들을 갖고도 자기 축구를 온전히 구현할 수 있었다. 사실 제만의 축구는 하부 리그에서 더 잘 통했다. 제만의 우승 경력은 4부에서 한 번, 2부에서 두 번이 전부다. 세리에 A에서는 더 수준 높은 이탈리아 수비수들이 치열한 눈치 싸움과 방해 전략으로 제만의 축구를 저지했다. 제만은 전폭적인 재정 지원을 받은 라치오 시절 준우승을 차지했지만, 그 뒤로는 우승에 근접하지 못했다.

하지만 제만은 수많은 공격수들의 꽃망울을 터뜨렸다. 공격 전술의 디테일이 가장 뛰어난 감독이었기에 가능한 성과였다. 물론 제만의 가장 훌륭한 제자는 토티였고, 앞서 이야기한 스킬라치와 시뇨리도 대표적인 성공작이었다. 한때 천재 소리를 들었던 발레리 보지노프, 미르코 부치니치, 에릭 라멜라는 제만 아래 있을 때 인생 최다 골 시즌을 보냈다는 공통점이 있다. 제만이 요구하는 어려운 축구를 잘 소화해 내면 미드필더와 수비수들 역시 큰 폭으로 발전하는 경우가 많았다. 센터백 알레산드로 네스타와 마르퀴뇨스, 미드필더 알레산드로 플로렌치가 대표적이다.

2011/2012시즌은 제만의 마지막 전성기였다. 제만은 세리에 B의 페스카라를 이끌고 압도적인 공격력으로 우승을 차지했다. 페스카라가 42경기 90득점을 기록했는데, 이는 두 번째로 공격적이었던 팀보다 27골이나 더 넣은 기록이다. 이때 제만이 급성장시킨 삼인방이 치로 임모빌레, 로렌초 인시녜, 마르코 베라티다. 각각 투박한 기술과 작은 체구 등 약점이 하나씩 있는 선수들이었지만 제만은 이들의 장점만 극대화하는 공격 전술로 가야 할 길을 알려 줬다. 지금은 세 명 모두 세계적인 선수로 성장했다.

제만은 자기 축구에 대한 자부심이 강했다. 스스로 붙인 자기 축구의 별명은 '제만란디아(Zemanlandia)'다. 여기서 '란디아'는 영어의 '랜드(land)'에 해당하는 말이다. 예를 들어 유로화를 사용하는 나라들을 영어로 유로랜드(Euroland), 이탈리아어로는 유로란디아(Eurolandia)라고 한다. 즉 제만은 자기 축구가 펼쳐지는 그라운드를 자신의 왕국이라고 선언한 것이다.

제만의 낭만적이고, 스타일리시하고, 정교한 축구는 많은 추종자를 낳았다. 세리에 A 중견 감독 중에는 쥐세페 산니노, 스테파노 콜란투오노, 델리오 로시처럼 제만에 대한 존경심을 반복해서 밝힌 사람이 많다. 동시대 사람인 사키는 제만의 축구를 "조화와 아름다움을 갖춘 심포니다. 틀림없는 스타일과 정체성을 갖고 있다. 즐거움은 보장되고, 지루함과 시간 낭비는 허용되지 않는다"라고 칭송했다. 펩 과르디올라 역시 제만의 축구에서 자신과 비슷한 이상을 보았다. 과르디올라는 "제만은 여전히 열정적이고, 그의 팀은 아름답다. 상대가 누군지 상관하지 않고 늘 공격한다. 미친 것처럼 달리는 그 축구를 보며 나도 팬이 됐다"고 말했다. 심지어 과르디올라는 "제만은 신화적인 존재이며 축구의 마스터"라고 말하기도 했다. 과르디올라가 맨체스터 시티에서 보여 주는 '업 템포 토털풋볼'은 제만란디아와 비슷해 보이기도 한다.

## 로마라는 도시

토티의 초창기 경력은 로마라는 도시의 특징과 밀접한 관련이 있다. "로마가 어떤 곳인지 잘 아시지 않습니까"라는 카를로 마초네의 말처럼, 로마는 시끄럽고 소문이 많은 도시다. 로마는 남부 이탈리아의 중심이면서도 가장 남부스럽지 않은 남부 도시다.

이탈리아는 등뼈처럼 남북을 관통하는 아펜니노 산맥을 비롯해 많은 산지로 이뤄진 나라다. 또한 1861년에야 처음 통일이 됐을 정도로 갈라져 산 기간이 길었다. 그래서 도시국가의 전통이 오래 남아 있었고, 통일 이후에도 각 지역 사람들은 자기 방언을 쓸 정도로 지역색이 강했다. 마키아벨리가 《군주론》에서 냉철한 정치가의 상을 제시한 것도, 사실 이탈리아를 하나의 국가로 통일시켜 단일한 정체성을 만들 수 있는 인물을 원해서였다.

그러나 그런 지도자는 나오지 않았고, 이탈리아인들은 여전히 국가보다 자기 지역과 가족에 소속감을 느낀다. 오히려 옆 동네에 경쟁심을 느끼는 경우가 많다. 이탈리아어에서 애향심에 해당하는 표현은 '캄파닐리스모(campanilismo)'인데, 이 말은 교회의 종탑을 가리키는 '캄파닐레(campanile)'에서 유래했다. 브리태니커 백과사전에 따르면 '우리 동네 종탑이 너희 동네 것보다 더 높아'라는 정신이다. 기본적으로 이웃 동네를 '너네 편'이라고 인식하는 셈이다. 그래서 캄파닐리스모는 '배타적 지역주의'로 번역되곤 한다.

이탈리아는 크게 남부와 북부로 갈라진다. 한때 남부에서 수도 로마와 문화가 융성했던 시칠리아가 중심 역할을 했지만, 근대 이후에는 북부의 밀라노와 토리노 등 공업 도시들로 중심이 이동했다. 남부는 이후 오랫동안 농업 중심 경제에서 벗어나지 못했다. 패션의 중심지 밀라노처럼 질서정연하고 세련된 북부, 지중해의 뜨거운 태양을 느낄 수 있는 정열적인 남부. 이렇듯 남부와 북부의 이미지는 서로 대조적이다. 지역감정을 느끼는 경우, 남부는 북부에 대한 피해 의식을, 북부는 '우리가 남부를 먹여 살린다'라는 우월감과 억울함을 느끼는 경우가 많다. 이탈리아라는 이름의 나라가 성립된 순간 남북 갈등은 시작됐고, 아직도 해소되지 않았다. 이탈리아의 위대한 사회학자 안토니오 그람시가 쓴 가장 유명한 글도 〈남부 문제에 대한 몇 가지 주제들〉이었다.

남부인들은 축구장에서도 북부에 박탈감을 느껴야 했다. 축구는 공업 도시 위주로 발전했다. 이탈리아 축구의 명문 구단들도 북부에 몰려 있다. 이탈리아에 축구를 전파한 영국인들이 북부에 더 많이 살았다는 점도 세리에 A의 지역 불균형을 불러왔다. 북부의 대표적인 강이 동서로 흐르는 포 강이다. 포 강과 그 지류를 끼고 있는 도시의 구단들은 115회(2016/2017시즌까지)에 걸친 세리에 A 시즌 중 무려 93회 우승을 차지했다. 남부 명문인 로마, 라치오, 나폴리는 영원한 도전자 신세다.

물론 남부 도시들도 천차만별이다. 최근의 남부 이탈리아를 배경으로 한 대표적인 영화 〈그레이트 뷰티〉(2014년 아카데미 외국어영화상)와 〈고모라〉(2008년 칸 영화제 심사위원상)는 각각 로마와 나폴리를 다룬다. 두 도시가 보여 주는 이탈리아 남부의 풍광에는 아무런 공통점도 없다. 〈고모라〉 속 나폴리는 빈민가와 마피아로 대변되는 위험한 도시다. 실제로 나폴리는 경제적으로 뒤떨어진 편이다. 최근까지 아동 노동이 지속되고 있어 국제적인 문제로 부각되기도 했다. 반면 〈그레이트 뷰티〉 속 로마는 화려하고 감각적이다. 허영에 찬 상류층 지식인의 삶을 누리던 주인공은 영화 내내 예술에 대한 회의를 느낀다. 영화에 등장하는 한 중년 여성은 이탈리아 대표 축구 선수가 한때 자신의 섹스 파트너였다는 이야기를 들려주기도 한다.

이탈리아인들은 피해 의식과 우월감을 동시에 타고난다는 식으로 묘사되는 경우가 많다. 원로 사회학자이자 센시스(이탈리아 정부의 싱크탱크 역할을 하는 사회 연구기관) 회장인 쥐세페 데리타는 "이탈리아 사람들은 스스로 우월하다고 확신한다. 어떤 경우에도 자신이 더 지적이고, 똑똑하고, 나은 사람이라고 느낀다"라고 말했다. 이탈리아는 로마

제국과 르네상스를 통해 유럽 문명을 최소한 두 번 발전시킨 주인공이다. 그 자부심이 이탈리아인들의 정신세계에 굳게 박혀 있다는 이야기다.

그러니 로마인들이 우월감과 자부심을 품고 있는 것도 당연한 일이다. 로마는 한때 세계 문화와 정치의 중심지였다. 로마라는 이름의 지명은 세계 곳곳에 퍼져 유럽에 두 군데, 아메리카에 네 군데, 오세아니아와 아프리카에 각각 한 군데 존재한다. '모든 길은 로마로 통한다'던 시대는 지났지만 그때의 정신세계는 현대 로마인에게도 어느 정도 남아 있다. 도시 곳곳에 2천 년 전의 거대한 건축물이 남아 있는 도시 풍광은 주민들의 정신에 영향을 줄 수밖에 없다. 현대 로마는 온갖 인종이 섞여 사는 국제도시지만, 외국에서 온 지식인이 로마에 눌러 살려고 할 때면 토박이들의 우월감과 배타성 때문에 어느 순간 벽에 부딪힌다고 한다.

토티에게서도 로마인 특유의 오만함과 우월감을 종종 느낄 수 있다. 토티가 행동에 거리낌이 없고 솔직한 점 역시 로마인다운 기질로 해석되기도 한다.

트 레 콰 르 티 스 타

# TREQUARTISTA

토티를 상징하는 첫 번째 포지션,
그리고 유일한 스쿠데토

## ___ 너무 우직한 남자들

판정 시비는 오랫동안 이탈리아 축구의 핵심이었다. 한때 가장 인기 있었던 축구 프로그램 〈월요 재판(Il processo del Lunedi)〉을 보면 잘 알 수 있다. 1980년부터 2016년까지 RAI에서 월요일마다 방영됐는데, 판정 시비가 중요한 콘텐츠였다. 이탈리아 TV 프로그램의 완성도가 조악하던 시절에도 〈월요 재판〉은 첨단 슬로모션 기술을 도입해 주말 동안 벌어진 흥미로운 장면들을 보여 줬고, 패널들은 침을 튀겨 가며 논쟁을 벌였다. 판정은 말싸움을 벌이기 가장 쉽고 자극적인 소재다. 흔히 이탈리아 사람들은 언제나 꼼수를 쓸 준비가 되어 있다고 한다. 축구팬 자신이 편법과 친하기에, 피치 위의 선수 역시 편법을 쓸 수 있다는 걸 잘 알고 있다. 당연히 판정 시비가 나올 수밖에 없다.

이탈리아 축구사에 대한 책 《칼초》를 쓴 존 풋(농담 같지만 축구 책을 쓴 영국인의 본명 맞다)은 반칙에 대한 이탈리아식 태도를 신기하다는 듯 묘사한다. "이탈리아 수비수들은 교묘하게 위치와 시점을 계산한 반칙을 중요한 무기로 사용했다. 1990년대에 전술적 반칙이라는 말이 생겼다. 모든 수비수는 이것을 경기의 일부로 생각했다." 주심 눈앞에서 대놓고 거친 플레이를 하는 영국인의 관점으로 보면 이해하기 힘든 정서였다.

물론 이탈리아인만 반칙을 일삼는 건 아니다. 우루과이의 작가 에두아르도 갈레아노 역시 "우아한 패배보다는 차라리 명예롭지 않은 승리를 더 선호하는 팬들과 지도자들이 많다", "프로축구에선 알리바이만 완벽하다면 범죄는 중요하지 않다"라고 보편적인 축구의 속성을 꼬집었다. 어느 나라나 프로는 승리를 위해 수단을 가리지 않는다. 다만 이탈리아는 유독 심한 편이다. 세리에 A처럼 주심의 사각지대에서 암투와 심리전이 횡행하는 곳은 드물다.

반칙에 대한 관점은 이탈리아 특유의 푸르비지아(furbizia)와 밀접한 관련이 있다. 이 단어의 의미는 맥락에 따라 '교묘함'과 '교활함' 사이를 오간다. 전자는 긍정적, 후자는 부정적인 뉘앙스다. 사실은 두 가지 의미가 동시에 담겨 있다. 이탈리아인이 푸르보(furbo)나 푸르비지아라는 단어를 써서 부정행위를 묘사한다면, 그는 선수를 비난한 것이 아니라 약간의 칭찬을 포함시킨 것이다.

예를 들어 보자. 한때 나폴리의 주장이었던 파올로 칸나바로는 자신의 전 동료 드리스 메르텐스가 스트라이커로 성장한 비결을 설명하며 "메르텐스는 나폴리에 와서 푸르비지아를 배웠다"라고 말했다. 이건 메르텐스가 더티 플레이를 일삼는 나쁜 선수가 됐다는 뜻이 아니다. 칸나바로는 "이제 메르텐스는 예측할 수 없고, 수비수의 타이밍을 빼앗을 줄 안다. 신체적으로는 강하지 않지만 아주 영리하다"라고 부연 설명을 했다. 벨기에 사람이 이탈리아식 푸르비지아를 배운 뒤 더 지능적인 선수가 됐다는 것이다.

세계적으로 가장 유명한 사례는 마르코 마테라치의 가슴팍과 지네딘 지

**푸르보의 대표적 사례로 언급되는 2006년 월드컵 결승전 지단의 박치기 사건**

단의 이마 사이에서 발생했다. 마테라치는 월드컵 결승전에서 지단을 향해 뭔가 불쾌한 말을 중얼거렸다. 가족에 대한 욕이라는 설을 비롯해 다양한 가설이 있지만 아직도 어떤 심리전이 있었는지 확실히 밝혀지지 않았다. 분명한 건 마테라치의 도발에 넘어간 지단이 눈에 보이는 박치기를 했고, 지단의 퇴장은 이탈리아의 월드컵 우승으로 이어졌다는 사실이다. 지단은 푸르보가 부족했던 것이다.

로마인들에게 가장 결여돼 있던 게 바로 푸르보였다. 토티는 매너 없는 플레이를 여러 차례 저지르며 악역이 된 선수다. 그는 사람들의 눈에 보이지 않는 곳에서 슬쩍 편법을 쓰는 선수가 아니었다. 흥분하면 대놓고 상대 선수에게 침을 뱉거나 욕을 했다. 다른 문화권에 사는 사람에겐 토티나 마테라치나 똑같이 예의 없는 사람으로 보이지만, 토티는 그로 인한 이득을 취하지 못했다는 점이 다르다.

교활하지 못해 일을 망치는 건 로마 선수들의 전통이다. 토티의 후계자인

다니엘레 데로시는 중요한 순간마다 퇴장을 당하거나 부진에 빠지는 습성까지 물려받았다. 토티는 2002년 월드컵과 유로 2004에서 퇴장당했고, 데로시는 2006년 월드컵에서 퇴장당했다. 데로시는 2011/2012시즌 더비에서 퇴장당해 패배의 원흉이 되기도 했고, 2016/2017시즌에는 챔피언스리그 플레이오프에서 레드카드를 받으며 본선 진출 실패라는 거대한 대가를 치르기도 했다.

로마가 갖고 있는 자멸의 본능은 종종 '성공보다 패배를 더 원하는 것 같다'는 말을 들을 지경이다. 2인자 자리가 너무 익숙해서인지, 우승이 눈앞으로 다가오면 그걸 걷어차고 싶은 욕망이 어디선가 꿈틀거리는 것처럼 보이기도 한다. 공격적인 행동을 통해 자신이 쌓아온 공든 탑을 걷어차는 걸 보면 타나토스, 즉 파멸에 대한 본능에 쉽게 매혹되는 족속인가 싶다.

로마가 실리적인 판단을 하지 못하는 배경에는 일종의 피해의식도 있다. 남부인들이 북부인에 대해 갖고 있는 피해의식은 축구계에서도 똑같이 드러난다. 로마와 나폴리는 북부의 유벤투스, 인테르, 밀란에 비해 어떤 식으로든 차별대우를 받는다는 억울함을 품고 축구를 한다. 데로시는 35세 때 가진 인터뷰에서 어린 시절 왜 그렇게 퇴장을 많이 받았는지 회고한 적이 있다. 그는 "심판들이 진짜로 우리에게 불이익을 주던 시절이었기 때문이죠. 그래서 저는 경기가 시작되기도 전부터 화가 나 있었던 거예요"라고 말했다. 남부 구단의 선수, 수뇌부, 팬들이 일반적으로 갖고 있던 정서다.

푸르비지아가 부족하다는 점과 상징이 늑대라는 점 등 몇 가지 특징을 보면, 로마는 드라마 〈왕좌의 게임〉 속 북부인들과 닮았다. 북부인들은 변방에서 온 강인한 남자들이지만, 요령이 부족해 왕좌를 차지하지 못한다. 로마가 꼭 그런 모습이던 시절이 있었다. 제만은 우직한 로마인들과 가장 잘 어울리는 감독이기도 했다. 눈치 보지 않고 마음껏 상대 진영으로 내달리며 공격을 추구하던 제만은 토티와 잘 맞는 영혼의 소유자였다. 그러나 우승과 거리가 먼데다 대외적으로도 늘 싸움을 벌이고 다니던 제만은 두 시즌 만에 잘렸다.

제만은 비록 트로피를 가져다주지 못했으나, 대신 로마를 더 강한 팀으로 키워 냈다. 공격적인 축구를 소화하며 로마 선수들은 급격하게 성장했다. 제만의 지도를 받던 시절 이탈리아 대표로 데뷔한 선수가 토티, 톰마시, 디프란체스코였다. 세 선수는 제만식 시스템 축구를 소화하며 분명 기량 향상을 이뤘다. 디프란체스코는 심지어 20대 후반이었는데도 달라진 모습을 보였다. 제만은 영입 수완도 좋은 편이었다. 수비진은 아우다이르와 호흡을 맞출 브라질 선수로 채워졌다. 제만의 강한 요청에 따라 브라질과 일본을 오가며 뛰던 센터백 자구가 합류했다. 장차 로마의 전설로 남을 위대한 라이트백 카푸도 헐값에 영입됐다. 프랑스인 레프트백 캉델라는 훗날 토티가 "나와 함께 뛴 선수 중 기술적인 능력으로는 두 손가락에 꼽히는 선수"라고 불렀을 정도로 공격력이 뛰어났다.

이제 강해진 로마를 우승으로 이끌 냉정한 인물이 필요했다. 마침 파비오 카펠로가 대기 중이었다. 제만에서 카펠로로 감독이 바뀐 건 일종의 변증법이라고 할 수 있다. 카펠로는 우승에 대한 인정사정없는 욕망으로 가득 찬 남자다. 이탈리아 감독은 실리주의자라는 이미지를 만드는 데 큰 영향을 미친 감독이기도 하다.

카펠로의 선임이 곧 우승이라는 건 이미 밀란에서 입증된 공식이었다. 밀란 역시 제만처럼 압박 축구를 추구하는 아리고 사키에 의해 전성기를 맞았다. 사키는 밀란에 유러피언컵(현 UEFA 챔피언스리그) 우승을 두 번이나 선사한 감독이었다. 사키식 축구로 4년을 지배한 뒤, 그 뒤를 카펠로가 물려받았다. 카펠로는 사키의 조직력과 포메이션을 그대로 승계하면서 공격 축구를 수비 축구로 바꿔 버렸다. 밀란은 약간 따분한 대신 우승을 하기에 더 적합한

**스쿠데토를 위해 로마가 데려온 우승 청부사 파비오 카펠로**

팀으로 변신했다. 밀란은 1993/1994시즌 챔피언스리그에서 12경기 2실점이라는 지독한 성적으로 우승을 차지했다. 로마 역시 제만이 닦아 놓은 토대에 카펠로의 우승 본능을 결합시킨다면 한결 무자비하고 교활한 팀으로 발전할 잠재력이 있었다.

1999년 여름, 카펠로는 모처럼 한가했다. 그는 밀란에서 대성공을 거둔 뒤 2년간 표류했다. 1996/1997시즌 레알 마드리드를 라리가 우승으로 이끌고서도 경영진의 눈 밖에 나는 바람에 바로 물러나야 했다. 긍지 높은 레알 팬들은 카펠로의 실용적인 축구를 싫어했다(10년 뒤에도 카펠로는 레알을 우승시켰으나 역시 인기가 없었다). 1997/1998시즌에 밀란으로 돌아왔지만, 이미 밀란은 1년 전의 그 팀이 아니었다. 카펠로는 뒤죽박죽이 된 밀란에서 '훈련법이 왜 이렇게 느슨해졌냐'는 혹평이나 듣다가 한 시즌 만에 또 실직했다. 그리고 1년을 쉬었다. 휴가를 즐기고 틈틈이 TV 해설도 하며 재충전을 한 카펠로는 우승에 필요한 에너지로 충만한 상태였다. 로마의 단장으로 부임한 프랑코 발디니가 카펠로에게 접촉했고, 카펠로는 순순히 응했다. 로마는 카펠로가 20대 초반을 보냈던 옛 소속팀이기도 했다.

로마는 우승 청부사를 얻었다. 센시는 "제만과는 좋은 관계를 유지해 왔지만, 우리 팀이 필요로 하는 건 달라졌습니다. 팀을 만드는 단계는 끝났고 새로운 단계가 필요해요. 나는 우승하기 위해 카펠로를 선임했습니다. 팬들이 원한 변화가 바로 이거예요. 카펠로는 승자죠. 믿습니다. 2000년은 우리에게 우승을 기념하는 해가 될 거예요"라고 선언했다. 카펠로는 로마의 타나토스를 잠깐 잠재워 두고 성공에 대한 욕망에 불을 붙일 남자였다.


## ___ 업그레이드

밀레니엄을 앞둔 시기는 이탈리아 축구의 호황기였다. 구단주들은 광기 어린 투자 경쟁을 해댔다. 투자는 곧 성적이었다. 로마를 경영하는 센시 역시 시장의 원리를 받아들였다. 카펠로를 선임한 뒤 공격수로 빈첸조 몬텔라와 파비우 주니오르, 미드필더 크리스티아노 차네티를 영입했다. 겨울 이적 시장에서 아시아의 별 나카타 히데토시까지 샀다. 모두 스타 선수들이었다. 비록 주니오르는 폭삭 망해서 한 시즌 만에 팀을 떠났고 나카타 역시 팀 전력에 큰 도움은 안 됐지만 소기의 성과는 있었다. 몬텔라와 차네티는 로마의 핵심이 될 남자들이었다.

카펠로가 제만과 딴판이라는 건 첫 경기부터 여실히 드러났다. 8월 29일, 로마는 북부 소도시 피아첸차에서 개막전을 가졌다. 피아첸차는 하부리그를 오락가락하던 팀이다. 이때는 알지 못했지만 시즌 최하위로 강등될 운명의 팀이기도 했다. 카펠로는 그런 팀을 상대로 수비적인 3-5-1-1 포메이션을 시도했다. 너무 수비적이라 파격적으로 보일 정도였다. 제만의 4-3-3에 비하면 윙어 한 명을 덜어내고 센터백 한 명을 추가했을 때 3-5-1-1이 된다. 최전방은 몬텔라에게 맡기고, 그 아래서 토티가 혼자 공격을 지원했다. 로마는 강력한 미드필드를 바탕으로 전반전을 지배했으나 공격력이 부족했다. 전반 14분 토티가 페널티킥으로 시즌 첫 골을 넣었을 뿐 득점을 추가하지 못했다. 후반 막판에는 피아첸차의 조반니 스트로파에게 프리킥 동점골을 내줬다.

카펠로는 2라운드부터 바로 경기 계획을 수정했다. 스리백은 그대로 유지하는 대신 미드필더를 한 명 줄이고 공격수를 추가하는 것이 로마의 새로운 선발 조합이었다. 포메이션은 3-4-1-2가 됐다. 토티 앞에 몬텔라와 델베키오가 함께 뛰었다. 로마 공격은 득점 감각이 좋은 몬텔라, 궂은일을 많이 하는 육체노동자 스타일 공격수 델베키오, 이들에게 공격 기회를 제공하는 토티로 구성됐다. 흔히 말하는 스리톱처럼 삼각형 모양은 아니지만, 역삼각형으로 배치되는 새로운 트리덴테가 생겼다.

시즌 초반에는 로마의 새로운 전략이 잘 먹혔다. 로마는 초반 다섯 경기에서 3승 2무를 거두며 한 번도 지지 않았다. 9라운드부터 레지나, 라치오, 우디네세, 레체를 상대로 4연승을 거뒀다. 특히 라치오를 4-1로 크게 꺾은 경기는 기념할 만했다. 코리에레 델로 스포르트가 '스쿠데토를 걸고 싸운다'고 유난을 떨 정도로 큰 주목을 받은 경기였다. 로마의 성적도 괜찮았지만 경기 전까지 주인공은 라치오였다. 라치오는 그때까지 6승 3무를 거두며 선두에 올라 있었다. 당시 라치오는 모기업 치리오(최초의 토마토 통조림을 만든 것으로 유명한 식료품 기업. 회계 조작이 적발돼 2002년 큰 위기를 맞았고, 이때 라치오 경영에서 손을 뗐다. 지금도 통조림, 잼, 올리브 오일 등이 유명하다)의 전폭적인 투자 덕분에 막강한 선수단을 구축하고 있었다. 후안 베론, 디에고 시메오네, 파벨 네드베트, 세르지우 콘세이상, 페르난두 쿠투가 포함된 선수단은 확실히 로마보다 화려했다.

로마는 경기 시작 30분 만에 승부를 결정지어 버렸다. 로마 투톱은 후방에서 재빨리 투입되는 공을 받아 득점할 준비가 되어 있었다. 델베키오, 몬텔라, 델베키오, 몬텔라의 순서로 네 골이나 터졌다. 토티는 그중 세 번째 골을 어시스트했다. 상대 수비진 사이에서 절묘한 타이밍에 델베키오에게 패스하는 센스가 돋보였다. 라치오는 토티를 제대로 견제하지 않았고, 혹독한 대가를 치렀다.

그러나 로마가 주인공인 날은 그날 하루로 끝났다. 라치오는 다시 순조로운 승점 관리에 돌입했지만 로마는 시즌 중후반으로 갈수록 흔들렸다. 18라운드 이후 한 번도 연승을 거두지 못했다. 특히 시즌 막판 승률은 곤두박질쳤다. 25라운드에 강등권인 칼리아리에게 충격적인 패배를 당했고, 27라운드 더비 경기에서 라치오에 패배할 때까지 내리 졌다. 이후 7경기에서 1승 6무에 그친 로마는 6위로 시즌을 마쳤다. 라이벌 라치오는 우승을 차지한 시즌이었다.

컵 대회에서도 로마는 자존심을 구겼다. 로마는 코파 이탈리아 8강에서도 칼리아리에 패배해 탈락했다. 그것도 1, 2차전 전패였다. UEFA컵은 16강, 즉 4라운드에서 리즈 유나이티드에 패배해 탈락했다. 당시는 리즈의 전성기였다. 홈에서 득점 없이 비긴 로마는 리즈 원정에서 해리 큐얼에게 결승골을 얻어맞았다. 로마가 한 골만 넣으면 원정 다득점 원칙에 따라 8강에 진출할 수 있었지만, 아니나 다를까 끝으로 갈수록 스스로 경기를 말아먹었다. 캉델라와 자구가 막판 동시에 퇴장당하며 로마는 승리할 기회를 걷어찼다. 아직 카펠로의 정신, 즉 오로지 승리만 생각하는 냉철한 마음가짐은 로마에 뿌리내리지 못했다.

토티에게도 이 시즌은 과도기였다. 득점은 7골로 줄었고, 그중 4골은 페널티킥이었다. 토티는 준수한 패서로 활약하긴 했지만 기복이 심했다. 토티에 대한 의존도가 점점 올라가고 있었기 때문에, 그의 발전이 곧 로마의 전력 상승이나 마찬가지인 시기였다. 예를 들어 토티는 5라운드 피오렌티나전에서 퇴장을 당해 유벤투스를 상대로 결장했다. 이날 로마가 무기력한 0-1 패배를 당하자 '토티 없이는 이길 수 없다'는 기사가 쏟아졌다. 카푸는 "토티 한 명에게 의존해선 안 된다"는 의견을 밝혔다. 10라운드에 라치오를 상대로 토티의 경기력이 급상승하자 로마 언론은 '토티가 다시 빛나기 시작했다'고 썼다. 토티의 경기력은 얼마 후 다시 떨어졌다.

토티의 활약으로 질 법한 경기를 뒤집은 건 18라운드 피아첸차전 정도가 유일했다. 퇴장으로 팀에 해를 끼친 경기는 두 번이나 됐다. 페루자를 상대로 뛰던 토티는 전반 22분 주심의 판정에 항의하다 그를 손으로 밀친 뒤 바로 쫓겨났다. 그때까지 앞서고 있던 로마는 2-2 무승부로 경기를 마쳤다.

후반기 로마의 부진은 나카타와 토티를 공존시키지 못했기 때문이기도 했다. 나카타는 1998 프랑스 월드컵을 통해 국제적으로 명성을 얻자마자 페루자(2년 뒤 안정환이 이적할 팀이기도 하다)로 이적했다. 데뷔 첫 시즌에 그는 10골을 몰아치며 단숨에 세리에 A에서 가장 촉망받는 플레이메이커 유망주로 부상했다. 더 화려한 스쿼드를 꿈꾸던 센시는 2000년 1월 550억 리라(약 2,800만 유로)를 쏟아부어 나카타를 팀에 합류시켰다. 1월 16일 엘라스 베로나를 상대로 나카타가 선발 투입됐다. 나카타는 경기 후 "토티와 나는 공존할 수 있다"고 선언했다.

그러나 나카타의 바람과 달리 카펠로는 두 테크니션을 동시에 그라운드에 두기 버거워했다. 처음엔 공격수를 원톱으로 줄이고 나카타와 토티를 2선에 세우는 3-4-2-1 포메이션을 시험했다. 나중에는 나카타를 수비형 미드필더 자리로 옮겨 3-4-1-2 포메이션으로 돌아갔다. 어느 쪽도 팀 전력에

도움이 되지 않았다. 카펠로가 원하는 단단한 축구를 위해서는 전문 수비형 미드필더가 나카타보다 더 나았다. 특히 인테르, 라치오 같은 강팀을 상대로 나카타가 미드필더로 출장하면 여지없이 패했다. 3연패 모두 토티와 나카타가 동시에 뛸 때 당했다. 나카타 개인은 15경기 만에 3골을 넣으며 괜찮은 데뷔 시즌을 보냈지만 카펠로의 머리는 점점 복잡해졌다.

**토티와 나카타, 두 스타가 만났지만 두 테크니션은 공존에 어려움을 겪었다**

## ___ 사분의 삼

2000년 여름, 센시는 우승할 자격이 있는 스쿼드를 만들어 냈다. 토티에겐 선물과 같았다. 공격형 미드필더 토티의 자리만 그대로 둔 채 최전방 공격수, 수비형 미드필더, 센터백이 모두 보강됐다. 주전급 선수 네 명의 영입으로 로마의 경쟁력은 단숨에 급상승했다.

가장 화제를 모은 선수는 당연히 가브리엘 바티스투타였다. 바티스투타는 피오렌티나에서 무려 9년 동안 뛰었고, 그중에는 세리에 B로 강등됐던 한 시즌도 포함돼 있었다. 아르헨티나 출신인 그는 피오렌티나 구단과 동고

동락하며 거의 사랑에 빠진 상태였다. 그러나 피오렌티나는 재정난에 빠졌고, 체키 고리 회장은 로마로부터 700억 리라나 되는 거액을 받고 바티스투타를 넘겼다. 약 3,600만 유로에 해당하는 액수다. 바티스투타는 이미 31세였다. 이때 경신한 30대 선수 최고 이적료 기록은 선수 몸값이 엄청나게 높아진 아직까지도 깨지지 않았다. 그야말로 '윈 나우(win now)', 즉 당장 우승하지 않으면 큰일 나는 영입이었다.

카펠로의 수비적인 축구를 지탱할 선수들도 보강됐다. 브라질 대표팀의 주전 수비형 미드필더 에메르손이 바이엘 04 레버쿠젠에서 영입됐다. 에메르손은 시즌 개막 전 친선 경기에서 7만 서포터의 환영을 받으며 감동적인 첫인사를 나눴다. 비 유럽연합(EU) 선수 쿼터가 꽉 차 있는 상태임에도 불구하고 무리하게 영입된 선수였다. 그러나 그는 이탈리아 국적을 취득한 뒤에도 왼쪽 무릎 인대 부상으로 여전히 경기에 투입될 수 없었다. 에메르손은 1월에야 데뷔했다.

수비진도 큰 폭으로 보강됐다. 당시 아르헨티나 대표팀의 유망주 수비수였던 왈테르 사무엘, 칼리아리에서 두각을 나타낸 프랑스인 조나탕 제비나가 동시에 합류했다. 둘 다 젊고 전도유망한 수비수였다. 이땐 알지 못했지만 사무엘은 레알 마드리드, 인테르를 거치며 전설이 될 인물이었다. 제비나는 나중에 프랑스 대표로 발탁되기도 했고, 센터백과 라이트백을 모두 소화하며 성공적인 경력을 쌓아가게 된다. 모든 영입이 성공적이었다.

우승에 대한 열망으로 뭉친 선수단과 함께 마침내 카펠로의 팀이 완성됐다. 골키퍼는 한 시즌 전에 영입된 프란체스코 안토니올리가 맡았다. 스리백은 주로 사무엘, 제비나, 자구가 맡았고 35세가 된 아우다이르가 백업으로 대기했다. 좌우 윙백은 여전히 캉델라와 카푸의 역할이었다. 누굴 써야 할지 헷갈릴 정도로 풍족한 수비형 미드필더들은 전반기에 차네티와 톰마시가,

후반기에는 에메르손과 톰마시가 주로 출장했다. 마르코스 아순상, 나카타, 디프란체스코가 모두 후보 신세였다. 공격형 미드필더는 당연히 토티의 역할이었다. 투톱 중 한 자리는 바티스투타가 확보한 가운데 델베키오와 몬텔라가 주전 경쟁을 했다.

3-4-1-2 포메이션이 로마에 뿌리내리면서 토티는 새 역할에 완벽하게 적응했다. 이탈리아 축구 용어로 '트레콰르티스타(trequartista)'라고 부르는 역할이다. 직역하면 4분의 3을 의미하는 트레콰르티스타는 4개의 라인으로 이뤄진 포메이션에서 세 번째 라인을 혼자 책임지는 선수를 말한다. 즉 3-4-1-2, 4-3-1-2, 3-5-1-1 등의 포메이션에서 '1'에 해당하는 선수를 부르는 말이다. 영어로 번역하면 플레이메이커(playmaker)나 공격형 미드필더(attacking midfielder)처럼 무미건조한 표현이 되지만, 이탈리아인들은 나름의 문학성을 발휘해 독특한 이름을 붙였다.

이 포지션에 대해 알고 싶으면 만치니의 논문을 읽으면 된다. 이탈리아에서 최상위 감독 자격증을 취득하려면 논문을 제출해야 한다. 그래서 FIGC 홈페이지에는 이탈리아의 대표적인 명장들이 쓴 논문의 아카이브가 마련돼 있다. 만치니가 2001년 제출한 논문 제목이 바로 '트레콰르티스타'다. 이 포지션에 대한 다양한 분석과 고찰이 담겨 있다. 만치니 역시 유소년 시절에는 트레콰르티스타로 성장했지만 막상 프로 선수가 된 뒤에는 팀 사정에 따라 세콘다 푼타로 포지션이 바뀌었다. 은퇴할 때까지 트레콰르티스타를 꿈꿨던 그는 논문으로나마 한을 풀었다.

만치니가 정리한 트레콰르티스타의 조건은 ▲수비를 떼어 내는 절묘한 능력 ▲뛰어난 기본기와 실전 적용 능력 ▲예측불가능성 ▲공격수가 쉽게 득점할 수 있게 돕는 다양한 능력 ▲드리블과 개인 플레이 ▲적은 수비 가담 등이다. 이런 능력보다 더 중요한 건 위치 선정이다. 트레콰르티스타는 우리

편 미드필드와 공격진 사이에 위치해야 한다. 거꾸로 말하면 상대 미드필드 라인과 수비진 사이에서 활동할 수 있어야 한다. 이 위치에서 상대가 남겨 놓은 작은 공간을 찾아내 진입하고, 공격수와 가까운 거리에서 스루 패스를 할 수 있어야만 트레콰르티스타의 자격이 있다. 기량이 뒷받침된다면, 트레콰르티스타는 치명적인 플레이를 하기에 가장 적합한 역할이다.

3-4-1-2는 트레콰르티스타를 운용하는 팀들의 단골 포메이션이었다. 트레콰르티스타의 앞에는 원톱이 아니라 투톱이 있어야 패스의 경로가 많아지고, 세 공격자원의 다양한 콤비네이션으로 상대 수비를 무너뜨리기 쉬웠다. 스리백은 좌우 윙백의 오버래핑이 포백보다 더 쉽기 때문에 전문 윙어가 없다는 단점을 상쇄할 수 있었다. 그래서 인테르를 비롯해 파르마, 비첸차, 볼로냐 등 3-4-1-2를 쓰는 팀이 가장 흔했다. 유벤투스는 지네딘 지단을 활용하기 위해 4-3-1-2 포메이션을 쓰다가 나중에 3-4-1-2로 넘어갔다.

이 시기에는 지단, 피오렌티나의 마누엘 후이 코스타, 라치오의 베론, 우디네세의 스테파노 피오레, 파르마의 요앙 미쿠 등 걸출한 트레콰르티스타가 즐비했다. 우디네세와 볼로냐를 거친 토마스 로카텔리, 중하위권 팀을 여럿 떠돌았던 람베르토 자울리 등 '빈자(貧者)들의 트레콰르티스타'도 있었다. 가히 플레이메이커의 시대였다.

3-4-1-2를 쓰는 팀끼리 부딪치면 두 팀의 트레콰르티스타에게는 가장 편안한 환경이 조성됐다. 두 팀의 투톱과 스리백이 각각 격돌하고, 네 명의 미드필더가 정면 대결을 벌였다. 이 경우 두 팀의 트레콰르티스타는 마크맨 없이 자유로운 상태로 남겨진다. 마음껏 창의성을 발휘할 수 있는 환경이다. 이 시절이 트레콰르티스타들에게 호시절이었던 건 이처럼 전술적으로 배려를 받았기 때문이었다. 만약 수비형 미드필더 한 명이 자신에게 덤벼들면, 견제에서 벗어난 동료 미드필더에게 공을 건네면 그만이었다.

3-4-1-2는 4-4-2를 상대할 때도 트레콰르티스타를 활용해 주도권을 잡을 수 있었다. 상대 투톱을 우리 스리백이 막으면 되고, 상대 미드필더 네 명은 우리 포백이 막으면 된다. 우리는 트레콰르티스타와 투톱을 중앙에 집중시켜 상대의 중앙 수비 두 명을 곤경에 빠뜨릴 수 있다. 다만 상대 팀의 풀백들이 적극적으로 오버래핑할 경우 문제가 좀 복잡해진다. 이 경우에는 트레콰르티스타나 공격수가 적절한 수비 가담으로 단점을 가려줘야 했다.

토티는 지단이나 후이 코스타처럼 타고난 플레이메이커는 아니었다. 그래서 로마의 공격 소합은 독특한 형태를 띠었다. 토티는 종종 바티스투타 뒤에 배치된 세콘다 푼타처럼 움직였다. 전문 웡어가 없는 3-4-1-2 포메이션을 쓰며 상대 수비를 넓게 벌리려면 공격 자원 중 한 명이 측면으로 이동할 필요가 있다. 전술 지능이 좋고 헌신적인 델베키오가 측면으로 빠지며 일종의 웡어 같은 역할을 수행했다. 이때 로마 공격은 웡어 한 명, 스트라이커 한 명, 새도 스트라이커 한 명으로 구성된 변형 스리톱처럼 보이기도 했다.

후반기로 갈수록 델베키오보다 몬텔라의 비중이 높아졌다. 몬텔라처럼 비상한 득점 감각을 지닌 선수를 벤치에 앉혀 두는 건 아까운 노릇이었다. 바티스투타와 몬텔라가 최전방에 배치되자 토티는 조금 더 미드필더에 가까운 역할을 해야 했다. 토티는 한결 평범한 트레콰르티스타에 가까워졌고, 이 역할도 능숙하게 소화했다.

득점과 어시스트를 모두 할 수 있는 토티는 AS 로마의 진정한 중심이었다. 토티는 13골을 몰아쳤다. 트레콰르티스타로 뛰면서 10골을 넘긴다는 건 극히 어려운 일이었다. 토티 이후 2001/2002시즌 아탈란타의 크리스티아노 도니, 2002/2003시즌 브레시아의 로베르토 바조 등 하위권 구단에서 공격의 알파와 오메가를 모두 책임진 선수들은 종종 주득점원으로 활약하기도 했다. 그러나 토티처럼 정상급 투톱을 패스로 지원하면서 동시에 13골을

### 3-4-1-2가 3-4-1-2와 4-4-2를 상대할 경우

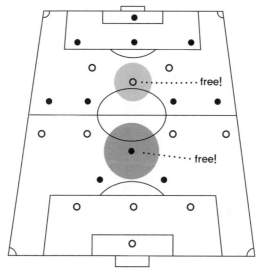

3-4-1-2 vs 3-4-1-2

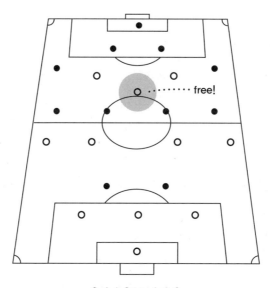

3-4-1-2 vs 4-4-2

넣은 트레콰르티스타는 없었다. 토티는 그만큼 독특한 플레이 스타일을 가진 선수였고, 사실상 유일무이한 선수였다.

토티의 뒤를 받치는 동료들은 완벽한 시스템과 분업 체계 속에서 움직였다. 특히 토티의 바로 뒤에 선 톰마시와 차네티의 활약은 고무적이었다. 두 선수는 모두 기본적으로 수비형 미드필더로 분류할 수 있지만 톰마시는 제만 시절을 통해 공간 침투와 공격 가담에 대한 감각을 향상시킨 상태였다. 차네티는 카펠로 아래서 패스 능력이 일취월장했다. 직접 전방으로 가담하는 공격은 여전히 약한 대신 전진 패스의 질이 많이 향상되고 있었다. 톰마시가 부지런히 돌아다니며 공간 점유에 기여하는 박스 투 박스 미드필더라면, 차네티는 스리백 앞에서 적절한 공간을 선점하는 데 집중하는 전문 수비형 미드필더였다고 할 수 있다. 차네티는 주전 미드필더 중 유일하게 무득점이었을 정도로 늘 후방에 머무르는 선수였다.

다만 둘 중 타고난 플레이메이커는 없는 게 사실이었다. 이탈리아 축구팀은 늘 레지스타(regista)를 필요로 한다. 연출가라는 뜻의 레지스타는 주로 수비형 미드필더 자리에서 팀을 지휘하는 플레이메이커를 뜻한다. 안드레아 피를로가 대표적이다. 로마는 레지스타가 없는 팀이었다. 공격 전개가 잘 되지 않으면 토티까지 아래로 내려가 빌드업을 도와야 했다. 빌드업 역시 트레콰르티스타의 주요 업무인 건 맞지만, 절반쯤은 공격수인 토티에게 잘 어울리는 역할은 아니었다.

에메르손이 부상에서 돌아온 후반기에는 차네티가 벤치로 물러나고 톰마시, 에메르손의 조합이 토티의 뒤를 받쳤다. 에메르손 역시 수비형 미드필더지만 역동적이고 기술이 좋은 선수였다. 에메르손의 드리블과 패스는 빌드업에 큰 도움을 줬다. 팀 공격력이 수직 상승했다. 16세에 불과했던 같은 포지션의 다니엘레 데로시는 벤치에만 한 번 앉으며 데뷔를 준비했다.

2000/2001시즌 AS 로마 베스트 라인업과 역할 배분

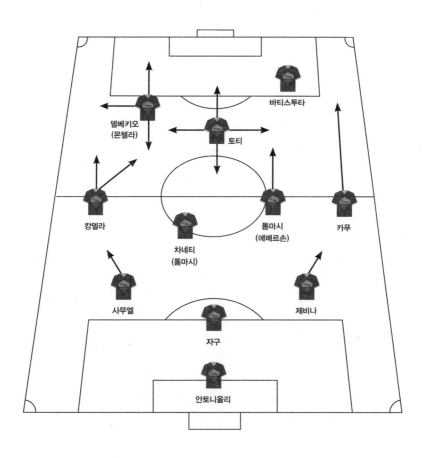

제만 시절부터 서서히 성장해 온 캉델라는 26세 나이에 전성기에 올라섰다. 원래 오른발잡이인 캉델라는 왼쪽에서 중앙으로 돌파해 들어가며 플레이하는 독특한 윙백이었다. 지금은 이런 플레이가 일반적이지만, 당시만 해도 윙백은 주로 쓰는 발과 같은 측면에 위치해야 한다는 고정 관념이 확고했다. 캉델라는 중앙으로 이동하며 패스, 드리블, 슛을 구사하는 현대적 스타일을 선구적으로 보여 줬다. 이 시즌 세리에 A에서 3골을 넣어 측면 수비수 중 최고 수준의 득점 기록을 남겼다. 한편 반대쪽의 카푸는 오른쪽 측면 그 자체였다. 축구 역사상 가장 무서운 윙백 중 한 명으로 기억되는 카푸는 매 경기 대여섯 번, 많은 날은 열 번도 넘는 측면 공격을 성공시켰다. 동시에 날카로운 태클과 수비 복귀를 통해 공백을 최소화했다. 껌을 질겅거리며 막대한 영향력을 발휘한 카푸 덕분에 로마의 오른쪽 공격은 걱정이 없었다.

윙백들이 마음껏 오버래핑할 수 있는 건 스리백의 적절한 도움 덕분이기도 했다. 사무엘은 왼발잡이고, 제비나는 오른쪽 풀백까지 소화할 수 있는 오른발잡이였다. 신체적으로 최고 컨디션을 유지하고 있는 두 스토퍼는 상대 스트라이커를 힘으로 찍어 누르다가도 측면에 공간이 벌어지면 바로 달려나가 틈을 메웠다. 노장 반열에 오르기 시작한 자구가 함께 스리백을 형성했고, 아우다이르는 네 번째 멤버로 대기하고 있었다. 로마 스리백은 상황에 따라 번갈아 오버래핑하며 팀이 경직되는 걸 막았다.

로마 라인업은 주전 위주로 고정돼 갔다. 나름대로 판타지스타의 자질을 갖췄던 나카타가 깔끔하게 후보 선수로 밀려나 버렸다. 아순상 역시 백업 멤버로 분류됐고, 디프란체스코는 아예 벤치에도 앉기 힘들어졌다. 주전 위주로 강하고 단단한 선수단을 꾸린 것이 로마의 성공 비결 중 하나였다.

우승을 위해 갖춰야 할 마지막 요소가 하나 남아 있었다. 위기의식이었다. 로마는 세리에 A보다 먼저 개막한 코파 16강에서 아탈란타에 패배해 탈락했다. 홈에서 1-1로 비겼고, 원정에서 2-4로 대패했다. 성질 급한 울트라스는 선수들의 차를 공격했다. "당장 훈련이나 해라"라는 고성 사이에는 인종차별적인 야유도 섞여 있었다. 이 경기 전까지 카펠로와 선수단은 서로에게 책임을 전가하는 인터뷰를 하는 등 하나로 뭉치지 못한 상태였다. 그러나 코파 탈락을 계기로 선수단은 오히려 단단해졌다. 시즌 중에 코파를 병행하느라 힘을 빼지 않아도 된다는 점 역시 리그 운영에 도움이 될 것이었다.

당시 세리에 A는 18팀으로 구성돼 있었고, 한 시즌에 팀당 34경기를 치렀다. 20팀으로 구성된 지금보다 개막이 늦었다. 2000/2001시즌 개막전은 2000년 10월 1일에 열렸다. 로마의 서포터 모두가 우승을 위해 꾸려진 선수단이라는 걸 알고 있었다. 볼로냐와 가진 홈 개막전에 관중들이 가득 들어찼다. 로마의 전통적인 응원 문구 '심장, 투지, 열기(CUORE, GRINTA, ARDORE)'를 비롯해 우승을 열망하는 걸개가 잔뜩 걸려 있었다.


## ___ 오스카를 수상한 토티

AS 로마는 개막전에 제비나, 사무엘, 바티스투타를 모두 내보내며 달라진 전력을 보여 줬다. 톰마시가 후반에 교체 투입됐다는 점만 빼면 완전한 주전 멤버였다. 경기력은 기대에 못 미쳤지만 로마는 볼로냐를 2-0으로 꺾었다. 특히 불만족스러웠던 전반전을 한 골 넣고 마친 것이 다행이었다. 프리킥의 달인 아순상이 올린 공을 토티가 머리로 넣었다. 헤딩은 토티의 특기가 아니었지만, 승리를 위해서라면 어떤 플레이든 마다하지 않는 모습은 로마의 달라진 저력을 보여 줬다.

어시스트에도 불구하고 아순상이 빠지고 톰마시가 교체 투입되자 로마의 경기력은 한층 나아졌다. 후반 17분 추가골은 톰마시의 가치를 잘 보여 줬다. 톰마시의 빠른 역습 전개로 시작된 공격은 크로스로 연결되었고, 바티스투타가 제대로 슛하지 못한 공이 상대 수비수인 마르첼로 카스텔리니의 자책골로 이어졌다.

개막전을 통해 톰마시와 자구가 주전으로 올라섰다. 자구는 시즌 개막 전 이적 가능성이 제기되던 선수였으나, 개막전 스리백의 중심에서 좋은 활약을 한 뒤 로마 팬들에게 충성 맹세를 했다. 터미네이터라는 별명으로 불리던 자구는 꽤 인기 있는 선수였다. 앞선 시즌 더비 경기에서 라치오 미드필더 시메오네의 얼굴에 펀치를 날려 로마 팬들에게 더욱 큰 사랑을 받기도 했다. 그는 선수 인생 최고의 시즌을 맞이하고 있었다.

개막전 다음날 토티는 일찌감치 2000/2001시즌의 주인공이 됐다. 파르마에서 열린 이탈리아 축구 최대 시상식 오스카 델 칼초(Oscar Del Calcio)에 참석한 토티는 2000년 최우수 선수로 선정됐다. 토티는 1997년 초대 시상식에서 영플레이어 후보에 올랐고, 필리포 인차기에게 수상을 내줬다. 1998년에도 영플레이어 후보였으나 이번엔 알레산드로 네스타가 수상했다. 1999년 드디어 영플레이어를 수상하는 동시에 최우수 이탈리아 선수 후보에까지 오르며 발전한 모습을 보였다. 매년 한 계단씩 올라간 토티에게 남은 건 최우수 선수상뿐이었다.

토티의 수상에는 국가대표 프리미엄이 꽤 작용했다. 유로 2000을 통해 이탈리아의 희망으로 떠오른 토티는 언론의 전폭적인 지지를 받았다. 이에 더해 세리에 A에서도 꾸준히 활약해 왔기 때문에 지난 시즌 6위에 그친 로마가 수상자를 배출할 수 있었다. 토티는 이탈리아인 중 최우수 선수로 먼저 뽑혔고, 최우수 외국인 선수 안드리 셉첸코를 최종 투표에서 이겼다. 아직 앳된 얼굴의 토티와 셉첸코가 말쑥한 수트를 빼입고 대화를 나눴다. 토티는 당시 여자친구였던 방송인 마리아 마차와 함께 시상식에 참석했다. 시상식을 마친 뒤 이탈리아 대표팀에 합류해 루마니아를 상대로 골을 터뜨렸다. 시즌 시작이 완벽했다.

로마는 두 번째 상대인 레체를 4-0으로 굴복시키며 다양한 공격 루트를 모두 보여 줬다. 이 경기만 봐도 로마가 얼마나 무서운 팀이었는지 대강 알수 있다. 카푸의 크로스를 바티스투타가 헤딩으로 마무리하며 로마 데뷔골을 넣었다. 카푸가 또 오버래핑해 크로스를 날렸고, 후방으로 흘러간 공을 톰마시가 중거리 슛을 통해 골로 만들었다. 캉델라는 특유의 오른발 드리블로 속공 상황에서 중앙을 돌파한 뒤 스루 패스를 했고, 바티스투타는 골대가거의 안 보이는 각도에서 강력한 왼발 슛으로 골을 터뜨렸다. 델베키오는 끈질기게 공을 따내려다 페널티킥을 얻어냈고, 토티가 킥을 마무리했다. 네 골과정을 보면 카푸의 크로스, 바티스투타의 헤딩과 양발 강슛, 톰마시의 에너지, 캉델라 특유의 대각선 오버래핑, 델베키오의 끈기, 토티의 킥이 모두 담겨 있었다. 바티스투타는 경기가 끝난 뒤 "나는 과거의 바티골이 아닌 새로운 바티골"이라고 선언했다. '바티골'은 이름을 다 부르기도 전에 골을 터뜨린다고 해서 피오렌티나 시절 붙은 별명이었다.

토티는 비첸차를 상대한 세 번째 경기에서도 문전 침투를 통해 쉬운 골을 추가했다. 3경기 연속골을 넣은 토티는 바티스투타와 함께 3골로 득점 공동 선두에 올랐고, 로마는 3-1로 승리했다. 3전 전승을 거둔 팀은 로마뿐이었다. 슬슬 우승 후보로 올라가던 로마는 4라운드에서 인테르에 시즌 첫 패배를 당했지만, 바로 다음 경기에서 브레시아를 4-2로 대파했다. 후반전에만 세 골을 넣은 바티스투타가 역전승을 이끌었는데, 그중 두 개는 동료의 슛이 골대에 맞고 나온 공을 냉큼 밀어 넣은 골이었다. 토티는 브레시아전과 UEFA컵 보아비스타전(1-1)까지 가벼운 부상으로 결장했다. 돌아온 토티는 레지나를 상대로 페널티킥 선제골을 넣어 2-1 승리에 기여했다. 이날 리그 1위에 오른 로마는 이후 8경기에서 6승 2무를 기록하며 추격자들과의 거리를 벌려 나갔다.

로마가 승승장구하던 시기의 주인공은 토티라기보다 바티스투타였다. 바티스투타는 해트트릭에 이어 베로나를 상대로 직접 프리킥 득점까지 올리며 득점 선두를 굳혔다. 골 감각이 절정에 달한 상태에서 만난 8라운드 상대는 바티스투타의 사랑, 피오렌티나였다. 피오렌티나의 수비형 미드필러 산드로 코이스가 토티를 철저하게 전담 마크했기 때문에 경기는 쉽게 풀리지 않았다. 종료를 8분 남긴 시점, 바티스투타 앞으로 공이 살짝 떠올랐다. 그의 대표적인 기술인 벼락 같은 발리슛이 골망을 뚫어 버릴 기세로 꽂혔다. 흥분한 동료들이 어깨 위로 올라타는 동안에도 그는 슬픈 얼굴을 한 채 세리머니를 거부하다가 결국 눈물을 훔쳤다. 그는 경기 후 "득점했을 때 아주 기뻤지만 동시에 슬픔을 느꼈어요. 피오렌티나 서포터의 감정을 잘 아니까. 눈물은 뭐, 별 것 아니었고요"라고 이야기했다. 센시는 "바티스투타가 700억의 가치를 보여 줬네"라는 촌평을 남겼다.

토티는 12월 10일 우디네세를 상대로 가진 10라운드에서 인생의 명장면을 갱신했다. 오른쪽에서 크로스가 날아왔고, 토티는 약간 왼쪽에서 쇄도하고 있었다. 공이 발 앞에 떨어지기 직전 토티가 강력한 왼발 발리슛으로 골문 구석을 정확히 적중시켰다. 파포스트 구석으로 꽂히는 토티 특유의 왼발 발리 기술이 잘 드러난 명장면이었다. 토티는 20대 후반에 가진 인터뷰에서 "내 축구 경력에서 가장 아름다운 골이었죠. 부폰 위로 찍어 찼던 골보다 더 나았어요. 골을 넣은 직후에는 알아차리지 못했는데, 문득 둘러보니 경기장 전체가 나를 보며 기립 박수를 치고 있더라고요"라고 말했다.

이어진 로마와 라치오의 더비전은 이탈리아의 빅 매치답게 엄청난 수비

**AS 로마 최고의 순간을 함께한 바티스투타와 토티**

전이었다. 로마의 차네티가 라치오의 공격 전개를 원천 봉쇄했고, 라치오는
네스타 중심으로 수비진을 짜 로마의 숏이 나오기 직전에 저지했다. 공격수
들이 모두 봉쇄된 가운데 골은 의외의 상황에서 터졌다. 차네티가 기습적으
로 공격에 가담해 날린 헤딩슛은 골대를 빗나갈 궤적을 그리고 있었다. 그
런데 파올로 네그로가 네스타와 몸이 엉킨 상태에서 공을 걷어내려다 자책
골을 넣고 말았다. 좋은 수비를 하던 네그로에게는 너무 가혹한 상황이었다.
경기 후 카펠로는 "이런 승리가 가장 좋은 승리다"라는, 참으로 이탈리아인
다운 말을 남겼다. 코리에레는 '오늘 더비는 잘로로시로 물들었다'라는 제목
으로 기사를 냈다. 더비까지 승리하며 로마는 시즌 초반의 가장 큰 고비를
넘어섰고, 로마 팬들은 우승에 대한 예감으로 들썩거리기 시작했다.

추격자 유벤투스와 0-0 무승부를 거둔 로마는 승점 차를 6점으로 유지했다. 토티와 지네딘 지단은 세리에 A에서 가장 위대한 선수가 누군지 가리지 못했다. 토티는 14라운드부터 16라운드까지 3경기 연속 골을 터뜨렸다. 특히 15라운드 밀란 원정은 뜨거운 승부였다. 밀란의 레오나르도가 절묘한 왼발 프리킥으로 선제골을 넣은 뒤, 경기는 토티와 셉첸코의 싸움으로 흘러갔다. 셉첸코, 토티, 셉첸코, 토티 순서로 골이 터졌고 결국 로마는 한 골 차 패배를 당했다. 토티의 연속골 기록은 4경기로 늘어날 수도 있었지만, 17라운드에서 파르마의 부폰이 토티의 페널티킥을 선방해 냈다. 부폰이 엄청난 선방을 연발했지만 로마가 바티스투타의 절묘한 발리 슛 두 방으로 승리한 경기였다.

16라운드 나폴리전은 후반기를 앞둔 로마에 큰 의미가 있는 경기였다. 에메르손이 마침내 부상을 털고 데뷔전을 치렀다. 로마는 일찌감치 두 골 차로 앞섰고, 에메르손은 후반 11분 교체 투입돼 컨디션을 점검했다. 첫 경기부터 에메르손의 경기력은 훌륭했다. 합격점을 받은 그는 "그동안 아무것도 한 게 없는데 서포터들은 날 사랑해 줬습니다. 이제 성장하고 보답할 일만 남았네요"라는 말로 인사를 대신했다. 에메르손은 2월 11일 열린 18라운드 볼로냐전에서 처음 선발 출장했고, 그날 데뷔골을 넣었다. 로마는 여전히 유벤투스를 승점 6점 차로 따돌린 가운데 더욱 강해졌다.


## ___ 우승할 줄 아는 로마

토티는 로마 시내에서 마리아와 함께 드라이브를 하다 가벼운 교통사고를 당했다. 마리아가 운전하던 소형차 오펠 코르사가 더 큰 차에 받혔다.

다행히 가벼운 사고였고 두 스타는 시민들의 눈을 피해 사고를 수습한 뒤 현장을 떠났다. 한편 토티는 AS 로마로부터 거액의 재계약 제의를 받았다. 그라운드 밖에서도 화제를 모으면서 토티는 로마에서 가장 뜨거운 남자가 되어가고 있었다.

세리에 A에서 승승장구하던 것과 달리, 로마는 UEFA컵에서 일찍 탈락했다. 2월 15일 열린 리버풀과의 16강 1차전에서 0-2로 패배했다. 2진급 선수단을 내보낸 로마와 달리 리버풀은 UEFA컵에 더 힘을 쏟았다. 잉글랜드의 천재 공격수 마이클 오언이 두 골을 터뜨렸다. 로마는 일주일 뒤 열린 2차전 역시 토티와 바티스투타가 빠진 후보 라인업을 내보냈다. 로마는 안필드를 완전히 지배했지만 골 결정력이 부족했고, 수비형 미드필더 잔니 기고우의 골로 1-0 승리를 거두는 데 그쳤다. 당시 이탈리아 구단주들은 서로 자존심 싸움을 하는 것이 더 중요했기 때문에 UEFA컵에 큰 비중을 두지 않았다. 이후 리버풀은 우승팀이 되고, 오언은 그해 발롱도르를 수상한다.

2월의 마지막 경기였던 비첸차 원정에서 바티스투타가 부상당했다. 문전에서 공을 따내려고 수비수와 경합하다가 오른쪽 무릎이 꺾인 채 넘어졌다. 그땐 별 것 아닌 것처럼 걸어 나갔지만, 그 무릎 부상은 은퇴한 뒤 일상생활에도 지장을 줄 정도로 바티스투타를 괴롭히게 된다. 교체 투입된 몬텔라는 후반 35분 환상적인 왼발 강슛으로 선제골을 넣은 뒤 두 팔을 쭉 펴고 그라운드를 돌아다니는 특유의 세리머니를 마음껏 즐겼다. 이 모습에서 나온 별명이 '비행기(Aeroplanino)'다.

이어진 인테르와의 홈경기에서 몬텔라는 더 높이 날아오른다. 로마는 바티스투타뿐 아니라 에메르손, 카푸까지 빠진 상태였다. 인테르는 심각한 부진에 빠져 있었지만 알바로 레코바의 크로스를 크리스티안 비에리가 마무리했을 때부터 이미 만만한 상대는 아니었다. 로마는 토티와 몬텔라 중심으

**토티, 바티스투타 등 걸출한 공격수들 사이에서도 굵직한 족적을 남긴 빈첸조 몬텔라**

로 인테르를 공략했고, 세트 피스에서만 세 골을 터뜨렸다. 모처럼 선발로
나온 아순상의 프리킥과 코너킥이 문전으로 예리하게 날아들었고, 그때마다
몬텔라가 공의 경로에 있었다. 몬텔라가 건드릴 듯 말 듯 지나간 프리킥이
아순상의 골로 기록됐다. 이어 몬텔라가 두 골을 추가했다. 이어진 브레시아
전 역시 아순상의 1골, 몬텔라의 2골로 로마가 승리했다. 이 두 경기는 로마
의 후반기 전술을 바꾸는 계기가 됐다. 바티스투타가 복귀한 뒤에도 몬텔라
가 주전 자리를 유지했고, 델베키오가 벤치로 밀렸다. 로마는 구단 사상 최
다 연승인 7연승을 기록했다. 점점 우승이 가까워지고 있었다.

　로마는 레지나와 베로나를 상대로 1승 1무를 거뒀다. 베로나를 꺾은 4월
1일, 리그 일정이 10경기 남은 가운데 로마는 유벤투스와 승점 차를 9점으
로 벌렸다. 시즌 개막 후 최고 승점 차였다. 라이벌 라치오가 유벤투스를 꺾

은 게 로마를 도와준 셈이 됐다. 마침내 우승이 손에 잡힐 듯 다가왔다. 이즈음 센시는 "결승점이 가까워지고 있다"는 인터뷰를 하며 우승에 대한 예감을 노골적으로 밝혔다. 이미 올림피코는 로마 홈경기가 열릴 때마다 축제 분위기에 가까워졌다.

그러나 단 두 경기 만에 로마는 위기로 빠져들었다. 순탄한 승리를 거부하는 로마 특유의 본능이 스멀스멀 돌아오는 것처럼 보였다. 로마는 피오렌티나를 상대로 1-3 패배를 당했다. 엔리코 키에사(2016년 피오렌티나에서 데뷔한 윙어 페데리코 키에사의 아버지다)가 로마 골문에 두 골을 꽂아넣었다. 로마 언론은 몬텔라를 벤치로 강등시키고 델베키오를 선발로 내보낸 카펠로에게 비난의 화살을 돌렸다.

로마는 올림피코에서 열린 중위권 페루자와의 경기도 잡아내지 못했다. 몬텔라는 하프타임에 투입돼 비교적 긴 시간을 소화했지만 번번이 부정확한 슛을 날렸다. 로마는 선제골을 내줬고, 토티가 모처럼 특유의 오른발 중거리 슛으로 골을 터뜨렸지만 후반 막판 안토니올리의 캐칭 미스로 또 실점했다. 후반전이 다 끝나갈 때 양팀 선수들이 뒤엉켜 혼전을 벌인 끝에 페루자 미드필더 조반니 테데스코의 자책골로 로마가 간신히 무승부를 거뒀다. 로마가 해매는 두 경기 동안 유벤투스가 연승을 거뒀고, 갑자기 승점 차가 단 4점으로 줄어들었다. 호들갑스런 코리에레는 이번엔 주심에게 비난을 쏟아 부었다.

토티가 결장한 가운데 우디네세를 꺾고 분위기를 회복한 로마는 시즌 성적을 좌우할 결정적인 두 경기를 치르게 된다. 4월 29일 라치오와 갖는 더비가 열렸고, 일주일 뒤에는 추격자 유벤투스를 상대했다. 냉정하게 볼 때 두 경기 모두 토티의 활약상은 그저 그랬다. 더비 경기가 시작되자마자 쥐세페 판카로에게 끔찍한 양발 태클을 당한 토티는 잠시 후 파벨 네드베트에게 백 태클을 하며 감정싸움에 에너지를 소모했다. 토티가 봉쇄된 사이 델베키오가 왼쪽을 돌파한 뒤 올린 크로스를 바티스투타가 마무리하며 선제골을 넣었고, 곧 차네티의 발리 슛 추가골까지 터졌다. 그러나 라치오는 후반전에 투입한 클라우디오 로페스를 중심으로 집요하게 반격했다. 네드베트가 장쾌한 왼발 강슛으로 한 골을 따라잡았고, 마지막 교체 멤버였던 루카스 카스트로만이 종료 직전 강력한 중거리 슛 동점골을 꽂아 넣으며 라치오 측 서포터들을 흥분시켰다.

승리한다면 그 순간 사실상 우승을 확정할 수 있었던 유벤투스전에서도 토티는 지지부진한 경기를 했다. 세리에 A에서 가장 위대한 선수가 누구인지 겨루는 정면 대결에서 승리한 선수는 분명 지단이었다. 지단은 완벽한 플레이메이커가 어떤 플레이를 해야 하는지 겨우 6분 만에 다 보여 줬다. 전반 4분, 직접 공을 몰고 속공을 시작한 지단은 전매특허인 볼 키핑으로 차네티를 따돌린 뒤 정확한 크로스를 올려 알레산드로 델피에로의 헤딩골을 이끌어냈다. 전반 6분에는 인차기의 패스를 받아 강력한 중거리 슛으로 추가골을 넣었다. 별로 영향력이 없었던 토티는 후반 15분 나카타와 교체됐다. 이날만큼은 나카타가 토티보다 나았다. 나카타는 알레시오 타키나르디에게 빼앗은 공을 직접 중거리 슛으로 마무리했다. 경기 종료 직전에는 나카타의 중거리 슛을 에드윈 판데르사르가 제대로 쳐내지 못하자 몬텔라가 달려들어 냉큼 밀어 넣었다. 엄청난 의미가 있는 골이었다. 이제 남은 일정은 다섯 경기, 승점차는 여전히 5점이었다. 로마는 미끄러지지만 않으면 됐다. 토티는 경기 후 "카펠로가 날 교체한 건 옳았다"고 말해 팀 분위기를 살렸다.

토티는 짧은 부진을 끝내고 너무 늦기 전에 원래 모습으로 돌아왔다. 로마는 흔들리고 있었다. 32라운드에서 AC밀란과 1-1로 비겼지만 33라운드 나폴리 원정에서 승리한다면 최종전은 볼 것도 없이 로마의 우승으로 시즌이 끝날 상황이었다. 그러나 원정팀들이 늘 힘들어하는 나폴리의 산 파올로는 지독한 경기장이었다. 나폴리가 니콜라 아모로소의 선제골로 앞서갔다. 그러나 토티가 경기를 뒤집었다. 전반 42분 토티의 낮차 큰 코너킥을 바티스투타가 받아 넣었다. 후반 7분 크로스를 받은 토티는 깔끔한 터닝 슛으로 역전골까지 만들어 냈다. 그러나 나폴리의 파비오 페키아가 찬 애매한 프리킥이 수비수를 맞고 데굴데굴 굴러 로마 골문 안으로 들어가 버렸다. 유벤투스는 33라운드에서 승리했고, 무승부에 그친 로마와의 승점 차는 2점으로 줄어들었다. 몬텔라는 교체를 지시했다가 번복한 카펠로 감독과 공개적으로 말싸움까지 했다.

로마는 지긋지긋한 위기설이 다시 불거진 가운데 파르마와 최종전을 맞았다. 6월 17일이었다. 이기면 우승이었다. 로마는 최종전까지 끌고 온 대회를 우승으로 마무리해야만 했다. 올림피코에 75,000명이 가득 들어찼다. 로마에는 아무런 전력 손실도 없었지만, 상대 파르마가 당시 4위에 올라 있던 호적수라는 게 가장 큰 문제였다. 파르마는 장차 슈퍼스타가 될 부폰, 파비오 칸나바로, 릴리앙 튀랑이 수비진에 있고 마티아스 알메이다가 수비형 미드필더로 버티는 팀이었다. 수비진의 재능만 놓고 보면 파르마가 최강이었다.

최종전에서 우승컵을 로마 서포터 손에 안겨 준 인물은 다름 아닌 토티였다. 마침내 토티가 팬들의 기대에 완벽하게 부응했다. 전반 19분, 캉델라의 패스를 받은 토티가 부폰이 손도 쓰지 못한 강슛으로 선제골을 터뜨렸다. 로마는 서포터의 엄청난 함성 속에서 파르마를 압도하고 있었다. 토티는 수비 세 명에게 둘러싸였을 때도 절묘한 발재간으로 공격을 전개해 나갔다. 전반 39분, 바티스투타의 슛을 부폰이 겨우 쳐냈으나 시즌 내내 문전에서 놀라운 피우토를 발휘한 몬텔라가 냉큼 공을 밀어 넣었다. 후반 33분 롱 패스를 받은 바티스투타가 두 번 생각하지 않고 날린 왼발 슛으로 사실상 로마는 승리, 즉 우승을 확정지었다. 경기장에 난입한 관중들이 바티스투타를 두들기며 골 세리머니에 동참했다. 마르코 디바이오에게 한 골을 내주긴 했지만 로마의 승리에는 문제가 없었다.

종료 휘슬이 울리기 전부터 이미 관중들은 트랙 위로 난입해 그라운드를 둘러싼 상태였다. 경기가 끝나자마자 수많은 인파가 잔디 위로 쏟아져 들어왔다. 서포터는 대부분 우승의 기분을 만끽하기 위해 쏟아져 내려온 사람들이었지만 상당수는 로마 선수들에게 날려들어 옷을 벗기려고 했다. 가보를 갖고 싶다는 욕심에서 나온 무례한 행위가 우승 현장을 난장판으로 만들고 있었다. 어느새 토티를 비롯한 로마 선수들은 바지를 벗어 파르마 선수나 관중에게 줘 버리고 흰색 팬티 차림으로 잔디 위를 뛰어다녔다. 토티는 바지를 벗는 순간에도 황홀경에 빠진 얼굴로 춤을 추고 있었다.


## ___ 처음이자 마지막

잠시 후, 그라운드 위는 잘로로시 색의 깃발로 가득 찼다. 이탈리아 관중들은 응원을 할 때 다양한 크기의 깃발을 쓰곤 한다. 그 깃발들이 올림피코의 거대한 그라운드 위에서 촘촘하게 펄럭였다. 로마 제국의 대군이 승리를 거두고 돌아와 개선하는 모습을 상상하게 하는 장관이었다.

우승을 축하하는 행렬은 도심 곳곳으로 이어졌다. 로마의 중심 광장인 포폴로 광장에 모인 서포터들은 로마 제국이 이집트에서 약탈해 온 유명한 오벨리스크를 둘러싸고 깃발을 흔들어댔다. 콜로세움 앞의 공터에서도, 그밖에 로마 시내 곳곳의 온갖 골목에서도 서포터들의 행렬이 끊이지 않았다.

감격과 광란의 2000/2001시즌 스쿠데토

일주일 뒤, 옛 대전차 경기장 유적지이자 지금은 로마에서 가장 큰 공터인 치르코 마시모에 로마 시민들이 다시 모였다. 센시는 우승의 감격을 몇 배로 누릴 수 있도록 거대한 이벤트를 계획했다. 특설 무대를 세우고 로마 시민들을 불러 모아 야외 콘서트 형식의 우승 축하 파티를 개최한 것이다. 센시의 인상적인 연설에 이어 로마를 대표하는 뮤지션 안토넬로 벤디티가 마이크를 건네받았다. 로마 서포터들이 매 경기 부르는 노래 '고마워요 로마(Grazie Roma)'가 바로 벤디티의 노래다. 1983년 스쿠데토 당시 이 노래가 AS 로마를 상징하는 곡으로 널리 퍼지면서, 벤디티는 잘로로시와 밀접한 인물이 됐다. 2001년에 다시 로마 서포터들 앞에 선 벤디티는 이 노래를 부르다가 서포터들에게 마이크를 넘겼고, 엄청난 규모로 돌아오는 '떼창'에 만족스런 표정을 지어 보였다.

넓은 분지를 가득 메운 로마 시민들은 셀 수 없을 정도로 많은 깃발을 흔들며 광기 어린 노래를 불러 댔다. 근처 오래된 건물의 지붕마다 반라의 청년들이 기어 올라갔다. 해가 뉘엿뉘엿 넘어갈 때, 노을의 색과 닮은 붉은색 기와 위에서 무대를 내려다보는 수많은 젊은이들의 모습 역시 장관이었다.

로마는 유벤투스를 겨우 승점 2점 차로 따돌리고 힘겹게 우승했다. 6라운드부터 한 번도 1위를 빼앗기진 않았으나 유벤투스가 턱밑에 칼을 들이댄 상태에서 버텨야 했던 시즌이었다. 로마는 22승 9무 3패, 68득점 33실점을 기록했다. 최다득점과 최고 골득실도 로마가 기록했다.

바티스투타는 20골로 득점 4위에 올랐다. 득점왕은 바티스투타의 대표팀 후배인 라치오의 에르난 크레스포였고 셉첸코, 키에사도 바티스투타보다 많은 골을 터뜨렸다. 세 공격수의 공통점은 소속팀의 득점을 독점했다는 것이었다. 10골 이상 넣은 선수가 두 명인 팀은 브레시아, 유벤투스, 레체뿐이었고, 세 명인 팀은 오직 로마밖에 없었다. 몬텔라가 14골, 토티가 13골을 기록했다. 수비가 삼엄한 당시 세리에 A에서 공격 삼인방이 모두 골을 몰아쳤다는 건 로마가 그만큼 공격적인 팀이었다는 뜻이다. 로마는 다른 팀들처럼 눈치 싸움을 하기보다 과감하게 전진 패스를 찔러 넣었다. 로마인들의 솔직한 성격에 맞는 축구였다. 푸르보가 부족하다는 것이 로마의 약점이었지만, 다른 팀보다 열정적이고 과감하다는 것이 로마의 강점이기도 했다.

언론은 우승팀에서 가장 중요한 선수로 카푸, 바티골, 몬텔라, 토티를 꼽았다. 돌파와 크로스로 엄청난 기회 창출 능력을 보여준 카푸, 이를 받아먹은 두 명의 특급 공격수, 그리고 득점과 어시스트에 모두 능통했던 그들의 주장까지 도합 네 명이었다. 그 다음으로는 캉델라와 톰마시의 공로가 인정받았다. 델베키오, 나카타, 사무엘, 에메르손도 중요한 멤버로 지목됐다. 자구의 준수한 경기력, 최소한 우승팀에 부끄럽지 않은 방어를 보여준 안토니올리의 선전도 칭찬의 대상이었다. 아우다이르는 비록 주전이 아니었으나 벤치에서 후배들을 독려하고 체력 부담을 덜어주는 등 조력자로서 최선을 다했다.

카펠로의 축구는 '냉정, 균형, 승리'라는 세 키워드로 요약됐다. 로마에 가장 부족했던 건 승리에 대한 갈망이었고, 카펠로가 딱 그 부분을 더하면서 우승이 가능해졌다. 리에드홀름과 함께한 1982/1983시즌 이후 18년 만에 달성한 우승이었다.

다만 토티를 중심으로 보자면, 사실 그의 경력에서 가장 위대한 경기력은 아니었다. 냉정하게 볼 때 토티는 트레콰르티스타로서 경기 전체를 좌지우지하지 못했다. 토티는 어디까지나 보조 득점원이자 찬스 메이커였다. 볼 키핑을 통해 상대 공격의 맥을 끊는다든가, 지능적으로 상대를 유인한 뒤 패스를 찌른다든가 하는 고도의 플레이는 당시의 토티와 거리가 멀었다. 대신 토티는 다른 트레콰르티스타들보다 과감하고 본능적으로 공을 찼다. 강력한 중거리 슛과 훌륭한 문전 침투는 토티의 중요한 무기였다. 앞서 설명한 것처럼 토티가 사실상 세콘다 푼타처럼 뛴 경기가 많았기 때문에 로마의 포메이션은 3-4-1-2보다 3-4-3에 가까워 보이는 경우도 있었다.

바티스투타는 토티가 공격수의 본능을 가진 선수였기 때문에 자신을 더 잘 받쳐 줬다고 말했다. "토티는 판단이 빠르고, 스트라이커가 뭘 원하는지 잘 압니다. 토티 자신이 스트라이커이기 때문이죠. 토티는 수비수를 속이고, 부수고, 속도를 붙였다가, 드리블을 하곤 했어요." 토티의 패스가 얼마나 예측 불허였는지, 바티스투타는 한 마디로 정리했다. "토티가 내 무릎을 아프게 만들었다니까요!"

위대한 플레이메이커는 아니었지만, 토티는 치명적인 찬스메이커였다. 공을 오래 끄는 능력은 약하지만 빠른 템포로 처리할 수 있는 상황이 주어진다면 토티만큼 뛰어난 패서는 없었다. 토티 특유의 원터치 패스, 특히 힐 패스 능력은 이후 경력이 쌓이면 쌓일수록 점점 발전해 나갔다.

전술적인 비중과는 별개로, 토티가 AS 로마의 혼을 상징하는 존재였다는 건 아무도 부정할 수 없다. 토티는 매 경기 기자들의 질문 공세를 받았다. 때론 동료의 실수를 옹호하고, 때론 해이해진 팀 분위기를 질타하고, 때론 승리를 거둔 로마의 사기를 올리는 것이 모두 토티의 역할이었다. 토티는 우승을 차지하고 나서 "평생 동안 추구한 순간이 마침내 찾아왔습니다. 우린 가장 강한 팀이었고 우리 팬들은 가장 놀라운 서포터예요"라고 말했다. 로마 토박이만 말할 수 있는 우승 소감이었다.

그러나 토티가 AS 로마를 스쿠데토로 인도한 건 이때가 처음이자 마지막이었다. 토티는 그 뒤로 단 한 번도 로마에 우승을 선사하지 못했다. 우승 문턱에서 미끄러진 적이 9번이나 됐을 뿐이었다. 심지어 은퇴하는 날까지도 토티의 팀은 2위였다.

## 토티 인사이드 3
## 이탈리아식 포지션 용어들

이탈리아인들은 사소한 표현도 문학적으로 하려는 경향이 있다. 한국인들은 이탈리아 여행을 가서 휴대전화 로밍 서비스를 시작하자마자 새로운 경험을 하게 된다. 한국의 통신사 이름은 KT, SKT, LG 등 그 자체로는 아무 의미 없는 약자인 반면, 이탈리아를 대표하는 통신사는 WIND이기 때문이다. 무선 통신망과 퍽 어울리는 예쁜 이름이다. 축구의 포지션 용어도 마찬가지다. 위치와 역할을 있는 그대로 설명하는 영국(가운데서 뛰면 '미드필더'), 숫자를 통해 포지션을 표현하는 독일(수비형 미드필더는 6번이라는 뜻의 '젝서')과 비교한다면 이탈리아식 포지션 용어는 퍽 문학적이고 비유적이다. 앞에서 본 트레콰르티스타, 레지스타가 대표적이다.

스리백의 중앙에서 비교적 자유롭게 움직이는 선수를 리베로(libero)라는 이탈리아어로 부르기 시작한 것도 당연히 이탈리아인이다. 가체타의 전설적 편집장이자 수많은 용어를 창시한 언어의 마술사, 잔니 브레라가 만들어낸 표현이다. 리베로는 이탈리아어로 자유를 뜻한다. 수비수 중 포지션에 얽매이지 않고 비교적 자유롭게 공수를 오갈 수 있는 선수를 뜻하는 용어로 정착됐다. 프란츠 베켄바워, 홍명보 등 온갖 나라의 선수들에게 폭넓게 쓰이던 말이다.

인쿠르소레(incursore)는 침입자라는 뜻이다. 남의 집에 무단침입한 범죄자를 묘사할 때 쓰이는 말이다. 축구에서는 상대 수비진 사이로 침입하는 능력을 갖춘 선수, 즉 전방 침투를 통한 득점 능력이 있는 미드필더에게 주로 쓴다. 최근 대표적인 선수로는 아르투로 비달, 라자 나잉골란이 있다.

토르난테(tornante)는 이탈리아 특유의 포지션이자 역할론이다. 단어의 뜻은 '급커브'다. 급커브에서 U턴을 해 원래 자리로 돌아가는 자동차처럼, 공격할 때 전방까지 올라갔다가 수비할 땐 최선을 다해 아래로 내려오며 왕복 운동을 하는 윙어를 뜻한다. 토르난테는 윙어일수도, 측면 미드필더일수도 있다. 고전적인 이탈리아 축구에서는 왼쪽 측면을 레프트백의 오버래핑과 세콘다 푼타의 콤비네이션으로 해결하고, 오른쪽 측면을 토르난테 한 명에게 일임하는 경우가 많았다. 그래서 보통 토르난테는 오른발잡이가 오른쪽에 배치됐을 때 붙는 표현이다. 최근의 예로는 후안 콰드라도가 대표적이다.

플루이디피칸테(fluidificante)는 '유동적인 사람'이라는 뜻이다. 측면 수비수가 상황에 따라 공격과 수비에 적절히 가담하는 플레이를 묘사할 때 쓰이다가, 지금은 공격력이 좋은 윙백을 부르는 말로 굳어졌다. 오버래핑의 개념을 정립한 수비수 중 한 명인 자친토 파케타가 플루이디피칸테의 개념 역시 만들어 냈다고 평가받는다. 총알같이 상대 진영으로 오버래핑하는 선수보다는 기술을 활용해 측면에서 경기를 조립해 갈 수 있는 선수에게 더 어울리는 표현이다. 최근 선수 중에는 다니 아우베스, 마르셀루가 여기 해당된다.

메찰라(mezzala)도 이탈리아에서 비롯돼 지금은 다른 나라까지 퍼지고 있는 포지션 용어다. 측면 공격수를 '날개'라고 부르는 건 영국(wing)이나 이탈리아(ala)나 비슷하다. 이탈리아는 여기에 절반을 의미하는 mezz-를 붙여 '반(半) 날개'라는 포지션 용어를 만들었다. 현대적인 포메이션에서 메찰라는 주로 4-3-3, 4-3-1-2 등 미드필더 세 명이 역삼각형을 이루는 포진에서 중앙 수비형 미드필더를 제외한 두 명을 말한다. 특히 측면 공격을 보조할 능력이 있는 선수에게 이 표현을 붙이는 것이 자연스럽다. 차비 에르난데스나 프랭크 램파드처럼 중앙에만 머무르는 선수보다는 안드레스 이니에스타, 폴 포그바처럼 경기 상황에 따라 윙어 역할을 할 수 있는 선수에게 어울리는 표현이다. 전문 윙어를 두지 않는 포메이션이 흔히 쓰이는 이탈리아에서는 메찰라가 측면에서 공을 받을 일이 많기 때문에 돌파나 크로스 능력을 갖추는 편이 좋다.

## 이탈리아식 포지션 용어들

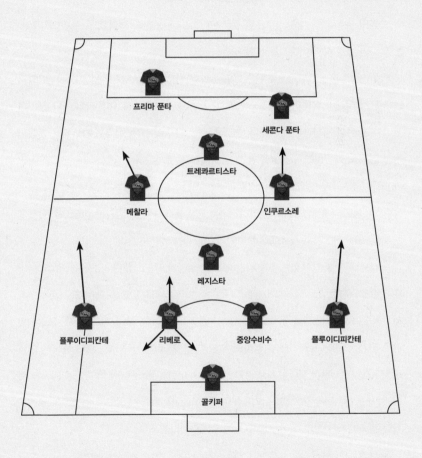

### 토티 인사이드 4
## 토티의 별명들

토티는 우승한 지 얼마 안 되어 로마의 가장 유명한 타투이스트를 찾아갔다. 그의 오른팔 위쪽에는 칼을 휘두르는 검투사(Il Gladiator) 문신이 새겨졌다. '글라디아토르'는 토티의 별명 중 하나이기도 하다.

영화 〈글래디에이터〉가 인기를 끈 이듬해였기 때문에 당시 로마 젊은이들 사이에서는 검투사 문신이 유행이었다. 토티에게 그 문신은 로마라는 도시에 바치는 나름의 헌사이자, 일종의 자화상이기도 했다. 현대의 축구 선수와 로마 제국의 검투사는 거대한 원형 경기장에서 육체의 충돌을 통해 관중들을 흥분시킨다는 점에서 비슷한 면이 있다. 또한 검투사는 〈글래디에이터〉뿐 아니라 스탠리 큐브릭 감독의 고전 영화 〈스파르타쿠스〉, 동명의 미국 드라마에 이르기까지 자유를 추구하는 인간의 상징으로 묘사되곤 했다. 열정적이면서 자유로운 토티에게 어울리는 별명이었다.

토티는 로마를 대표하는 선수지만 '황제(L'imperatore)'라고 불린 적은 드물었다. 로마 제국은 로마라는 도시의 역사이기보다 전 유럽의 역사에 가깝고, 그 수도도 로마에서 시작해 밀라노, 이스탄불 등 여러 도시를 거쳤기 때문이다. 로마 서포터들이 동일시할 만한 국가는 로마 제국 이전에 존재했던 도시 국가, 로마 왕국이다. 로마 왕국은 기원전 753년부터 기원전 509년까지 7명의 왕을 거치며 존속했다. 그래서 로마 구단에서 가장 뛰어난 선수들은 '로마의 여덟 번째 왕(L'Ottavo Re di Roma)'이라는 별명으로 불리곤 했다. 현재까지는 토티가 이 별명의 마지막 계승자다.

토티에 대한 친근감을 나타내는 별명으로는 '에르 빔보 데 오로(Er Bimbo de Oro)' 즉 '골든 보이'가 있다. 또한 로마 사투리인 '에르 푸포네(Er Pupone)'는 큰 아기라는 뜻이다. 둘 다 토티를 로마의 어린 아들처럼 취급하는 별명이다. 리버풀의 마이클 오언이 오랫

동안 '원더 보이'였던 것처럼, 한번 이 별명이 붙은 선수는 꽤 나이가 들 때까지 서포터들의 귀한 동생처럼 예쁨 받곤 한다.

이처럼 토티의 여러 별명은 곧 로마의 역사와 정서를 이해하기 쉽게 해 주는 키워드 역할도 한다. 물론 주장 그 자체인 토티는 '일 카피타노(Il Capitano)'라고 불리는 경우도 많았다. 오페라의 주역 가수를 뜻하는 말로, 온갖 분야에서 비유적으로 쓰이는 '프리마돈나(prima donna)'도 토티의 별명처럼 자주 따라붙었다.

한편, AS 로마의 별명은 유니폼 색에서 따온 '잘로로시(I Giallorossi)'다. 이 말은 빨강과 노랑이라는 뜻이다. 로마 유니폼 색의 빨강은 엄밀히 말하면 자주색이다. 고대에 가장 값비싸고 고급스런 색으로 통했던 티리언 퍼플(tyrian purple)을 유니폼에 차용한 것이다. 로마 시대 벽화를 보면 귀족들만 자주색 옷을 입었다는 걸 알 수 있다. 유니폼 색에도 로마의 전통이 깃들어 있는 셈이다.

또한 늑대들을 뜻하는 '이 루피(I lupi)'라는 별명도 있다. 로마 엠블럼에 그려진 늑대에서 딴 별명이다. 이 늑대는 로마의 시조인 로물루스와 레무스에게 젖을 먹여 키웠다는 전승 속의 짐승이다. 로마 경기장 주위에서 어린이들과 사진을 찍어 주는 마스코트 역시 '로물로(Romulo)'라는 이름의 늑대 캐릭터다.

3

아 주 리

# AZZURI

이탈리아 대표팀을 지옥으로 던져 버린 토티

## ___ 아주리의 전술사

앞에서 살펴본 것처럼, 트레콰르티스타는 공격형 미드필더를 부르는 이탈리아식 용어다. 그러나 토티의 세대가 오기 전까지 이탈리아 전술가들은 공격형 미드필더의 자리를 좀처럼 만들어 두지 않았다. 이탈리아 축구사를 대표하는 두 가지 포메이션을 보면 그 이유를 알 수 있다. 1960년대 이탈리아를 대표했던 카테나초(catenaccio, 빗장) 전술은 축구에 존재하는 모든 포지션이 다 있고 공격형 미드필더만 없는 포메이션이다. 1990년대 이탈리아에서 시작되어 세계 축구를 바꿔 놓은 4-4-2 역시 공격형 미드필더를 두지 않는다.

카테나초를 먼저 살펴보자. 먼저 짚고 넘어가야 하는 건 카테나초가 이탈리아 대표팀의 별명이 아니라는 점이다. 많은 사람들이 이탈리아는 수비적인 축구를 하는 나라고, 그 문화를 카테나초라고 부른다고 오해하곤 한다. 요즘에도 이탈리아가 무실점 경기를 하면 카테나초라는 수식어가 무분별하게 쓰이는 걸 볼 수 있다. 사실 카테나초는 1950년대부터 유행했던 특정 전술을 부르는 말이다. '카테나초'라는 말조차 '베루(verrou, 빗장)'라는 스위스의 수비 축구 전술을 수입해 와 이탈리아어로 번역한 것뿐이다. 1930년대 오스트리아 태생 칼 라판 감독이 먼저 이 전술을 고안했고, 인테르가 '베루'를 '카테나초'로 개량해 잘 써먹었다. 인테르는 유러피언컵을 1964/1964, 1964/1965시즌 연속 제패했다. '그란데 인테르(Grande Inter, 위대한 인테르)'라고 불리는 시기다. 그 뒤로 카테나초의 시대는 저물었다. 그러니 지금의 이탈리아 대표팀을 카테나초의 '후예'라고 부르는 건 맞는 말이지만, 여전히 카테나초를 구사한다는 건 틀린 말이다.

토티가 아직 소년이었던 1987년, 이탈리아 축구 전술은 한 번 더 뒤집혔다. 선수 시절 별 볼 일 없었던 아리고 사키가 AC 밀란의 감독으로 깜짝 선임됐다. 사키가 부임하자마자 밀란은 세리에 A에서 우승했고 1988/1989, 1989/1990시즌에 유러피언컵을 연패했다. 사키가 직접 고안한 4-4-2는 세계 축구에 혁명을 일으켰다. 그 전까지 전방 압박과 조직적인 축구는 아약스, 네덜란드 대표팀처럼 선택받은 자들만 할 수 있는 것으로 여겨졌다. 그러나 사키는 누구나 토털풋볼 비슷한 걸 실천할 수 있도록 대중화된 매뉴얼을 만드는 데 성공했다. 지금은 전 세계의 수많은 팀이 사키식 전술에 바탕을 두고 훈련을 한다. 축구 전문가들은 대부분 사키를 현대 축구의 시초라고 본다.

사키는 밀란을 떠난 뒤 이탈리아 대표팀의 지휘봉을 잡았고, 토티가 데뷔하기 직전까지 이탈리아를 이끌었다. 그러나 성과는 신통찮았다. 아직 4-4-2는 많은 선수들에게 생소했기 때문에 클럽보다 훈련 시간이 부족한 국가대표팀에서 제대로 실현하는 건 무리였다. 사키는 유로 1992 본선 진출이 무산된 직후 이탈리아를 맡았고, 3년 동안 준비해서 1994 미국 월드컵에 나갔다. 그러나 이탈리아의 경기력은 밀란의 빈틈없는 압박 축구를 흉내 내는 수준에 그쳤다. 사키의 영향을 받은 다른 나라들까지 압박 축구를 따라하고 있었기 때문에 이탈리아의 전술이 딱히 우월한 것도 아니었다. 그나마 로베르토 바조가 결승전까지 이탈리아를 이끌었지만, 마지막 승부차기 실축으로 바조는 비극의 주인공이 되고 말았다. 이어진 유로 1996은 조별리그 탈락으로 끝났다.

사키의 4-4-2는 트레콰르티스타 한 명이 아니라 모든 선수에게 창의적인 공격을 요구하는 축구였다. 테크니션이 뛸 자리는 세콘다 푼타였다. 이는 1994년엔 바조였고, 1996년에는 잔프랑코 졸라, 알레산드로 델피에로, 엔리코 키에사였다.

사키의 뒤를 이어 이탈리아 대표팀을 맡은 체사레 말디니와 디노 조프 역시 포메이션상 4-4-2로 배치되는 축구를 유지했다. 다만 방법론은 사키의 토털풋볼이 아니라 이탈리아 전통에 가까운 '조나 미스타(zona mista)'였다. 카테나초 시절 선수 배치와 비슷한 방식이다. 4-4-2를 기반으로 하되 두 명의 풀백 중에서는 왼쪽 수비수만 오버래핑을 많이 하고, 측면 미드필더 중에서는 오른쪽 선수가 더 공격적으로 뛰는 비대칭 포메이션이다. 겉보기에는 사키의 4-4-2와 비슷해 보이지만 수비 방식에서 결정적인 차이가 있다. 사키의 현대적인 4-4-2는 포백이 일자로 서서 수시로 오프사이드 트랩을 썼다. 반면 조나 미스타의 포백은 왼쪽 수비수만 오버래핑을 했고, 나머지 세 명이 일종의 변형 스리백처럼 배치됐다. 변형 스리백 중 가운데, 즉 포백 중 오른쪽에서 두 번째 선수는 스위퍼처럼 뛸 수 있었다. 전통적인 이탈리아의 대인방어와 현대축구의 지역방어를 혼합한 시스템이기 때문에 조나 미스타라는 이름이 붙었다. 이 용어를 영어로 번역하면 '믹스드 존(mixed zone)'이 되고, 한국어로 의역하면 '혼합형 지역방어'라는 뜻이 된다.

말디니가 이끈 1998 프랑스 월드컵에서 이탈리아의 창의성을 담당한 건

## 카테나초와 사키즘이 혼합된 1990년대 조나 미스타

카테나초의 예 : 1964년 유러피언컵 결승전 인테르 라인업          사키즘의 예 : 1989년 유러피언컵 결승전 밀란 라인업

전형적인 조나 미스타의 선수 배치

여전히 바조 또는 델피에로였다. 이탈리아 사람들이 사랑해 마지않는 두 판타지스타의 주전 경쟁이 벌어졌다. 당시 바조는 31세로 원숙한 나이였고, 델피에로는 막 전성기에 들어선 24세 공격수였다. 이탈리아의 축구는 나쁘지

않았지만 8강에서 프랑스를 만나 승부차기 끝에 탈락했다.

말디니의 뒤를 이어 조프가 부임했다. 조프는 아주리 역사상 최고의 골키퍼였고, 유일하게 유로와 월드컵 우승을 모두 경험한 선수였다. 1988 서울 올림픽에 코치로 참가하며 본격적인 지도자 경력을 시작한 조프는 감독 인생 10년 만에 아주리를 이끌기 시작했다. 조프 역시 선수 배치는 말디니와 크게 다르지 않았다. 다만 조프는 말디니보다 모험적이고 공격적인 마음가짐을 가진 감독이었다. 조프는 새로운 선수들을 수혈하는 데 거리낌이 없었다. 훗날 조프 못지않게 위대한 골키퍼가 될 잔루이지 부폰을 일단 주전으로 낙점했다. 공격수 선발에도 공을 많이 들였다. 바조, 델피에로, 비에리 등 주전 공격수들이 강력했지만 당시 이탈리아는 토티를 비롯해 젊은 재능들이 많이 등장한 시기였다.

토티가 제만 아래서 쑥쑥 자라고 있던 1998년 10월 4일, 마침내 토티의 첫 성인 대표팀 발탁 소식이 들렸다. 10월 10일 북부 도시 우디네에서 스위스를 상대로 열릴 유로 2000 예선 두 번째 경기의 대표팀이었다. 당시는 A매치를 겨우 일주일 남기고 명단을 발표하던 시절이다. 토티와 함께 니콜라 벤톨라도 선발됐다. 겨우 20세였던 벤톨라는 아직 청소년 대표팀에 뽑히던 장신 프리마 푼타였다. 벤톨라에 비하면 토티는 그리 파격적이지 않았다. 사키 시절 선배들의 훈련 파트너로 선발된 경험이 있었기 때문이다. 이런 공격진 교체엔 사정이 있었다. 바조와 비에리가 모두 부상으로 빠진 상태였다. 토티와 벤톨라가 각각 바조, 비에리의 대역이었다.

첫 경기에서 토티에게 선발 출장 기회는 주어지지 않았다. 델피에로 특유의 낮고 정확한 중거리 마무리, 프리킥 골이 각각 터졌다. 여전히 아주리의 주인공은 델피에로였다. 토티는 델피에로와 교체돼 첫 경기를 치렀다.

그러나 A매치 데이 직후 델피에로가 부상당하면서 토티를 둘러싼 환경이 변하기 시작했다. 델피에로가 이때 당한 무릎 부상은 심각했다. 델피에로는 시즌 아웃을 당했고, 여기에 금지약물 복용설(제만이 의혹을 제기했다) 등 악재가 겹친 유벤투스는 전 시즌 우승팀에서 7위로 추락하게 된다. 그리고 세콘다 푼타를 잃어버린 조프는 아주리의 새로운 에이스로 토티를 시험하기 시작했다.

토티는 11월 18일 살레르노로 스페인을 불러들인 친선 경기에서 예상보다 이른 대표팀 선발 데뷔전을 치렀다. 당시 멤버는 골키퍼 안젤로 페루치, 수비수 쥐세페 파발리, 파올로 말디니, 크리스티안 파누치, 파비오 칸나바로, 미드필더 데메트리오 알베르티니, 디노 바조, 에우세비오 디프란체스코, 디에고 푸세르, 공격수 인차기, 그리고 토티였다. 토티는 교체 없이 풀타임을 소화했다.

9번 인차기와 10번 토티의 새로운 공격 조합은 기대 이상으로 매끄럽게 작동했다. 뻥 걷어낸 공이 제공권 경합 과정에서 토티에게 흘러왔고, 토티 특유의 논스톱 로빙 스루 패스가 인차기에게 향했다. 인차기가 골을 우겨 넣었다. 토티의 아주리 첫 어시스트, 인차기의 첫 골이었다. 이날 이탈리아는 인차기의 골로 두 번 앞서갔지만 하비에르 데페드로, 라울에게 번번이 동점골을 내주고 2-2로 비겼다.

12월 16일에는 이탈리아축구협회 창설 100주년 기념으로 이탈리아 대세계 올스타 경기가 열렸다. 이때도 인차기와 토티가 투톱으로 뛰었다. 이탈리아는 지단, 바티스투타, 조지 웨아, 호나우두, 페르난도 이에로 등이 뭉친 올스타를 6-2로 대파하며 축제를 벌였다. 그 뒤로도 인차기가 중심을 잡고 토티, 키에사 등이 호흡을 맞추는 구도가 이어졌다. 토티의 로마 동료 델베키오 역시 아주리에 발탁돼 기회를 노렸다.

아주리는 유로 예선을 4승 3무 1패로 가뿐하게 통과했다. 인차기와 부상

**1998년 11월 18일 스페인전 이탈리아 라인업**

에서 회복한 비에리가 각각 3골씩을 터뜨렸다. 예선 막판으로 접어들자 조프는 인차기와 비에리를 동시 기용하기도 했고, 부상에서 돌아온 델피에로도 출장시켰다. 공격진에서 치열한 경쟁이 벌어지고 있었다. 이 시점까지는 토티가 유로 2000에서 주전으로 뛸 수 있을지조차 미지수였다.

## ___ 유로 2000 최고의 공격수, 토티

조프는 토티에게서 뭔가 특별한 걸 보았다. 토티에겐 다행이었다. 예선이 끝나자마자 조프는 토티를 트레콰르티스타로 기용하는 3-4-1-2을 시험했다. 1999년 11월 13일 열린 벨기에와의 경기였다. 공격진을 세 명으로 늘린 건 당시로선 꽤 실험적이었다. 예선 중 일시적으로 토티를 트레콰르티스타로 기용한 적 있지만 보통 5-3-2나 4-4-2를 가동했었다.

벨기에전 공격진은 최전방에 인차기, 세콘다 푼타에 델피에로, 트레콰르티스타에 토티였다. 미드필더는 알베르티니와 바조가 맡았다. 왼쪽 윙백은 파르마에서 좋은 활약을 하던 파올로 바놀리, 라이트백은 푸세르가 배치됐다. 스리백은 왼쪽부터 칸나바로, 치로 페라라, 파누치였다. 골키퍼는 부폰이었다.

수비수가 세 명이라는 것과 공격진이 세 명이라는 것 모두 4-4-2와는 딴판이었다. 아주리는 혼란에 빠졌고, 1-3으로 졌다. 라 레푸블리카는 혹평하는 기사를 때렸다. 토티는 왼쪽, 델피에로는 오른쪽에 치우쳐 활동하며 서로 영역을 침범하지 않으려 노력했는데 둘 다 별로 존재감이 없었다. 그나마 델피에로의 경기력이 더 관심을 받았다.

그럼에도 불구하고 조프는 트레콰르티스타를 쓰는 전술과 토티의 기용,

두 가지에 꽂혀 있었다. 둘 다 세리에 A에서 먼저 시작된 흐름이었다. 이탈리아 대표팀의 전통과 달리 세리에 A에서는 3-4-1-2 포메이션이 유행하던 중이었다. 또한 부상 여파로 아직 컨디션이 온전치 않은 델피에로에 비해 토티의 리그 활약상이 훨씬 나았다. 여전히 이탈리아의 10번은 델피에로였고, 토티는 20번을 달고 대회에 참가했다. 그러나 주전은 20번 선수의 차지였다.

당시 아주리 멤버 중 가장 유명한 트레콰르티스타는 토티였지만, 조프는 로마의 왕자가 어떤 선수인지 곧 꿰뚫어봤다. 토티의 타고난 성향은 미드필더보다 공격수에 가깝다. 3-4-1-2를 도입하려면 토티를 세콘다 푼타로 전진시키고 다른 트레콰르티스타를 기용하는 편이 나았다. 피를로와 스테파노 피오레가 각각 한 경기씩 테스트를 받았고, 합격자는 피오레였다.

피오레의 발탁 역시 파격이었다. 피오레는 우디네세에서 트레콰르티스타로 활약하며 9골을 넣은 늦깎이 신인이었다. 토티는 2000년 4월에 열린 포르투갈과의 평가전에서 골을 넣으며 본선에 갈 자격을 증명했다. 유로 개막을 앞둔 6월, 이탈리아는 노르웨이와의 마지막 평가전에서 비로소 피오레, 토티, 인차기로 구성된 트리덴테를 완성했다. 이탈리아의 평가전 전적은 엉망이었지만 공격 전술을 만들기 위한 실험의 과정이었고, 마지막 경기가 되어서야 해답을 찾은 것이다. 이는 이탈리아가 거의 50년 동안 고수해 온 카테나초와 조나 미스타 계열 전술에서 벗어났다는 뜻이기도 했다.

유로 2000은 네덜란드와 벨기에의 공동 개최로 열렸고, 이탈리아는 개최국 벨기에와 함께 B조에 속해 있었다. 프레데리크 륭베리가 있는 스웨덴, 하칸 쉬퀴르가 있는 터키도 만만한 팀은 아니었다. 대회를 앞두고 보인 애매한 경기력 때문에 이탈리아의 대회 전망은 딱히 밝지 않았다. 가장 주목받은 팀은 2년 전 프랑스 월드컵에서 4강에 올랐던 네덜란드와 우승을 했던 프랑스였다.

하지만 이탈리아는 본선을 치르면서 점차 성장해 나갔다. 6월 11일 네덜란드의 아른헴에서 열린 첫 경기 터키전까지만 해도 이탈리아의 경기력은 무색무취였다. 스리백은 파올로 말디니, 알레산드로 네스타, 칸나바로라는 엄청난 멤버로 구성되었음에도 불구하고 여전히 불안했다. 이탈리아를 살린 건 인차기의 집요함이었다. 인차기의 패스를 알파이 외잘란이 가로채는 데 실패하자 안토니오 콘테가 뜻밖의 오버헤드킥으로 선제골을 넣었다. 터키의 오칸 부루크가 헤딩 동점골을 터뜨렸지만, 토티의 헤딩 패스를 받은 인차기가 페널티킥을 얻어낸 뒤 직접 마무리까지 하며 승리를 이끌었다.

토티는 벨기에를 꺾으며 서서히 기대에 부응하기 시작했다. 브뤼셀로 간 이탈리아는 킥오프 하자마자 개최국을 몰아붙였다. 토티와 말디니의 슛이 필립 데빌데 골키퍼에게 연달아 막혔지만 전반 6분 토티가 기어코 선제골을 터뜨렸다. 알베르티니의 정확한 프리킥을 받은 토티가 다이빙 헤딩골을 넣었다. 후반전에는 피오레가 인차기와 2대 1 패스를 주고받은 뒤 깔끔한 중거리 슛으로 골을 추가했다. 조프의 공격진 구성이 옳았다는 걸 보여 주는 승리였다. 8강 진출을 일찍 확정한 이탈리아는 스웨덴과의 3차전에 2진급 멤버를 대거 투입했다. 델피에로가 1골 1도움으로 스웨덴 격파에 앞장섰지만 주전 자리는 바뀌지 않았다. 휴식을 취한 토티가 여전히 주전이었다.

유니폼 색에 맞춰 다 같이 머리를 노랗게 염색한 루마니아가 8강 상대였다. 토티는 여전히 스트라이커였다. 프리킥 상황 이후 혼전이 벌어질 때, 오프사이드를 절묘하게 피하며 문전에서 공을 받은 토티가 깔끔한 마무리 슈팅으로 선제골을 넣었다. 알베르티니의 예술적인 논스톱 스루 패스를 받은 인차기가 추가골을 넣으며 전반전 만에 이탈리아의 승리가 유력해졌다. 루마니아의 국민적 영웅 게오르게 하지는 이 경기를 끝으로 쓸쓸하게 은퇴했다. 토티는 득점뿐 아니라 피오레와 호흡을 맞춰 인차기에게 패스를 공급하는 역할까지 한결 자연스럽게 소화하며 경기 영향력을 키워 나갔다.

그리고 그 유명한 준결승전이 다가왔다. 6월 29일, 벨기에에 이어 개최국 네덜란드와 암스테르담에서 맞붙게 된 것이다. 네덜란드는 앞선 4경기에서 13골을 퍼부으며 올라온 공격 일변도의 팀이었다. 천재 공격수 파트리크 클루이베르트와 희대의 테크니션 데니스 베르캄프가 공격을 맡고, 부데바인 젠덴과 마르크 오베르마스가 좌우에서 육상 선수처럼 측면 돌파를 해댔다. 공격의 네덜란드와 수비의 이탈리아가 만나 경기 내내 각자의 스타일로 충돌했다는 점에서 지금까지도 많은 이들에게 잊기 힘든 명경기로 남아 있다.

네덜란드전이 시작될 때 토티는 벤치에 있었다. 델피에로가 선발로 뛸 차례였다. 그러나 조프의 계획은 일찌감치 무너졌다. 전반 34분 만에 잔루카 참브로타가 경고 두 개를 받고 퇴장당했다. 잠시 후 네스타가 클루이베르트에게 가한 반칙으로 페널티킥까지 내줬다. 하지만 대회 내내 맹활약 중이던 프란체스코 톨도가 프랑크 더부어의 페널티킥을 막아 냈다. 이후 이탈리아는 몸을 둥글게 만 천산갑처럼 무조건 골을 막아 내겠다는 자세를 취한 채 네덜란드의 모든 공격을 받아 냈다. 토티는 후반 38분이 되어서야 피오레 대신 투입됐다. 인차기가 빠지고 델베키오가 들어오면서 로마에서 호흡을 맞춰 온 공격진이 전방을 맡게 됐다.

뒤늦게 들어온 토티는 곧 경기의 주인공이 됐다. 투입되자마자 토티 특유의 원터치 로빙 스루 패스가 델베키오의 슛을 이끌어 냈다. 이때부터 이탈리아의 공격은 철저하게 토티 위주로 전개됐다. 아주리 수비수들은 공을 걷어 낼 때 토티부터 찾았다. 토티는 1, 2분에 한 번씩 공을 받거나 파울을 유도해 냈다. 추가시간에도 특유의 감각적인 패스로 이탈리아의 속공 기회를 만들었다. 연장전 역시 마찬가지였다. 토티가 최소한의 점유율을 유지해 주는 동안 수비수들은 숨을 돌릴 수 있었다. 잘 버틴 이탈리아는 결국 승부차기로 경기를 몰고 갔다.

승부차기의 주인공은 두 명이었다고 할 수 있는데, 먼저 맹활약한 건 톨도였다. 먼저 이탈리아의 루이지 디비아조가 킥을 성공시킨 뒤, 더부어의 킥을 톨도가 막아 냈다. 톨도가 한 경기에서 두 번이나 더부어를 좌절시키는 순간이었다. 이탈리아의 2번 키커 잔루카 페소토는 성공한 반면 네덜란드의 야프 스탐이 실축을 저지르면서 이미 승부는 이탈리아 쪽으로 기울고 있었다.

그때 토티는 공을 갖고 킥을 하러 가면서 유명한 한마디를 남겼다. "모 제 파초 에르 쿠키아이오(Mo je faccio er cucchiaio)." 이 말은 "나는 칩슛을 할 거야"라는 뜻의 로마 사투리다. 밀라노 사람인 말디니에게 했다기보다 자신에게 보내는 주문에 가까운 말이었다. 골문에서는 패배 위기에서 벗어나려는 에드빈 판데르사르 골키퍼가 요란하게 박수를 치며 스스로를 격려하고 있었다. 판데르사르는 몸에 힘이 잔뜩 들어간 상태였다. 그는 토티가 킥을 하는 순간 오른쪽으로 힘차게 몸을 던졌지만, 토티가 대충 찍어 찬 공이 방금까지 자신이 서 있던 곳을 지나 골대 안에 떨어지는 모습을 바라봐야만 했다.

이탈리아 벤치는 토티의 킥이 성공한 순간 미친 듯이 환호했다. 승리가 눈앞까지 왔다는 직감인 동시에, 참으로 이탈리아인답게 심리전을 벌였다는 점에서 더 마음에 드는 킥이었다. 토티의 킥은 이탈리아가 전통적으로 상대를 흔들어 놓는 방법을 잘 보여 준다. 승부차기를 쿠키아이오, 일명 파넨카 킥으로 처리해 성공했을 경우 상대 선수들은 심리적인 타격을 받게 된다. 토티 다음 키커로 나온 클루이베르트는 깔끔하게 킥을 성공시켰는데도 화가 난 표정으로 잔디를 걷어차고 땅에 침을 뱉었다. 네덜란드 선수들이 흔들리고 있다는 걸 잘 보여 주는 장면이었다. 토티는 네덜란드를 이미 정신적으로

그 유명한 유로 2000 준결승전 토티의 승부차기

붕괴시켰던 것이다. 이후 말디니의 킥은 선방에 막혔지만, 파울 보스펠트의 킥까지 톨도가 저지시키며 이탈리아가 결승에 진출했다.

쿠키아이오는 단순한 과시가 아니다. 상대를 맥 빠지게 하거나 좌절하게 만들 수 있는 훌륭한 심리전의 기술이다. 이 기술은 12년 뒤 유로 2012에서 피를로에 의해 재현된다. 피를로는 잉글랜드의 조 하트를 쿠키아이오로 굴복시켰다. 피를로의 뒤에 등장한 잉글랜드 키커 두 명이 연달아 실패하면서 이탈리아가 승리를 거뒀다. 이 또한 분명 심리전의 승리였다.

네덜란드를 꺾은 이탈리아는 32년 만에 유로에서 우승할 기회를 잡았다. 상대는 세계 챔피언 프랑스였다. 7월 2일 로테르담에서 흰 옷을 입은 이탈리아와 푸른 옷의 프랑스가 만났다. 이탈리아는 대회 중 어느 때보다도 토티에게 큰 비중을 싣고 있었다. 좌우 윙백을 말디니와 잔루카 페소토가 맡으며 한결 수비적인 선수 구성이 됐다. 역습 위주로 경기하려면 토티의 연계 플레이가 더욱 중요했다. 조프는 토티의 파트너로 델베키오를 붙여 로마 듀오가 아주리를 이끌게 했다.

이 경기에서 토티가 선보인 퍼포먼스는 현장에서 호흡한 관중들뿐 아니라 녹화 영상으로 경기를 접한 한국 등 먼 나라의 축구팬들까지 매료시키기 충분했다. 토티는 괴상한 패스로 상대 수비의 혼을 빼놓는 특유의 능력을 마음껏 펼쳐 보였다. 경기 시작 1분 만에 토티의 장기가 처음 나왔다. 중앙선까지 내려간 토티는 수비진에서 건네주는 공을 받았다. 공격 방향을 등지고 있던 그는 논스톱 장거리 스루 패스를 저 멀리 델베키오에게 내주는 신기를 발휘했다. 대체 언제 델베키오의 위치를 확인했는지 모를 일이었다.

이탈리아의 초반 경기력은 프랑스보다 나았다. 토티는 파트리크 비에이라, 디디에 데샹이 보호하고 마르셀 드사이, 로랑 블랑이 지키는 살벌한 프랑스 수비 사이에서 이리저리 빠져나가며 빈틈을 만들어 냈다. 반면 프랑스의 지네딘 지단은 공을 줄 곳이 없어 크게 위협적이지 않은 플레이만 반복했다. 유리 조르카예프는 디비아조에게 봉쇄당했고, 크리스토프 뒤가리는 칸나바로와 페소토 사이에 껴서 허우적거렸다. 공격수 티에리 앙리도 할 수 있는 게 없었다.

후반 8분, 토티는 트레콰르티스타로 한 칸 내려갔다. 피오레가 빠졌고 델피에로가 세콘다 푼타로 투입됐다. 후반전 시작과 동시에 프랑스의 경기력이 개선되자 조프가 내린 조치였다. 아주리에서 가장 컨디션이 좋았던 토티를 더 적극적으로 경기에 개입시킬 수 있는 방법이기도 했다.

토티의 인생을 통틀어 최고 명장면 중 하나인 힐 패스를 통해 선제골이 나왔다. 오른쪽 측면으로 간 토티는 빅상트 리자라쥐의 견제 속에서 패스를 받았다. 리자라쥐를 등지고 공을 지키던 토티는 바로 옆에 있던 지단까지 자신에게 다가오는 순간을 놓치지 않았다. 토티의 힐 패스가 리자라쥐와 지단의 더블팀을 뚫고 노마크 상태인 페소토에게 연결됐다. 페소토가 딱 좋은 크

## 유로 2000 결승전 선발 라인업

프랑스

이탈리아

로스를 날렸고, 델베키오가 마무리했다.

경기 양상은 널을 뛰고 있었다. 프랑스는 무기력한 뒤가리 대신 빠른 공격수 실뱅 윌토르를 넣었다. 이탈리아의 교체가 먼저 효과를 봤지만 문제는 델피에로였다. 델피에로는 스피드를 회복했고 의욕도 충분했다. 다만 특유의 정교함이 돌아오지 않은 상태였다. 선제골을 넣은 지 얼마 되지 않아 토티가 델피에로에게 정확한 스루 패스를 찔렀다. 델피에로의 왼발 슛은 골대를 크게 빗나갔고, 슛을 한 뒤 넘어진 그의 몸뚱이가 잔디 위에 나뒹굴었다. 토티는 델베키오에게도 비슷한 패스를 제공했지만, 이번에도 슛은 골대를 빗나갔다.

후반 38분에는 마시모 암브로시니가 델피에로에게 또 노마크 기회를 만들어 줬으나, 델피에로의 슛은 파비앙 바르테즈의 정면으로 향했다. 자꾸 기회를 낭비한 아주리는 아슬아슬한 한 골 차 리드를 갖고 후반 추가시간으로 들어섰다. 추가시간이 시작되는 순간 다비드 트레제게의 슛을 톨도가 엄청난 반사 신경으로 쳐냈다.

추가시간까지 모두 끝나기 직전, 갑자기 드라마의 주인공이 바뀌었다. 바르테즈의 골킥이 헤딩 경합을 거쳐 윌토르에게 떨어졌고, 윌토르가 일생일대의 결정력으로 완벽한 왼발 슛을 이탈리아 골대에 꽂아넣은 것이다. 그대로 후반전은 끝났다. 경기는 연장전으로 들어갔다. 골든골 제도에 따라 먼저 득점하는 팀이 승리를 차지할 수 있었다.

이미 전원 수비 중이었던 이탈리아는 갑자기 공격적인 운영으로 전환하는 게 쉽지 않았다. 연장전 내내 프랑스의 공세가 이어졌다. 톨도는 트레제게의 발에 얼굴을 맞고 코피를 흘렸다. 토티는 부정확한 롱 패스를 어떻게든 붙잡아 동료에게 연결해 보려고 고군분투했다.

연장전이 12분 41초 흘렀을 때, 왼쪽 측면에서 로베르 피레스가 공을 잡

**프랑스에 우승컵을 내주고
슬픔에 잠긴 토티**

왔다. 교체 투입된 뒤 큰 활약이 없던 선수였다. 피레스는 갑자기 알베르티
니를 시작으로 이탈리아 선수 3명을 돌파했다. 그리고 중앙으로 땅볼 크로
스를 날렸다. 트레제게가 절묘하게 한 걸음 뒷걸음질 치는 동작으로 칸나바
로와 네스타의 마크에서 벗어났다. 트레제게의 왼발 슛이 톨도의 방어를 뚫
었다. 골이 들어갔을 때가 12분 48초였다. 갑자기 벌어진 일이었다. 그 순간
경기는 끝나 버렸다. 유로 결승전 역사를 통틀어 가장 극적인 승부가 벌어졌
고, 패자는 이탈리아였다.

　이탈리아는 우승을 놓쳤지만 토티는 결승전의 공식 최우수 선수로 선정

됐다. UEFA는 "토티가 프랑스 수비진에 셀 수 없을 정도로 많은 위협을 가했다"라고 평가했다. 토티는 클루이베르트와 함께 대회 최우수 공격수로 선정되기도 했다. 비록 우승은 놓쳤지만 토티는 세계적인 스타로 발돋움했다. 대회가 끝난 뒤 열린 오스카 델 칼초에서 최고 선수상을 수상했고, 이어진 2000/2001시즌 세리에 A에서는 지단의 유벤투스를 끌어내리고 로마를 우승시켰다. 이때까지만 해도 대표팀에서 그에게는 성공만 남아 있을 것처럼 보였다.

## ___ 대전에서, 첫 번째 자멸

유럽에서 가장 뛰어난 플레이메이커로 거듭난 토티는 조반니 트라파토니 감독이 부임한 뒤 아주리에서 더욱 중요한 역할을 맡게 된다. 그러나 트라파토니와 함께한 두 번의 대회는 토티에게 악몽과도 같았다. 그를 비극으로 몰아넣은 것이 다른 누구도 아닌 자신이었기에 정신 승리의 여지도 없었다.

트라파토니는 감독 경력이 28년이나 되고 밀란, 유벤투스, 인테르, 바이에른 뮌헨, 피오렌티나 등 쟁쟁한 팀을 맡아 온 인물이었다. 챔피언스리그, UEFA 컵위너스컵(현재는 유로파리그와 통합), 유로파리그 등 유럽 3대 메이저 대회에서 모두 우승한 감독은 트라파토니를 포함해 둘뿐이다. 유머러스하고 열정적이면서도 전술적으로 기민했던 그는 이탈리아 명장의 표준에 가까운 인물이었다. 클럽 축구계에서 모든 영광을 누린 트라파토니는 조프에게서 아주리를 물려받았다.

트라파토니는 당시 이탈리아에서 벌어지던 전술적인 변화에 기민하게 대응했다. 한때 트라파토니는 조나 미스타를 대표하는 감독이었다. 그러나 시대가 변했고, 세리에 A에서는 3-4-1-2가 유행하고 있었다. 트라파토니는 토티를 트레콰르티스타로, 델피에로를 세콘다 푼타로 배치하기로 했다.

이탈리아는 2002 한일 월드컵의 유럽 예선을 6승 2무로 통과했다. 트라파토니는 10번 토티, 11번 델피에로, 9번 인차기 조합을 꾸준히 밀고 나갔다. 그 결과 인차기가 7골, 델피에로가 5골을 터뜨렸다. 토티는 두 선수에게 양질의 득점 기회를 제공함과 동시에 스스로 2골을 보탰다. 트레콰르티스타로 경력이 쌓이면서 토티는 점점 다양한 능력을 발전시켜 나가고 있었다. 안정적으로 공을 지키고 팀을 조율하는 요령도 조금씩 익혀 나갔다.

물론 가장 뛰어난 건 한 번의 패스로 수비수들을 지워 버리는 플레이였다. 예를 들어 2001년 3월 트리에스테에서 열린 리투아니아와의 홈경기에서 아주리는 4-0 대승을 거뒀다. 두 골은 토티 특유의 살짝 찍어 찬 스루 패스에서 비롯됐고, 한 골은 토티의 프리킥 어시스트에서 나온 헤딩골이었다.

충분히 우승할 수 있다는 희망을 품고 이탈리아가 아시아에 도착했다. 이탈리아의 조별리그는 일본에서 진행됐다. 베이스캠프를 차린 곳은 중부 도시 센다이였다. 모든 경기장 중 가장 북쪽에 있는 삿포로부터 가장 남쪽에 있는 오이타까지 모두 오가야 하는 이탈리아의 처지가 잘 반영된 입지였다. 그래도 캠프는 긍정적인 분위기였다. 비록 기존 아주리 멤버 모두가 환상적인 컨디션을 유지한 건 아니었지만, 2001/2002시즌 22골을 터뜨린 크리스티안 비에리가 새로운 주포로 합류하면서 2년 전보다 공격진이 더 강해졌다. 나카타 이후 이탈리아 축구를 동경해 온 일본인들이 열광적인 지지를 준비하고 있었다.

이탈리아는 삿포로 돔에서 첫 경기를 가졌다. 돔 구장 특성상 세계 어느 경기장보다도 관중들의 환호성이 잘 울리기 때문에 특이한 열기가 끓어오

르는 곳이다. 아주리는 에콰도르를 2-0으로 꺾으며 일본 팬들의 환호를 만
끽했다. 트라파토니는 예선 내내 잘 통했던 3-4-1-2를 버리고 원래 자기
스타일이라고 할 수 있는 4-4-2를 다시 꺼내들었다. 토티는 세콘다 푼타로
돌아갔다. 갑작스런 전술 변화에도 불구하고 아주리의 승리에는 문제가 없
었다. 토티는 전반 7분 파누치의 롱 패스를 받아 에콰도르 수비 사이로 침투
한 뒤, 정확한 땅볼 크로스로 비에리에게 어시스트를 했다. 토티는 센다이로
돌아와서 "월드컵에서 우승할 수 있도록 노력하겠습니다. 이탈리아 각 도시
의 골목마다 파티가 벌어지도록"이라는 인터뷰를 했다.

이탈리아는 이내 삐걱거리기 시작했다. 토티는 크로아티아를 상대한 2차
전에서도 충분히 기대에 부응했지만 패배를 막진 못했다. 토티의 절묘한 패
스가 크리스티안 도니를 거쳐 비에리의 선제골로 이어진 대목까진 좋았다.
그러나 크로아티아가 이바차 올리치, 밀란 라파이치의 연속골로 역전에 성
공했다. 파울 선언으로 두 골이 무효 처리된 이탈리아는 이때부터 특유의 피
해의식에 휩싸이기 시작했다.

멕시코와 만난 3차전에서 이탈리아는 4-3-1-2 형태로 포메이션을 바꿨
다. 토티는 비에리와 인차기를 동시에 지원하는 트레콰르티스타로 내려갔
다. 토티가 절묘한 스루 패스를 인차기에게 내줬지만, 이번에도 오프사이드
오심으로 득점 기회가 무산됐다. 고전하던 이탈리아는 자레드 보르헤티의
엄청난 헤딩골에 당하며 끌려가기 시작했다. 그대로 경기가 끝나면 탈락 확
정이었다. 트라파토니는 인차기와 토티를 빼고 몬텔라와 델피에로를 투입했
는데 이 카드가 절묘하게 적중했다. 몬텔라의 크로스를 받아 델피에로가 우
아한 다이빙 헤딩으로 동점골을 만든 후 경기가 끝났다. G조 2위 이탈리아
는 16강에서 D조 1위 한국을 만나게 됐다.

이탈리아는 경기를 나흘 앞두고 인천국제공항을 통해 한국에 왔다. 경기

장소는 대전, 이탈리아의 임시 캠프는 천안 국민은행 연수원이었다. 경기 이틀 전인 16일, 토티는 한국의 주적으로 지목됐다. 기자회견에서 "한국은 좋은 팀이지만 우리는 마음만 먹으면 골을 넣을 수 있을 거다. 한국을 이기는 데 한 골이면 충분하다"라는 인터뷰를 한 것이 '한국을 깔봤다'고 해석된 것이다. 편견을 거두고 토티의 말을 보면 한국에 대한 존중과 스스로에 대한 자신감이 모두 담긴 평범한 발언일 뿐이었다. 그러나 거리 응원의 열기로 뜨거웠던 한국인들에게 토티는 오만함의 상징이 되어 있었다.

어쩌면 이때부터 토티의 고생은 예고되었는지도 몰랐다. 개최국 한국은 묘한 팀이었다. 한국을 상대로 가장 뛰어난 활약을 한 선수는 결국 4강 신화의 들러리 신세로 전락하곤 했다. 스페인의 호아킨 산체스가 그랬다. 호아킨은 한국 선수들이 막을 수 없는 돌파력을 8강전 내내 발휘했지만, 사람들의 기억에 남은 건 승부차기에서 이운재에게 막힌 장면뿐이었다. 이탈리아에서는 그것이 토티였다.

트라파토니는 마침내 토티, 델피에로, 비에리가 동시에 뛰는 삼각 대형을 준비했다. 조심스런 축구가 조별리그에서 먹히지 않자 지역 예선 시절의 공격적인 선수 구성으로 회귀한 것이다. 그러나 이번에도 토티는 트레콰르티스타라고 볼 수 없었다. 훈련을 지켜본 이탈리아 매체들은 이탈리아가 아주 유동적인 4-3-2-1을 바탕으로 경기를 준비 중이라고 예고했다. 토티가 왼쪽, 델피에로가 오른쪽에 치우쳐 활동하는 더블 섀도 스트라이커 구성에 가까웠다.

경기 전날, 이탈리아는 대전에서 묵으려 했지만 호텔 객실이 관광객 때문에 다 찼다는, 지금 생각하면 황당한 이유로 경기장 적응 훈련만 한 뒤 천안으로 돌아갔다. 그들은 대전 월드컵경기장에서 관중석 자리마다 놓여 있는 큰 색종이들을 봤다. 경기 당일 'again 1966' 카드 섹션을 하기 위해 미리 깔아 놓은 응원 도구였다. '1966'은 잉글랜드 월드컵에서 북한이 이탈리아를 꺾은 경기를 암시했다. 레푸블리카는 '규정에 따르면 경기장은 중립 지역이어야 한다. 그러나 그곳은 스포츠만이 아니라 한국의 국가주의 한가운데서 플레이해야 하는 곳이었다'라는 논조로 붉은악마를 비판했다.

경기장을 둘러보며 고개를 절레절레 흔든 트라파토니는 동전 하나를 주웠다. 주위에 물어보니 큰 값어치가 없는 100원짜리였다. 그러나 트라파토니는 "우리에게 행운을 가져다줄 동전 아니겠나"라고 의미를 부여했다. 트라파토니는 이탈리아 서민 계급 출신답게 미신적인 태도로 유명했다. 중요한 경기마다 성수를 챙겨 가지고 다니며 손에 묻히는 습관이 있었고, 이튿날 한국을 상대할 때도 양복 주머니에 작은 성수통을 지참할 생각이었다. 그는 기자회견장에서 말했다. "우리 선수들과 나는 경험이 많습니다. 이런 상황에도 익숙하고요. 1966년의 일은 그저 숫자로 남아 있을 뿐이죠. 숫자는 언젠가 깨지기 마련입니다."

트라파토니가 여유를 잃어버린 건 경기 전 판정에 대한 불만과 불안을 드러낼 때였다. 이탈리아 선수단은 자신들이 여러 오심의 피해자라는 생각을 갖고 있었다. 트라파토니는 "다시 한 번 말하겠습니다. 우린 한국에 있고 홈 팀 팬이 많은 건 옳은 일입니다. 그러나 우린 이미 몇몇 오심으로 인한 불이익을 받아 왔어요. 경기를 관장할 주심의 능력과 공정한 태도를 의심하지 않겠습니다. 수백만 명이 우리의 보증인이 될 겁니다"라고 말했다.

한국과 이탈리아의 경기에서 가장 돋보인 선수는 단연 토티였다. 많은 한국인들은 화면보다 응원에 더 집중하며 경기를 봤기 때문에 전술이나 실력에 대해서는 잘 기억하지 못하는 경우가 많다. 이날 토티는 기대에 부응하는 경기력을 보여 줬다. 미드필드까지 계속 내려가 김남일 등 한국 선수들의 압박을 뚫고 공을 연결했다. 가장 대표적인 장면은 전반 36분에 나왔다. 톰마

## 2002 한일 월드컵 16강전 선발 라인업

한국

이운재

최진철 홍명보 김태영

송종국 김남일 유상철 이영표

박지성 안정환 설기현

비에리

토티 델피에로

톰마시 사네티 참브로타

코코 말디니 율리아노 파누치

부폰

이탈리아

시가 헤딩으로 따낸 공을 토티가 잡았다. 토티는 홍명보를 비스듬하게 등진 상태에서 현란한 발바닥 기술로 한국 수비를 당황시켰다. 홍명보의 발이 땅에 붙어 버린 순간, 문전으로 침투하는 톰마시를 향해 토티의 정확한 스루 패스가 들어갔다. 이운재의 선방으로 끝나긴 했지만 토티의 천재적인 감각이 드러난 순간이었다.

전반 18분 토티의 코너킥을 비에리가 헤딩으로 마무리한 뒤 이탈리아는 주도권을 놓치지 않고 승리를 향해 잘 나아가는 중이었다. 후반 16분 델피에로가 빠지고 젠나로 가투소가 들어오면서 이탈리아는 다시 4-4-1-1로 돌아갔고, 토티는 공격 전개에 있어 더 큰 부담을 져야 했다. 토티는 여전히 수비수들을 자기 쪽으로 끌어들인 뒤 타이밍 빠른 패스로 동료에게 공을 전달하는 특유의 빌드업 기술을 통해 이탈리아의 역습을 주도하고 있었다. 후반 32분에는 최진철, 홍명보를 드리블로 뚫고 한국 문전까지 갔으나 유상철이 과감한 몸싸움으로 저지했다.

그러나 한국은 후반 43분 설기현의 난데없는 골로 경기를 연장전까지 끌고 갔다. 관중석뿐 아니라 한국 전체가 미친 듯이 환호한 순간이었다. 한 골차 승리를 굳히기 위해 참브로타까지 빼고 안젤로 디리비오를 투입했던 트라파토니에겐 날벼락이었다. 이탈리아는 공격을 추가 투입하느니 후반전 멤버 그대로 경기를 마치기로 했다. 미드필더와 수비수들을 3명 빼고 공격수를 3명 넣은 한국은 공수 균형이 깨진 상태였다. 그러나 이탈리아는 한국의 빈틈을 제대로 공략하지 못했다. 토티 특유의 탈압박 장면은 연장전 전반에 겨우 한 번 나왔다. 반면 한국 선수들은 열광적인 국민들 앞에서 능력 이상을 발휘했다.

그리고 토티는 이탈리아의 운명을 연옥 속으로 던져 버렸다. 연장전이 13분 째 진행되던 시점, 한국 문전으로 진입한 토티가 송종국과 경합하다가

**한국인들에게 너무나 유명한
2002 월드컵 16강전
토티의 퇴장 장면**

숏 페인팅을 쓰고 넘어졌다. 토티는 바닥에 주저앉자마자 두 팔을 번쩍 들며 페널티킥이라고 주장했다. 그러나 바이런 모레노 주심은 토티의 기대와 반대되는 선택을 했다. 토티가 시뮬레이션 동작을 했다는 판단 아래 옐로카드를 꺼낸 것이다. 토티는 경기 초반 김남일을 팔꿈치로 쳐서 이미 경고를 받은 상태였다. 토티는 즉시 퇴장 당했다. 이후 전개는 잘 알려진 대로다. 한국은 연장 후반 12분에 안정환의 골든골로 승리했다.

탈락 직후 토티는 모레노에 대해 신랄한 인터뷰를 남겼다. "오늘밤 불명예스런 일이 일어났습니다. 처음엔 경기가 잘 풀리지 않는다고 생각했어요. 모레노가 우리에게 편파적이었죠. 좀 과체중인 것 같던데, 어떤 일이 벌어지는지 가까이서 보지 못할 정도로. 제 퇴장은 아주 잘한 결정입니다. 그러나

30미터는 떨어진 곳에서 뭘 볼 수 있다는 거죠? 그가 휘슬을 불었을 때 나는 페널티킥이라고 생각했어요. 그리고 그는 유감스럽게 날 바라봤죠. 미친 사람 같았어요. 잘못된 믿음을 가진 얼굴을 한 사람이요."

이탈리아 사람들이 지금까지도 칼초 역사상 가장 억울했던 일로 기억하는 사건이다. 세리에 A에서 유일한 한국인이었던 안정환은 도망치듯 페루자를 떠나야 했다. 한국에서 활동하는 이탈리아 방송인 알베르토 몬디는 "안정환이 아니라 모레노 심판 때문에 이탈리아 사람들이 열을 받았다. 지금도 이탈리아에 못 들어갈 거다"라고 말했다.

이탈리아 축구계는 대회 직후부터 10년 넘게 지난 시점까지 집요하게 모레노의 오심 여부를 물고 늘어졌다. 가제타는 모레노를 "역사상 최악의 주심"이라고 불렀다. 한국이 모레노를 매수했다는 증거는 물론 나오지 않았지만, 이탈리아는 의혹 제기와 비난을 멈추지 않았다. FIGC는 FIFA에 정식 조사를 요청했다. 월드컵 직후 에콰도르로 돌아간 모레노는 리그 경기를 진행하던 중 추가시간을 13분이나 선언한 뒤 매수 의혹 속에서 20경기 배정 정지 징계를 받았다. 이탈리아에서는 그럴 줄 알았다는 식의 반응이 쏟아졌다. 2010년 모레노가 헤로인을 소지하고 미국 뉴욕의 공항에서 적발됐을 때도 이탈리아에서는 '모레노가 흉악하고 무능하다는 증거'라며 2002년을 들먹였다.

## 기마랑스에서, 두 번째 자멸

월드컵에서 실패했음에도 불구하고 트라파토니는 여전히 자리를 지켰다. 한국에서 이탈리아로 돌아온 지 두 달 남짓 지나 이탈리아는 첫 친선 경기를 가졌고, 이웃 슬로베니아에 패배했다. 9월부터는 유로 2004 예선이 시작됐다. 이탈리아는 9조에서 웨일스, 유고슬라비아(예선 도중 세르비아 앤드 몬테네그로로 국호를 바꿨다), 핀란드, 아제르바이잔을 만났다. 쉬운 조 편성이었다. 이탈리아가 독보적인 1위를 달려야 마땅해 보였다. 그러나 예선 초반 토티와 비에리 등이 부상으로 결장하자 이탈리아는 흔들렸다.

초반 이탈리아를 구한 건 델피에로였다. 델피에로는 몸이 성치 않은 인차기, 대표팀 입지가 불안한 몬텔라 등 계속 바뀌는 스트라이커 파트너와 함께 아주리 공격을 이끌었다. 아제르바이잔, 유고, 웨일스를 상대로 세 경기 연속 프리킥 골을 성공시키는 엄청난 영향력을 발휘하며 이 기간을 2승 1무로 잘 넘겼다.

이탈리아는 2003년의 첫 경기였던 포르투갈과의 친선 경기를 시작으로 A매치 7연승을 달렸다. 그중 두 번째 경기였던 핀란드전부터 토티가 대표팀에 복귀했다. 트라파토니는 월드컵에 이어 이번에도 전술적 유행을 받아들였다.

트라파토니가 아주리에 입힌 새로운 틀은 4-2-3-1이었다. 이미 세계 축구의 주류로 쓰이고 있는 포메이션이지만 윙어를 잘 쓰지 않는 이탈리아 축구에선 생소한 편이었다. 핀란드를 상대로 비에리가 원톱을 맡았고 그 뒤를 델베키오, 토티, 카모라네시가 지원했다. 과거 이탈리아였다면 카모라네시를 메찰라로, 델베키오를 세콘다 푼타로, 토티를 트레콰르티스타로 놓고 4-3-1-2를 시도했을 것이다. 여전히 아주리 멤버들은 4-3-1-2 비슷한 움직임을 보일 때도 있었지만, 기본 틀은 분명 4-2-3-1이었다. 효과는 바로 나타났다. 델베키오가 왼쪽 돌파를 하자 토티가 2대 1 패스를 하기 위한 중계 기지 역할을 했다. 문전으로 진입한 델베키오의 컷백 패스가 비에리의 골로 이어졌다. 마치 스페인 팀 같아 보이는 공격 루트였다.

토티의 감각적인 스루 패스도 여전했다. 속공 상황에서 패스를 받은 토티는 원터치 패스가 불가능할 것 같은 자세에서 오른발 바깥쪽으로 끊어 차는 희한한 킥으로 비에리에게 완벽한 스루 패스를 제공했고, 비에리는 이 기회를 잘 마무리했다. 이탈리아는 후반전에도 토티의 지휘 아래 카모라네시, 델베키오를 활용해 핀란드 수비의 좌우를 흔들어 댔다. 새로운 전술이 퍽 쓸만하다는 걸 보여 주는 경기였다. 중원에 배치된 차네티와 시모네 페로타는 각각 수비진 보호와 중원 장악 임무를 충실하게 수행했다.

두 차례 친선 경기를 치르고 6월에 핀란드와 또 만났을 때, 트라파토니는 더욱 대담해졌다. 이 경기는 이탈리아 사람들이 2000년 이후 가졌던 한 염원을 실현시켜 줬다. 토티와 델피에로가 서로의 재능을 살리면서 공존하는 모습을 본 것이다. 트라파토니는 4-2-3-1 포메이션의 세 공격형 미드필더로 델피에로, 토티, 피오레를 동시에 투입하는 파격적인 실험을 했다. 세콘다 푼타이면서 측면 플레이를 즐기는 델피에로, 세콘다 푼타와 트레콰르티스타의 중간 성격을 갖는 토티, 좀 더 미드필더에 가까운 피오레의 조합이었다. 윙어도, 수비적인 선수도 없이 창의적인 공격 리더 세 명을 공존시키는 건 이탈리아 역사를 통틀어 매우 드문 시도였다.

토티와 델피에로는 프리킥도 사이좋게 나눠서 찼다. 득점을 먼저 시작한 건 토티였다. 당시 로마 동료였던 파누치가 정확한 땅볼 크로스를 제공했다. 슛을 하기 힘든 각도였지만 토티는 강력한 발목 힘을 활용해 공의 진로를 골대 구석으로 돌려놓았다. 후반전, 토티 특유의 한 박자 빠른 속공 패스가 왼쪽에서 질주하던 델피에로에게 연결됐다. 델피에로는 왼발 강슛으로 득점을 올렸다. 핀란드 최고 스타 중 하나였던 유시 야스켈라이넨 골키퍼는 킥의 달인들이 날리는 슛을 막을 수 없었다.

이탈리아 축구를 한층 공격적인 컬러로 바꿔 놓을 수도 있었던, 그래서 오

**공존이 불가능할 것처럼 보였던 두 판타지스타 델피에로와 토티는 완벽한 시너지를 만들어 냈다**

래 기억될 만한 경기였다. 경기 전 스타들의 공존에 회의적이었던 언론은 경기
가 끝나기도 전에 찬사를 늘어놓기 시작했다. 레푸블리카가 "이탈리아의 두 스
타가 연결됐다. 이탈리아 축구는 영광스런 구원을 받았다. 챔피언스리그처럼
(한 달 전 챔피언스리그 결승에서 유벤투스와 밀란이 만났다. 우승은 밀란이 차지했다) 대표팀 역시 혼
란에서 벗어나 부활할 것이다"라는 호들갑을 떨었을 정도였다.

두 선수가 한국전에 이어 처음 호흡을 맞췄다는 점, 한국전으로부터 거의
정확히 1년이 지났다는 점을 감안한다면 이탈리아인들의 호들갑을 이해할
수 있다. 토티는 "4-2-3-1 포메이션은 우리의 강점을 보여 주기 적합해요.
델피에로와 뛰는 게 좋습니다. 함께하는 건 가능하다고 생각해요"라고 말해
이탈리아를 더욱 흥분시켰다. 델피에로 역시 "토티와 함께 뛰는 건 훌륭한
일이죠. 첫 순간부터 하나가 되려고 노력했고, 잘해 냈다고 봐요. 내게 준 대
단한 어시스트에 감사하게 생각합니다"라고 말했다. 이탈리아가 공격 축구

를 통해 부진에서 탈출하고 있다는 건 다른 나라에서 보기에도 재미있는 현상이었다.

이탈리아는 자신감에 차 있었다. 다음 경기는 독일을 상대한 친선 경기였다. 비에리가 델피에로와 2대 1 패스를 주고받은 뒤, 토티와 또 2대 1 패스를 성공시켜 득점했다. 세 선수의 간결한 패스워크가 만들어 낸 아름다운 골이었다. 잠시 후 세 선수는 한 번 더 절묘한 호흡을 발휘했고, 델피에로가 골망을 흔들었지만 오프사이드 판정으로 인해 무산됐다. 루디 푈러 독일 감독은 경기 후 "이탈리아는 세계적인 팀입니다. 델피에로, 토티, 비에리 같은 선수를 완벽하게 차단하는 건 불가능해요"라고 말했다.

토티와 델피에로는 이후 벌어진 세 차례 예선 경기에서 번갈아 결장했다. 그때마다 공백을 메운 선수는 인차기였다. 인차기와 비에리를 동시에 세우는 플랜 B 역시 성공적으로 작동했고, 인차기는 3경기 모두 득점했다. 이로써 이탈리아는 9조 1위로 이변 없이 본선행에 성공했다.

예선을 마치고 본선을 준비하는 마지막 과정도 순조로웠다. 폴란드를 상대한 친선 경기를 통해 토티의 로마 동료이자 당시 이탈리아 최고의 천재였던 안토니오 카사노까지 데뷔전을 치렀다. 이탈리아는 패배했지만 카사노는 데뷔전 18분 만에 골을 터뜨렸다. 예르지 두덱이 지면으로 몸을 날릴 때 그 위로 툭 찍어 찬 멋진 마무리였다.

이 즈음 마르코 디바이오, 안토니오 디나탈레, 파브리치오 미콜리, 안드레아 피를로까지 대표팀 데뷔골을 넣었다. 뛰어난 공격수 4명과 플레이메이커 1명을 추가로 갖게 된 이탈리아는 너무 호사스런 선수단 중 누굴 내보내야 할지가 걱정일 정도였다. 결국 디나탈레와 미콜리가 최종 명단에서 제외됐다. 로베르토 바조는 마지막 메이저 대회에 나와 달라는 팬들의 염원에도 불구하고 트라파토니의 선택을 받지 못했다. 대신 4월 열린 스페인과의 친선 경기에서 10번 셔츠를 입고 주장 완장을 찬 채 관중들의 기립 박수를 받으며 은퇴식을 치렀다.

이토록 떠들썩하고 기대감으로 가득 찬 예선은 오히려 불안감을 키우기 마련이다. 월드컵과 유로 같은 메이저 토너먼트의 역사를 보면, 예선에서 지나치게 순항한 팀보다 오히려 고생 끝에 올라온 팀이 좋은 성적을 거두는 모습들을 확인할 수 있다. 이탈리아가 특히 그랬다. 외부에서 위기 상황이 닥쳐야 잠재력이 나오는, 만화 주인공 같은 본능이 칼초에 흐르고 있다.

이번 대회의 개최국은 포르투갈, 이탈리아의 첫 경기 장소는 북부 도시 기마랑스였다. 이탈리아는 덴마크와 첫 경기를 치렀다. 북유럽 강호 덴마크는 세리에 A에서 뛰는 선수가 5명으로 가장 큰 비중을 차지하는 팀이었다. 오히려 그 점 때문에 이탈리아의 승리를 전망하는 사람이 많았다. 세리에 A에서 토티나 델피에로에 비해 평가가 낮은 욘달 토마손, 마르틴 외르겐센이 이끄는 팀이었기 때문이다. 이탈리아는 4-2-3-1 포메이션을 고수했다. 토티 좌우에 델피에로와 카모라네시가 섰다. 머리 일부를 땋고, 일부는 반묶음을 한 토티는 플레이스타일과 외모 모두 이 대회에서 가장 화려한 선수였다.

경기는 그럭저럭 순조로웠다. 토티는 르네 헨릭센을 걷어차 경고를 받긴 했지만 그 외엔 괜찮은 경기를 했다. 이탈리아가 덴마크의 골문을 열지 못해 0-0으로 끝난 경기에서 가장 많은 득점 기회를 만든 선수는 토티였다. 토티의 빠르고 정교한 프리킥, 문전에서 날린 터닝슛 중 하나만 토마스 쇠렌센의 손끝을 벗어났어도 이탈리아는 첫 승을 따낼 수 있었다. 덴마크는 이탈리아 선수들의 심리를 자극하기 위해 경기장에 대형 태극기를 걸어 두기도 했다.

토티가 문제 행동을 했다는 건 경기가 끝나고 나서 적발됐다. 토티는 크리스티안 포울센의 얼굴을 향해 입을 둥글게 모은 다음 능숙하게 침을 뱉었다. 포울센의 얼굴에 정확히 날아가도록 잘 조준한 침이었다. 덴마크 방

## 유로 2004 이탈리아 스쿼드

비에리/코라디

델피에로/디바이오          토티/카사노          카모라네시/피오레

페로타/가투소          차네티/피를로

참브로타/파발리     칸나바로/페라리     네스타/마테라치     파누치/오도

부폰/톨도/페루치

송사가 경기 이틀 뒤 해당 장면이 담긴 영상을 찾아냈다. 덴마크축구협회가 UEFA에 공식적으로 문제를 제기했다.

FIGC는 문제의 심각성을 금방 알아차렸다. 스타 변호사인 줄리아 본조르노(줄리오 안드레오티 전 총리, 세계적으로 화제가 됐던 룸메이트 살해 사건의 피의자 라파엘 솔레시토 등을 변호해 유명한 법조인. 2018년 극우 성향의 동맹당에 합류해 정치 행보를 시작했다)를 급히 포르투갈로 모셔와 변호를 맡겼다. 본조르노의 변호 논리는 '토티는 원래 그런 사람이 아니다'라는 것이었다. 본조르노가 전한 바에 따르면, 토티는 "나 토티는 비디오 속의 그 인물이 누군지 모른다. 그건 다른 인격이었다"라고 말했다. 평소 사회봉사와 기부에 힘쓰는 토티의 모범적인 면모를 감안해 달라는 요청도 있었다. 침을 뱉은 행위가 명백한 상황에서 본조르노가 할 수 있는 최선의 변론이었다.

UEFA의 판결은 3경기 출장 정지였다. 토티 측이 잘못을 인정했고, 대회 일정을 고려해 그나마 징계를 줄여 줬다는 것이 UEFA의 설명이었다. 토티는 남은 조별리그 두 경기뿐 아니라 이탈리아가 생존할 경우 8강에도 뛸 수 없게 됐다. 동료들이 준결승에 오르길 바라는 것이 토티가 할 수 있는 유일한 행위였다.

이제 토티가 이탈리아에서 대체 불가능한 선수라는 점은 독이 됐다. 이탈리아는 토티 외에도 2선 자원이 5명이나 되는 나라였지만 누구도 성에 차지 않았다. 트라파토니는 미묘한 선택을 했다. 2선에 델피에로와 카사노만 배치하고, 공격 자원을 한 명 줄여 4-3-2-1로 포메이션을 바꾼 것이다. 스웨덴을 상대한 2차전에서 카사노는 토티의 공백을 훌륭하게 메웠다. 전반 37분 카사노의 헤딩골로 이탈리아가 앞서나갔다. 추가골은 나오지 않았고, 트라파토니는 점차 수비적인 교체를 하며 한 골 차 승리를 지키려 했다. 그러나 어설픈 수비가 문제였다. 두 팀의 교체 카드가 모두 떨어진 뒤, 즐라탄 이브라히모비치가 유명한 '태권도 킥'을 공중에서 날려 이탈리아의 골문을 열었다. 무승부였다. 이탈리아는 자력으로 8강 진출을 할 수 없는 상태가 됐다.

마지막 불가리아전에서 비에리가 부상으로 이탈했고, 최전방은 대체 공격수였던 베르나르도 코라디가 맡았다. 트라파토니는 이번에도 4-3-2-1을 고수하는 가운데 가투소의 공백을 더 공격적인 피오레로 대체해 한결 창의적인 라인업을 짰다. 그러나 센터백으로 나온 마르코 마테라치가 디미타르 베르바토프를 껴안고 수비하다가 페널티킥을 내주며 경기가 꼬이기 시작했다. 마르틴 페트로프의 킥을 부폰이 막지 못했다. 이탈리아는 후반전이 시작하자마자 맹렬한 반격을 시작해 페로타의 동점골을 만들어 냈다. 그리고 카사노가 역전골까지 터뜨렸다. 카사노의 골은 후반 추가시간에 극적으로 나온 것이었다. 그러나 이 골은 명장면이 되지 못했다. 다른 경기장에서 무승부만 거둬도 이탈리아를 앞지를 수 있었던 스웨덴과 덴마크가 2-2로 비겼다는 소식이 들려왔다. 방금 환한 얼굴로 골 세리머니를 하던 카사노는 그대로 경기장에 주저앉아 울음을 터뜨렸다.

이탈리아인들은 다시 한 번 억울함을 토로했다. 스웨덴, 덴마크, 이탈리아는 모두 1승 2무를 거둔데다 맞대결에서도 모두 비겼기 때문에 승점, 상대전적, 상대 골득실이 모두 똑같았다. 순위를 정하는 다음 기준은 상대 다득점이었는데 스웨덴과 덴마크가 마지막 경기에서 서로 두 골씩을 추가했기 때문에 +1에 불과했던 이탈리아로선 어쩔 수가 없었다. 그냥 무승부도 아니고 2-2라는 점에서 이탈리아 매체들은 담합 가능성을 제기했다. 프랑코 카라로 FIGC 회장이 대표적인 음모론자였다. 트라파토니는 8년 뒤 나온 자서전에서 이 주장을 반복했다. 그러나 증거는 없었고, 이탈리아는 탈락했다. 토티로서는 2002년에 이어 이번에도 자신에 대한 비난보다 음모론이 횡행했다는 것이 차라리 다행이었다.

이탈리아로 입국하는 선수단을 맞이하러 나간 축구팬들은 응원을 보내기도, 무언의 야유를 보내기도 했다. 자신이 응원하는 팀의 선수를 격려하려는 사람이 있는 반면 '패배자', '탈락자'라는 팻말을 들고 있는 사람도 있었다. 사람들 눈에 띄는 곳에 토티는 보이지 않았다.


## ___ 제정신을 분실한 토티

포르투갈에서 델피에로는 서른, 토티는 스물여덟이었다. 이탈리아 북부를 대표하는 판타지스타와 남부의 판타지스타가 전성기 기량으로 호흡을 맞출 유일한 기회는 어이없게도 축구가 아니라 토티의 침 때문에 사라졌다. 결국 유로 예선 핀란드전은 두 선수가 나란히 골을 넣은 유일한 A매치로 남았다. 이후 토티와 델피에로는 아주리에서 각각 3골씩 추가하는 데 그쳤다.

어쩌면 본조르노가 토티를 변호하면서 쓴 표현은 옹색한 변명이 아니라 사실일지도 몰랐다. 토티 스스로도 "여러분이 TV에서 보신 그 행동을 했는지 솔직히 제대로 인지하지 못하고 있었다"라고 말한 바 있다. 정신 나간 행동을 할 때 이성에 따라 움직이는 사람은 없다. 자아의 통제에서 벗어난 원초아가 멋대로 날뛰는 순간에 많은 남자들은 사고를 친다.

약간은 로마인다운 행동이기도 했다. 이탈리아 특유의 우월감과 피해 의식을 다른 지역보다 강하게 갖고 있는 사람들이면서, 이탈리아인 중에서도 유독 솔직하고 화끈한 사람들 말이다. 축구장에서 푸르보가 결여돼 있다는 로마 선수들 특유의 약점이 튀어 나왔다. 앞에서 본 데로시처럼 로마 구단에 흐르는 나쁜 전통이다. 상대 선수의 얼굴에 침을 뱉은 것으로 토티 다음으로 유명한 선수가 반(反) 로마인인 미하일로비치라는 건 재미있는 연결 고리다. 세르비아 태생이지만 로마와 라치오에서 오랜 시간을 보낸 미하일로비치는 토티보다 7개월 이른 2003년 11월 먼저 사고를 쳤다. 그는 첼시의 아드리안 무투에게 침을 뱉었다. UEFA가 내린 징계는 8경기 출장 정지였다. 만치니 감독이 미하일로비치 대신 늘어놓은 변명은 본조르노가 한 말과 참으로 비슷하다. "그는 원래 그런 사람이 아니다. 평소엔 좋은 친구다."

이탈리아 영웅 서사시의 걸작인 《광란의 오를란도》에는 제정신을 잃어버린 영웅이 등장한다. 제목 그대로 오를란도가 미쳐 버리자 친구들은 제정신을 찾아 헤매는데, 잃어버린 것들이 모여 있다는 달나라에 가야 제정신을 가져올 수 있다는 걸 알고는 불마차를 타고 달로 향한다. 결국 호리병 속에 갇혀 있던 제정신을 찾아온 뒤에야 오를란도는 이성적인 인간이자 용맹한 무사로 거듭난다.

토티 역시 가끔 제정신을 달에 던져 둔 채 경기했다. 많은 주목을 받을수록 그 정도가 점점 심해졌다. 유럽의 모든 눈이 자신을 지켜보는 가운데 요란한 머리를 하고 뛴다는 건 사실 위험한 일이었다. 토티는 어느 순간부터 제정신을 분실한 상태였고, 포르투갈에서는 광기를 통제하지 못했다. 그는 마르첼로 리피가 달에 다녀온 뒤에야 아주리에 도움이 되는 선수로 돌아올 수 있었다.

## 토티는 공격수인가, 미드필더인가?

앞서 살펴본 것처럼, 토티와 비슷한 시대에 활약했던 이탈리아의 위대한 테크니션들은 대부분 세콘다 푼타였다. 만치니, 바조, 델피에로, 뒤에 등장할 카사노가 모두 그랬다. 바조의 경우 말년에 트레콰르티스타로 뛰긴 했지만 그 앞에 투톱이 아니라 원톱이 있었다는 점 등 몇 가지를 고려하면 여전히 공격수의 움직임을 가진 선수였다. 공격형 미드필더라는 게 존재하지 않았던 이탈리아의 전술적 전통 속에서, 테크니션은 공격수가 될 수밖에 없었다. 공격형 미드필더는 브라질, 아르헨티나, 우루과이에서 꾸준히 발달해 왔지만 이탈리아는 아니었다. 토티도 어린 시절에는 중앙 미드필더와 공격수를 오가며 뛰어야 했다.

그러나 로마와 아주리의 트레콰르티스타로 발탁되고 꾸준한 경험을 쌓으면서, 토티는 세리에 A에서 가장 독특한 플레이메이커로 성장했다. 공격수의 본능을 타고났지만 미드필더처럼 플레이하는 선수가 된 것이다. 한때 트레콰르티스타로 뛰다가 나중에 후방으로 내려간 시도르프, 피를로와는 정반대 행보였다. 토티는 베론, 지단, 후이 코스타와도 달랐다. 트레콰르티스타는 좋은 전진 패스를 찔러야 하는 포지션이지만 어쨌거나 미드필더이기 때문에 수비 가담과 안정적인 경기 운영에도 신경을 써야만 했다. 당시 베론이나 후이 코스타의 경기 영상을 보면 테크니션이라는 명성과 달리 소박한 플레이만 반복하는 경우도 많다. 그런 플레이가 팀의 승리에 도움이 된다면, 트레콰르티스타들은 공격 본능보다 팀 플레이를 택했다.

토티는 공격적인 본능을 주체할 수 없는 사나이였다. 머릿속에서 번뜩이는 플레이의 이미지가 떠오르면 토티는 즉시 실행했다. 그래서 패스 타이밍이 유독 빨랐다. 공을 오래 소유하고 동료와 주고받으며 천천히 상대 수비진의 빈틈을 탐색하는 조심성이 없었다. 토티를 상징하는 원터치 패스는 특히 대담하고 모험적인 플레이였다.

토티를 평가한 사람들은 이런 개성이 자신의 축구관에 부합하느냐에 따라 상반된 해석을 내놓곤 했다. 토티의 본능적인 스타일을 좋아한 트라파토니는 "남의 아내가 더 예뻐 보이고, 남의 잔디가 더 푸르러 보이기 마련이다. 그러나 나는 지단을 갖느니 토티를 지키겠다"며 "내겐 지단, 플라티니보다 토티가 낫다"고 극찬했다. 반면 아첼리오 비치니 전 이탈리아 대표팀 감독은 "만약 토티가 플레이메이커로서 커리어를 시작했다면 그는 팀의 위대한 지휘자가 되었을 것이다. 불행히도 그는 포워드로 선수 생활을 시작했고 상대의 페널티 박스 가까이에서 최고의 플레이를 펼칠 뿐이다"라고 낮은 평가를 내놓았다. 토티가 경기 운영에 서툴다는 단점에 더 주목한 것이다.

플라티니가 토티와 지단을 비교하며 한 말은 중립적인 편이다. "지주(지단의 별명)조차 토티와 같은 감각을 갖진 못했다. 지주가 토티보다 더 팀 플레이를 잘 하고, 더 꾸준한 선수다. 토티는 좀 더 성숙할 필요가 있다. 그러나 그는 환상적이고, 다른 사람들은 이해하기조차 불가능한 일을 해내는 선수다." 플라티니는 다른 인터뷰에서 토티와 호나우지뉴가 비슷한 유형이라고 분류했다. 동료들조차 예측하기 힘들 정도로 괴상한 플레이를 할 수 있는 상상력에 초점을 맞춘 평가다.

정형화된 특정 포지션에 들어맞지 않는다는 토티의 특징은 선수 경력을 통해 다양한 포지션을 오가는 이유가 되기도 했다. 워낙 프로 경력이 길다 보니 생긴 일일 수도 있지만 토티는 세콘다 푼타, 윙어, 트레콰르티스타, 프리마 푼타를 모두 소화했다. 프리마 푼타를 원톱으로 소화할 때는 나중에 이야기할 '가짜 9번'의 현대적 개념을 만들어 내기도 했다. 조프와 트라파토니가 토티의 포지션을 자꾸 이리저리 옮겼던 것 역시 토티의 독특한 캐릭터에서 비롯된 전술 운용이었다.

## 토티 인사이드 6
# 토티, 호나우두, 판니스텔로이가 태어난 1976년

영국 방송사 스카이스포츠는 2016년 9월 토티의 40번째 생일을 맞아 1976년생 세계 올스타를 선정했다. 주로 수비보다 공격진에 슈퍼스타들이 많은 라인업이다.

골키퍼 셰이 기븐은 뉴캐슬 유나이티드에서 좋은 활약을 하며 이름을 알린 스타 골키퍼로, 반사 신경이 탁월했다. 이후 맨체스터 시티, 애스턴 빌라, 스토크 시티를 거쳤다. A매치 134경기를 소화하며 북아일랜드 사상 가장 인상적인 선수 중 한 명으로 남았다.

센터백 네스타는 어렸을 때부터 로마 지역에서 토티와 맞부딪쳤던 세계 최고 수비수다. 토티와 같은 세대의 수비수 중 칸나바로와 함께 가장 뛰어난 평가를 받았다. 전성기는 밀란에서 보냈다. 중요한 경기를 앞두고 자주 부상을 당하는 불운만 아니었다면 더 많은 시상식에 설 수 있었던 선수다.

센터백과 수비형 미드필더를 모두 소화할 수 있는 에드미우손은 한일 월드컵에서 브라질의 우승을 이끈 주역 중 한 명이다. 특히 월드컵에서 보여 준 아름다운 시저스킥 골을 통해 센터백은 둔하다는 편견을 깼다. 바르셀로나의 2000년대 후반 전성기에 일조하며 클럽 무대에서도 성공을 거뒀다.

레프트백 후안 파블로 소린은 인테르의 전설인 사네티와 함께 아르헨티나 대표팀의 좌우를 책임졌던 탁월한 수비수다. 왼쪽 윙백, 중앙 미드필더까지 다양한 포지션에서 대단한 체력, 기술, 지능을 발휘했다. 주로 리베르 플레이트와 아르헨티나의 전설로 기억되지만 비야레알 시절 후안 로만 리켈메와 호흡을 맞추는 모습도 많은 이들의 뇌리에 남았다.

미드필더 클라렌스 시도르프는 네스타와 함께 토티의 스쿠데토 도전을 번번이 가로 막았던 밀란의 스타 미드필더다. 네덜란드의 토털풋볼 전통 속에서 자라난 시도르프는 공수 양면에서 모두 탁월한 기량을 지닌 선수였다. 네덜란드 대표팀에서도 아름다운 플레이를 했다.

공격형 미드필더 미하엘 발락은 토티와 더불어 2위의 전설로 기억되는 선수다. 특히 2001/2002시즌 바이엘 04 레버쿠젠 소속으로 3개 대회 준우승을 했고, 그해 여름 한일 월드컵까지 준우승을 하며 1년 동안 큰 대회 4개에서 모두 우승을 놓쳐 강한 인상을 남겼다. 뛰어난 득점력과 리더십으로 독일 대표팀의 암흑기 동안 팀을 지탱했다.

공격수 호나우두는 설명할 필요가 없는 축구황제였다. 토티가 아직 유망주였던 1994년부터 1996년까지 네덜란드 리그를 평정했으며, 이후 한 시즌 동안 바르셀로나에서 전설적인 경기력을 발휘했고, 그 뒤로 인테르와 레알을 거쳤다. 부상으로 경력이 일찍 꺾일 뻔했지만 너무 늦기 전인 2002년에 월드컵 득점왕과 MVP를 차지했다.

공격수 파트리크 클루이베르트와 뤼트 판니스텔로이는 네덜란드 대표팀의 동갑내기 공격수다. 어렸을 때부터 천재였던 클루이베르트는 20대 중반에 일찍 기량이 저물었고, 대기만성한 판니스텔로이가 그 뒤를 이어 30대까지 대표팀에서 활약했다.

스카이스포츠가 선정한 후보 멤버로는 필리포 인차기, 안드리 셉첸코, 부데바인 젠덴, 은완코 카누, 토마스 그라베센이 있다.

판타지스타

# FANTASISTA

토티와 카사노의 판타지아 2중주

## ___ 카사노바의 등장과 바티골의 몰락

센시는 토티에게 완벽한 동료들을 갖춰 줌으로써 AS 로마의 성공을 영원히 이어 가려는 계획을 세웠다. 스쿠데토를 차지하기도 전인 2001년 3월, 로마가 이탈리아 언론 1면의 주인공이 됐다. 바로 바리에서 성장해 온 천재 공격수 안토니오 카사노의 영입 소식이었다. FIFA가 이적 시장 날짜를 정리하기 전 마지막 시즌이었기 때문에 아직은 3월에도 영입이 가능했다. 카사노의 이적료는 6,000만 리라였다. 약 3,000만 유로에 해당하는 이적료는 당시 10대 중 역대 최고 몸값이었다. 유벤투스, 맨체스터 유나이티드, 첼시와 경쟁이 붙자 센시가 다급하게 큰 금액을 퍼부어 버린 결과였다.

카사노는 이탈리아가 월드컵에서 우승한 바로 다음날인 1982년 7월 12일 태어났다. 닭 머리 모양 엠블럼으로 유명한 바리 유소년 팀에서 성장한 카사노는 1999년 프로 선수로 데뷔했다. 그해 12월 인테르의 파누치와 로랑 블랑을 창의적인 드리블로 굴복시키고 골을 넣으며 이탈리아 전역에 천재의 탄생을 알렸다. 태어날 때부터 공을 몸에 붙이고 나온 것처럼

훗날 천재적인 재능과 수많은 문제를 함께 보여 줄 젊은 스타 카사노가 토티를 만났다

자연스럽고 유려한 테크닉은 뭇사람에게 충격을 줬다. 판타지아와 그의 이름을 합성한 '판탄토니오(Fantantonio)'가 별명으로 주어졌다. 토티의 뒤를 이어 등장한 판타지스타가 로마에 합류하여 스타덤에 오를 준비를 하고 있었다. 아직 블로그나 소셜 미디어가 활성화되지 않았던 시절, 몬텔라는 본인 홈페이지에 "카사노? 나는 누구도 두렵지 않다"며 주전 경쟁을 다짐하는 글을 올렸다.

센시의 야망은 카사노로 그치지 않았다. 아탈란타의 유망주 골키퍼 이반 펠리촐리, 아주리의 스타 수비수 크리스티안 파누치, 마지막으로 빅 클럽에 도전하고 싶었던 아주리 윙어 푸세르, 볼로냐에서 맹활약하던 브라질 출신 미드필더 프란시스코 리마가 합류했다. 시즌이 시작된 뒤에도 아르헨티나 대표 레프트백 레안드로 쿠프레가 추가 영입됐다. 한편 차네티가 인테르로 떠난 것을 비롯해 루파텔리, 나카타, 디프란체스코가 이적해 나갔다.

　로마는 시즌 시작과 동시에 트로피를 하나 따냈다. 지난 시즌 코파 이탈리아 우승팀 피오렌티나와 만난 수페르코파에서 3-0으로 완승을 거둔 것이다. 장소는 61,000명의 홈 관중이 들어찬 올림피코였고, 아직 스쿠데토의 기억이 생생한 로마는 지난 시즌처럼 자신감 넘치는 공격 축구로 피오렌티나를 흔들었다. 칸델라 특유의 오른발 중거리 슛이 피오렌티나 골문 구석에 꽂혔다. 속공 상황에서 토티의 넓은 시야에서 나온 어시스트를 몬텔라가 발리 슛으로 마무리하며 두 번째 골을 넣었고, 칸델라의 중거리 슛이 골키퍼의 손에 맞고 튀어나온 걸 토티가 밀어 넣어 점수 차를 더 벌렸다.

　로마 역사상 첫 수페르코파였다. 1988년 이 대회가 탄생한 뒤 로마는 겨우 두 번째로 참석했고, 처음 우승을 차지했다. 그 동안 로마가 얼마나 우승과 먼 팀이었는지 보여 주는 기록이다. 토티는 바티스투타와 함께 트로피를 껴안고 들썩들썩 하며 승리의 노래를 불렀다. 쿠르바 수드에는 스쿠데토를 그려 넣은 큰 걸개가 달렸다. 칸델라는 "이제 우린 유럽으로 향한다. 레알 마드리드나 맨체스터 유나이티드를 상대로 똑같은 플레이를 하겠다"라는 야심을 밝혔다. 칸델라의 말대로 로마는 오랜만에 돌아온 챔피언스리그에서 레알과 같은 A조에 편성됐다.

　토티의 영향력은 시즌 초반부터 독보적이었다. 1라운드 베로나 원정, 홈 개막전이었던 2라운드 우디네세전 모두 로마는 1-1 무승부에 그쳤지만, 두 경기 다 토티의 크로스 어시스트에서 로마의 골이 나왔다. 2001년 9월 11일, 세계무역센터 테러로 기억되는 그날 로마는 레알과 경기를 가졌다. 킥오프는 뉴욕 세계무역센터에 항공기가 충돌한 지 약 7시간 뒤였다. UEFA는 이날 경기를 강행하고 이튿날 경기만 연기하기로 했다. 카펠로는 "사실 경기를 하지 말았어야 한다고 생각한다"라고 말했다. 어수선한 가운데서 로마는 1-2로 패배했고, 토티의 페널티킥 골로 영패를 면했다. 3라운드에서 피아첸차에 0-2로 패배한 로마는 4라운드에 피오렌티나를 2-1로 꺾으며 겨우 시즌 첫 승을 거뒀다. 이번에도 토티는 페널티킥 골을 넣었다.

로마가 초반부터 대회를 가리지 않고 부진했던 중요한 이유 중 하나는 바티스투타의 부진, 좀 더 정확히 말한다면 몰락 때문이었다. 32세인 바티스투타는 일반적으로 볼 때 마지막을 준비하기 이른 나이였다. 그러나 그의 무릎은 이미 한계를 향해 가고 있었다. 그는 1999년 2월 피오렌티나 소속으로 밀란을 상대할 때 이미 무릎 인대가 뒤틀렸다. 열정적인 그가 그라운드에 복귀한 건 애초 진단보다 훨씬 빠른 한 달 만이었다. 그는 2001년 1월에도 오른쪽 내측인대 건염으로 전력에서 이탈했다. 수술을 받고 3, 4개월 정도 쉬어야 한다는 진단이 나왔지만 이번에도 한 달 뒤 그라운드 복귀를 결정했다.

바티골은 은퇴한 뒤 "부상을 당했을 때조차 벤치에 앉아있기 싫었습니다. 부상에서 복귀할 때마다 나 자신을 더 돌봤어야 했죠. 그러나 결국 그러지 않았어요. 나는 득점하는 걸 사랑했고, 대중의 함성을 사랑했으니까"라고 말했다. 로맨티시스트다운 말이었지만 선수 생활엔 도움이 되지 않았다. 그는 부진과 결장을 반복했고, 시즌 6골에 그치고 만다. 앞선 네 시즌 연속으로 20골을 넘겼던 남자의 갑작스런 몰락이었다. 한편으로는 무릎의 내구도가 다 떨어지기 전에 스쿠데토에 일조할 수 있었기에 참으로 절묘한 타이밍이었다. 이 시즌 개막을 앞두고 바티스투타는 등번호를 18번에서 20번으로 바꿨다. 지난 시즌 우승을 이끈 자신의 득점 기록을 기념하기 위해서였다. 그때까지는 두 번 다시 되찾을 수 없는 득점력이라는 걸 알지 못했다.

대체로 부진한 가운데서도 바티스투타가 토티의 파트너로서 손색 없는 활약을 펼친 소중한 경기들이 있었다. 이 시즌의 첫 번째 하이라이트가 될

5라운드 유벤투스 원정이 대표적이었다. 당시 유벤투스가 쓰던 경기장은 '스타디오 델레 알피(Stadio Delle Alpi)'라고 불렸다. 한국어로 번역하면 '알프스 경기장'이라는 뜻이다. 토리노는 북쪽으로 알프스 자락이 보이는 도시다. 이탈리아 하면 흔히 떠오르는 따사로운 햇살과는 거리가 멀다. 그때까지 한 번도 지지 않고 선두권을 형성하고 있던 유벤투스의 아가리 속으로 로마가 들어갔다.

카펠로는 수비적인 라인업을 위해 카푸 대신 파누치를 라이트백으로 배치했고, 이를 위해 아우다이르를 라인업에 넣는 깜짝 승부수를 썼다. 아우다이르 중심의 수비진은 델피에로와 마르첼로 살라스, 후반에 투입된 트레제게까지 깔끔하게 봉쇄했다. 바티스투타는 신체 능력의 감퇴가 눈에 보이는 가운데서도 전력을 다해 유벤투스 수비 사이로 달리고, 특유의 강슛을 날려댔다. 프리킥 상황에서 토티 대신 키커를 자처한 바티스투타는 부폰 옆으로 절묘하게 휘어지는 킥으로 선제골을 터뜨렸다. 후반전에 바티스투타는 상대 선수를 가격했다는 판정으로 퇴장당했지만 로마는 시즌 최고의 수비력으로 유벤투스의 공격을 잘 받아 냈다. 종료 직전 로마의 역습을 이순상이 마무리하면서 2-0 승리가 완성됐다. 카펠로는 "스쿠데토를 따낸 팀이 돌아왔다"라고 선언했다.

10월 24일, 챔피언스리그 5차전에서 산티아고 베르나베우 원정을 떠난 로마는 레알보다 뛰어난 경기력으로 깊은 인상을 남겼다. 코리에레는 '유로토티(EUROTOTTI)'라는 합성어를 만들어 가며 토티가 국제 무대에서도 통했다는 것을 표현했다. 토티는 경기 전반에 걸쳐 강한 영향력을 발휘했고, 문전 쇄도를 통해 골도 터뜨렸다. 이후 바티스투타의 슛이 크로스바에 맞았고, 혼전 중 카푸의 손에 맞은 공 때문에 루이스 피구가 페널티킥 동점골을 넣었다. 결과는 1-1이었지만 로마가 더 우세한 경기였다. 경기 후 토티가 "이렇게만 플레이한다면 결승도 갈 수 있다"라고 자신만만하게 말했을 정도였다. 로마는 조 2위로 16강 진출을 확정했다.

바로 사흘 뒤 더비가 열렸다. 오랜만에 유럽 대항전을 병행하는 숨 가쁜 일정 속에서 토티는 또 경기를 지배했다. 카펠로는 이 시즌의 주력 전술인 3-5-1-1에 맞춰 원톱으로 바티스투타를, 트레콰르티스타와 세콘다 푼타를 겸하는 역할로 토티를 배치했다. 상대팀 라치오는 무려 4,770만 유로를 투자한 가이즈카 멘디에타가 시원하게 시즌을 말아먹는 바람에 크게 고생 중이었다. 역시나 토티의 영향력은 멘디에타를 크게 앞질렀다. 맥을 못 추는 바티스투타를 대신해 들어간 델베키오가 선제골을 터뜨렸고, 후반 추가시간 토티가 멋진 헤딩으로 라치오를 끝장낸 뒤 서포터들 앞으로 달려갔다. 관중 난입을 막기 위한 플라스틱 벽 앞으로 달려간 토티는 벽을 주먹으로 쾅쾅 두들기며 서포터들과 흥분을 나눴다. 완승이었다. 그러나 후반기 더비의 더 큰 승리에 비하면 이날 경기는 예고편에 불과했다.

로마는 침묵하는 바티스투타 대신 여러 선수들이 골을 넣는 집단 득점 체제로 상승세를 이어 갔다. 13라운드부터 18라운드까지 해설자의 '바티골'은 한 번도 들리지 않았지만 로마는 전승을 거뒀다. 지난 시즌보다 한층 날카로워진 아순상의 프리킥이 빛났다. 13라운드 베네치아전은 교체 투입된 푸세르가 경기 종료 직전 득점해 1-0으로 끝났다. 14라운드 파르마 원정경기에서는 디바이오에게 실점한 뒤 아순상의 프리킥, 푸세르의 중거리 슛으로 역전했다. 밀란과의 15라운드에서는 토티의 중거리 슛이 크리스티안 아비아티 골키퍼의 손에 맞고 들어가는 행운 덕분에 1-0으로 이겼다.

16라운드 상대는 15라운드 당시 1위였던 키에보였다. 루이지 델네리 감독과 미드필더 시모네 페로타가 맹활약 중인 돌풍의 팀이었다. 세트 피스 상황에서 에메르손과 사무엘의 헤딩골이 먼저 나왔다. 마지막 세 번째 골이 특히 아름다웠다. 중앙선에서 공을 잡은 토티는 왼쪽으로 전력 질주하는 동료에게 스루 패스를 할 수도 있었다. 그러나 토티는 패스하는 척하면서 공을 잡고 몸을 빙글 돌리는 탈압박 기술을 발휘한 뒤, 중앙에서 한 박자 늦게 침투하는 톰마시에게 놀라운 스루 패스를 제공했다. 그 마지막 골과 함께 로마는 3-0 완승을 통해 키에보를 3위로 끌어내리고 2위로 올라섰다.

전반기 마지막 경기 상대는 토리노였다. 토티는 다시 한 번 페널티 박스 안에서 예술을 펼쳐 보였다. 문전에서 득점 기회를 잡은 토티는 오른발로 슛을 하는 척하면서 골키퍼를 넘어뜨렸고, 커버하러 온 수비수는 왼발 페인트로 다시 넘어뜨렸다. 그 다음 빈 골문에 공을 톡 차 넣었다. 오른발 페인트, 왼발 페인트, 오른발 슛으로 이어지는 일련의 과정에는 어떤 군더더기도 없었다. 그의 축구 인생에 남을 아름다운 기술이었다. 로마는 1위로 17라운드를 마쳤다. 2년 연속 스쿠데토가 현실적인 목표로 다가왔고, 로마 티포지(열광적인 팬을 가리키는 이탈리아어)는 들썩이기 시작했다.

시즌 내내 로마의 골칫거리였던 바티골은 18라운드 베로나전 종료 직전 역전골, 이어진 우디네세전 막판 동점골, 피아첸자전 막판 쐐기골을 넣으며 세 경기 연속 놀라운 담력을 보여 줬다. 그의 별명 중 하나인 사자왕(Re Leone)처럼, 사자의 심장을 가진 선수의 플레이였다. 그러나 거기까지였다. 바티스투타는 다시는 인상적인 모습을 보이지 못했다.

로마는 2월 26일 올림피코에서 바르셀로나를 3-0으로 격파하며 유럽에서 경쟁력 있는 팀이라는 걸 증명했다. 토티가 좌지우지한 경기였다. 토티가 필립 크리스탕발을 상대로 집요한 볼 키핑을 해낸 것이 캉델라의 강슛, 흘러나온 공에 달려든 에메르손의 마무리로 이어졌다. 이어 토티가 경기장 중앙에서 수비수들을 잔뜩 유인하고 공을 지켜낸 뒤 어시스트를 했고, 몬텔라가 마무리했다. 교체 투입된 카사노는 토티를 연상시키는 우아한 볼 터치를 통해 톰마시의 쐐기골까지 이끌어냈다. 로마는 이 승리로 16강 리그 조 1위로 올라섰다.

3월 10일, 세리에 A 26라운드에서 로마와 라치오가 다시 만났다. 경기 전부터 논란이 생겼다. 바티스투타가 벤치에도 없었다. 공식적으로 부상을 입은 건 아니었지만, 시즌 내내 컨디션 난조에 시달린 그를 카펠로가 마침내 놓아주기로 했다는 뜻이었다. 바티스투타가 격노했다는 둥 여러 소문이 돌았다. 그러나 카펠로의 결단이 옳았다는 건 경기가 시작되자마자 드러나게 된다. 로마는 토티 앞에 몬텔라와 델베키오가 배치되는 옛 공격진으로 회귀했다. 전력상 열세였던 라치오의 알베르토 차케로니는 로마를 막기 위해 파이브백에 가까운 수비 축구를 구상했다. 그러나 끔찍한 선택이었다.

이 경기는 토티의 순도 높은 창의성이 일류 프리마 푼타에 의해 점화될 때 얼마나 큰 불길을 일으킬 수 있는지 잘 보여주었다. 전반 13분, 토티는 왼쪽 측면에서 피오레의 압박을 등으로 견디고 있었다. 수비가 한 명 더 붙길 기다린 토티는 특기인 힐 패스로 캉델라에게 노마크 기회를 만들어 줬다. 캉델라의 멋진 아웃프런트 크로스를 몬텔라가 다이빙 헤딩으로 마무리했다. 비행기가 이날 처음으로 이륙했다.

전반 30분, 토티는 중앙에서 공을 몰고 그대로 돌진하며 라치오의 수비 대형을 뭉개 버렸다. 두 명을 뚫은 뒤 센터백 세 명을 자신에게 모두 집중시킨 토티가 중거리 슛을 날렸다. 안젤로 페루치가 간신히 슛을 쳐 냈는데, 네스타가 걷어 내기 전 잠시 머뭇거리는 사이 달려온 몬텔라가 발을 툭 집어넣어 공을 밀어넣어 버렸다. 네스타에겐 굴욕이었다.

7분 뒤에도 토티와 몬텔라가 골을 합작했다. 토티가 올린 프리킥을 몬텔라가 머리로 받아 넣었다. 몬텔라는 15cm나 큰 네스타가 마음 먹고 마크하는 와중에도 어렵지 않게 헤딩슛을 넣을 수 있었다. 몬텔라는 초능력이라도 있는 것처럼 공을 자신에게 끌어당기고 있었다. 비행기가 세 번째 날아올랐다. 그러나 아직도 끝이 아니었다.

후반 8분 데얀 스탄코비치가 강력한 중거리 슛으로 한 골을 따라붙었다. 그러자 후반 19분 몬텔라가 그게 뭐 대단하냐는 듯 중거리 슛 골로 응수했다. 라치오의 수비수들은 몬텔라가 슛을 할 줄 모르고 거리를 벌려 주고 있던 중이었다.

예술적인 골의 향연을 마무리한 건 토티였다. 이미 무너져 있던 라치오 수비는 토티에 의해 완전히 박살났다. 경기 초반 쿠키아이오를 시도했다가 아깝게 실패했던 그는 후반 27분 마음 먹고 두 번째 시도를 했다. 토티는 특유의 엉성해 보이는 드리블로 라치오 진영에서 공을 잡은 뒤 그대로 슈팅 모션에 들어갔다. 토티가 섬세하게 찍어 찬 공은 라치오 수비수들, 델베키오, 카사노, 페루치의 머리 위를 날아 골대 안에 사뿐히 떨어졌다. 페루치는 '어어' 하고 고개를 돌리며 공을 쳐다볼 뿐이었다. 득점한 토티는 유니폼 상의를 벗었는데, 속옷에는 '6 Unica'라고 적혀 있었다. '당신은 특별하다(Sei unico)'라는 말을 발음이 같은 '6(sei)'으로 대체한 문구였다. 이번엔 라치오 팬에 대한 자극은 아니었다. 이 문구가 당시 여자친구였던 일라리 블라시를 향한 애정 표현이었다는 건 나중에야 알려지게 된다.

경기 후 카펠로는 승부사답지 않게 격렬한 감동을 표현하고 말았다. 그 정도로 압도적인 90분이었다. "어느 감독이든 이런 팀을 갖고 싶어 할 겁니다. 제 로마가 처음으로 완벽해졌네요." 토티 역시 "별로 자랑하는 성격은 아니지만 이번엔 해야겠는데요. 내 골은 공상 과학에 가까운 골이었죠"라고 말했다. 토티는 바티스투타가 어디 갔냐는 질문을 "버스를 놓쳤더라고요. 깜박하고 트리고리아에 두고 왔어요"라는 농담으로 받아넘겼다. 몬텔라는 타고난 로마 선수는 아니었다. 라치오를 도발하기보다 존중하기로 했다. 그는

라치오와의 뜨거운 더비에서 여자친구를 향한 사랑을 드러낸 토티의 골 세리머니

"제가 네스타를 약올리진 않았죠? 네스타와 유니폼 바꿔야 되는데"라고 말했다.

로마 더비 사상 최초로 4골을 넣은 몬텔라의 기록은 모두 토티의 창의성에 빚지고 있었다. 스스로 한 골을 보탠 토티는 누가 로마의 왕인지 선언하듯 위풍당당한 경기를 했다. 로마는 이 경기로 선두 인테르의 승점을 따라잡았다. 당연히 모든 로마 팬은 이 경기를 역사상 가장 마음에 드는 더비로 꼽는다.

그러나 로마는 곧 챔피언스리그에서 탈락했다. 더비 사흘 뒤 올림피코에서 열린 갈라타사라이와의 경기에서 로마는 1-1로 비겼다. 그리고 카펠로는 마지막 경기였던 리버풀 원정에서 바티스투타를 다시 선발 라인업에 포함시켰는데, 아니나 다를까 전반 내내 로마 공격은 무기력했다. 심지어 리버풀은 전해 발롱도르 수상자 마이클 오언마저 부상으로 빠진 상태였다. 사실상 로마가 리버풀의 8강 진출을 떠먹여 준 셈이었다. 한 골은 아순상의 불필요한 태클로 내준 페널티킥이었다. 두 번째 골은 대니 머피의 크로스를 득점력 약하기로 유명한 공격수 에밀 헤스키가 받아 넣었다.

바로 이어진 인테르 원정에서 로마는 또 패배했다. 이 패배의 여파가 어마어마했다. 로마 수비는 알바로 레코바에게 농락당했다. 동양인처럼 생겼다고 해서 '중국인(El Chino)'이라는 별명으로 불렸던 레코바는 당대 가장 강력한 왼발을 가진 선수 중 하나였다. 레코바는 폭발적인 문전 침투로 로마 수비 두 명과 안토니올리를 튕겨 내고 선제골을 넣었다. 이어 레코바의 크로스를 비에리가 마무리했다. 후반 12분 토티가 발리 슛으로 한 골을 따라잡았지만, 레코바는 엄청난 위력으로 날아간 프리킥을 통해 경기를 끝내 버렸다. 로마는 이 시즌 세리에 A에서 겨우 두 번 졌는데 그 상대가 너무 나빴다. 선두 인테르와 로마의 승점 차는 3점으로 벌어졌다.

설상가상으로 토티가 잉글랜드를 상대한 A매치 평가전에서 근육 부상을 당했다. 토티는 남은 6경기 중 겨우 한 경기만 뛰었다. 나머지 경기에서 몬텔라가 토티를 대신해 해트트릭 한 경기, 2골 한 경기, 1골 한 경기 등 맹렬한 막판 득점포를 몰아쳤다. 카사노 역시 시즌 최종전이었던 토리노전에서 토티를 빼다 박은 쿠키아이오로 골을 넣는 등 대선배의 빈자리를 잘 채웠다. 바티스투타만 31라운드 파르마전에서 칸나바로에게 얼굴을 걷어차여 이탈했을 뿐이었다.

로마는 막판 4승 2무로 인테르를 앞질렀다. 그러나 유벤투스가 5승 1무로 치고 나오면서 역전을 당했다. 승점이 단 1점 차에 불과했다. 결국 스쿠데토는 유벤투스에게 되돌아갔고 로마는 2위, 인테르는 3위에 올랐다. 토티가 로마 소속으로 경험한 첫 준우승이었다. 그리고 2위라는 꼬리표는 은퇴할 때까지 토티를 집요하게 따라다닐 운명이었다.

## ___ 고군분투

　굴욕의 땅 한국을 떠나 이탈리아로 돌아온 토티는 2002/2003시즌에 거대한 짐을 져야 했다. AS 로마는 앞선 두 시즌 동안 북부의 강자들에게 밀리지 않고 영입 경쟁을 벌였다. 그러나 2002년 여름엔 스쿼드를 강화하지 못했다. 센시가 자금을 풀지 않은 탓이 컸다. 센시는 2002년 1월 FIGC 회장 선거에서 북부 세력의 벽을 넘지 못하고 낙선했다. 그는 시칠리아 섬을 대표하는 구단 팔레르모도 경영하고 있었지만 2002년 여름, 축구 사업가 마우리치오 참파리니에게 매각했다. 허리띠를 졸라매기 시작한 시기였다. 센시는 일찌감치 카펠로에게 "영입을 많이 할 생각은 없다"라고 선언했다. 로마는 아순상을 레알 베티스로, 자구를 베식타슈로 오히려 떠나보냈다. 대신 영입된 선수는 평범한 센터백 트라이아노스 델라스 정도에 불과했다.

　로마가 물색한 스타가 없는 건 아니었다. 카펠로는 유벤투스의 에드하르 다비즈를 주목했다. 카펠로가 밀란 감독 시절 영입했던 선수였다. 이때 다비즈는 마르첼로 리피 감독과 불화를 겪고 있었다. 그러나 영입 협상은 지지부진하다 결국 결렬됐다. 루치아노 모지 유벤투스 단장은 라이벌에 핵심 미드필더를 넘겨주면 안 된다는 결론을 내렸다. 토티가 공개적으로 다비즈 영입을 바란다는 인터뷰까지 했지만 소용없었다. 만약 이적이 성사됐다면, 콜로세움 콘셉트의 나이키 광고로 유명했던 다비즈에겐 꽤 흥미로운 시즌이 됐을 것이다. 그 대신 로마가 영입한 선수는 선수 생활의 끝물을 향해 가고 있던 펩 과르디올라였다. 그나마도 과르디올라는 반 시즌 만에 방출됐고, 겨울 이적시장을 통해 올리비에 다쿠르를 영입하며 겨우 아순상의 공백을 메웠다.

　칸나바로 영입 경쟁도 있었다. 광기 어린 과소비의 시대에서 먼저 떨어져

나간 파르마가 심각한 재정난을 겪고 있었기 때문에 칸나바로는 어느 팀으로든 이적할 확률이 높았다. 결국 칸나바로를 채간 팀은 2,300만 유로를 제시한 인테르였다. 카펠로는 2년 넘게 짝사랑했던 수비수를 결국 놓쳤다. 그리고 파르마는 한 시즌 뒤 파산하고 만다.

어쨌거나 지난 시즌의 베스트 멤버는 모두 유지됐기 때문에 카펠로는 개막 전 인터뷰에서 "4위를 예상한다"라고 말했다. 그러나 너무 낙관적인 예상이었다. 토티는 시즌 개막부터 잔부상을 달고 있었다. 9월 14일 개막전부더 지난 시즌 부진했던 경기들의 양상이 재현되기 시작했고, 로마는 1-2로 졌다. 바로 다음 경기는 챔피언스리그였다. 또 레알 마드리드를 만난 로마는 4-4-2 포메이션의 좌우 미드필더로 캉델라와 카푸를 배치하는, 사실상 6백 카드를 써서 로스 갈락티코스(Los Galacticos, 은하수)를 제어해 보려 했다. 그러나 피구, 지단이 만드는 득점 기회를 원천 봉쇄하는 건 불가능했다. 호세 마리아 구티와 라울 곤잘레스의 골로 레알이 올림피코에서 3-0 완승을 거뒀다. 로마는 세리에 A와 챔피언스리그를 오가며 초반 2무 2패에 그쳤다.

세 번째 세리에 A 경기였던 브레시아 원정에서 천신만고 끝에 첫 승을 거뒀을 때, 역시나 주인공은 토티였다. 로마의 토티와 브레시아의 바조가 벌인 에이스 대결은 토티의 완승이었다. 토티는 에메르손이 얻은 페널티킥을 깔끔하게 처리했고, 프리킥을 완벽한 코스로 꽂아 넣었다. 세 번째 골은 중거리 슛이었다. 공이 골대에 가까워질수록 떠오르는 듯 보이는 '라이징 패스트볼'이었다. 바조 역시 좋은 플레이를 했지만 토티의 영향력이 더 컸고, 로마는 3-2로 겨우 첫 승을 거뒀다.

토티는 다음 상대인 우디네세도 가볍게 요리했다. 몬텔라의 첫 골을 스루 패스로 어시스트한 토티는 후반전에 두 골을 직접 터뜨렸다. 특히 두 번째 골은 인상적이었다. 샌드위치 사이에 낀 햄처럼 집중 견제를 받던 토티는 크

2002년 챔피언스리그, 레알 마드리드의 스타들을 압도한 토티의 슛이
골문으로 들어가고 있다

로스를 머리로 살짝 띄운 뒤, 공이 지면에 도착하는 타이밍에 맞춰 터닝 발
리 슛을 날렸다. 힘과 기술이 조화된 멋진 플레이였다.

10월 30일, 토티는 거의 1년 만에 베르나베우로 돌아왔다. 좋은 플레이를
했지만 승리를 놓쳤던 기억이 아직 선명한 경기장이었다. 이번엔 달랐다. 토
티는 다시 한 번 지단, 피구, 라울, 호나우두를 모두 뛰어넘는 경기 지배력을
행사했다. 몬텔라와 수비수들이 투닥거리다 공이 뒤로 흐른 순간, 재빨리 달
려든 토티가 골대 구석으로 꽂히는 강력한 중거리 슛으로 득점했다. 이케르
카시야스뿐 아니라 누가 와도 막을 수 없을 슛이었다.

수비진에서는 37세 나이로 후반 막판까지 뛴 아우다이르가 감동적인
무실점 방어를 해 냈다. 두 레전드의 힘으로 로마가 1-0 승리를 거뒀다.
이탈리아 팀이 베르나베우에서 이긴 건 '그란데 인테르' 이후 35년 만의
일이었다.

토티는 바로 이어진 페루자와의 세리에 A 8라운드 경기에서 로마 통산 100호골을 달성했다. 코모와의 경기(중계권 협상이 늦어져 연기됐던 1라운드 순연 경기)에서는 1-1 상황에서 결승골을 터뜨려 승리를 이끌었다. 8라운드까지 8골을 넣은 토티가 득점 1위에 올랐다. 로마는 득점 기회 창출과 마무리 모두 토티에게 심각하게 의존하고 있었다. 로마 언론은 '토티시모(Tottissimo)'라는 신조어로 그의 맹활약을 묘사했다. '시모(-issimo)'는 최상급을 만들 때 쓰는 접미사다. 고유명사에 접미사를 붙이는 건 문법에 어긋나지만 군이 말하자면 '엄청나게 토티다운 토티'라는 뜻이었다.

그만큼 토티에 대한 의존도가 심하다는 건 로마의 한계였다. 토티는 피아첸차를 상대로 맹활약한 경기에서 무릎을 다쳤고, 로마는 토티 없이 치른 세 경기에서 2무 1패에 그쳤다. 온전한 컨디션이 아니더라도 토티를 복귀시켜야 하는 것 아니냐는 주장이 공공연하게 나올 정도였다. 토티는 치료가 끝나지 않은 11월 27일 아스널과의 챔피언스리그 2차 리그 첫 경기를 위해 그라운드로 돌아왔다. 그러나 토티는 카사노의 골을 어시스트하는 등 위협적인 슛과 패스를 날리기도 했지만 결정력이 부족했고, 로마는 티에리 앙리의 해트트릭에 당했다. 공격수들의 위력이 부족하면 그만큼 수비에 걸리는 부하가 심해졌다. 유벤투스와 가진 홈경기에서는 토티와 카사노 투톱이 한 골씩 넣었지만 거듭 실점하고 2-2 무승부에 그쳤다. 아약스에는 아직 애송이였던 즐라탄 이브라히모비치에게 골을 내주며 1-2로 졌다.

그중 12월 1일, 유벤투스를 상대로 한 경기에서 토티 인생 최고의 어시스트 중 하나가 나왔다. 토티는 이미 전반 12분 선제골을 넣으며 경기 분위기를 주도하고 있었다. 전반 44분 사무엘이 공을 줄 곳을 찾았다. 토티가 살짝 뒤로 내려가며 공을 받으려는 동작을 했다. 이때 토티를 따라 수비수 두 명이 끌려 나가며 순간적으로 유벤투스 수비에 균열이 생겼다. 토티는 사무엘의 패스를 자기 것으로 만들지 않았다. 오른발 바깥쪽을 살짝 스치게 만드는 것만으로 카사노에게 공이 가게 만들었다. 토티 특유의 힐 패스 기술이었다. 페라라와 파올로 몬테로가 정신을 차렸을 때, 카사노는 이미 그들의 등 뒤에서 골대를 향해 돌진하고 있었다. 부폰을 드리블로 제친 카사노가 공을 밀어 넣었다. 카사노는 토티에게 이리 오라고 손짓한 뒤 최고의 어시스트를 제공한 형을 격하게 끌어안았다. 카사노의 금빛 장발이 토티의 갈색 머리를 덮고 찰랑거렸다. 결과는 2-2 무승부였지만 이 장면은 많은 사람들의 뇌리에 남았다.

1월 말 로마는 바티스투타를 포기하고 인테르로 임대 보냈다. 대신 지난 시즌 키에보 돌풍의 주력이었던 마시모 마라치나를 임대했다. 괜찮은 판단이었지만 마라치나의 경기력은 기대에 못 미쳤다. 공격진 전원이 부상과 컨디션 난조를 겪으며 로마는 계속 고생했다. 챔피언스리그에서 일찌감치 3패를 당해 탈락이 유력해졌다. 코파에서는 비첸차에 2승을 거두고 준결승에 진출했다. 준결승 상대는 라치오였다. 로마는 더비 라이벌과 가진 준결승 1차전을 2-1로 잡아 냈다.

이 시즌의 하이라이트는 축구 바깥에서 시작됐다. 2003년 2월 25일, 위대한 배우 알베르토 소르디가 로마에서 태어나 로마에서 살다 82세 나이로 사망했다. 그는 냉소적인 코미디의 대가였고 로마다움을 가장 잘 나타냈던 인간으로 불렸다. 장례식을 위해 로마의 산 조반니 광장에 무려 25만 명이 몰려들었다. 지금도 로마를 찾는 사람들은 트레비 분수와 로마 팬숍 옆에 있는 알베르토 소르디 백화점에 들를 때마다 그의 흔적을 만나게 된다.

로마 선수들은 소르디가 세상을 떠났다는 소식을 발렌시아에서 들었다. 챔피언스리그 원정경기에서 3-0 대승을 거둔 로마는 8강 진출 가능성을 조금이나마 살렸다. 토티가 두 골을 넣었고, 에메르손의 쐐기골을 이끌어 내는 스루 패스까지 제공했다. 토티는 "이 승리와 골을 소르디에게 바친다. 그는 비범한 로마인이었다"라고 말했다. 이어진 엠폴리와의 홈경기에서 선수들과 관중들은 소르디를 위한 묵념을 했다. 이날도 토티는 골을 넣었다.

토티의 무릎 상태가 온전치 않은 가운데 시즌은 계속 이어졌다. 로마는 리그 24라운드에 열린 더비에서 1-1로 비겼다. 이어 아스널 원정을 떠났다. 이날 토티는 전반 22분 마틴 키언을 팔꿈치로 가격했다는 판정에 따라 퇴장당했다. 토티는 격렬한 몸짓으로 억울함을 호소했으나 소용없었다. 카사노의 골로 무승부를 거둔 로마는 실낱같은 희망을 남겨 뒀다. 그러나 로마는 슬럼프에 빠졌고, 토티 없는 아약스 원정에서 1-1 무승부에 그쳤다. 로마는 또다시 챔피언스리그 8강 진출에 실패했다. 이탈리아의 네 팀 중 조별리그에서 탈락한 건 로마뿐이었다. 이 대회에서 인테르는 4강에 진출했고, 유벤투스는 준우승, 밀란은 우승을 했다.

토티는 상쾌하지 못한 컨디션인 채 억지로 시즌을 끌고 가는 중이었고, 로마 팀 전체도 마찬가지였다. 그나마 코파 준결승 2차전에서 몬텔라가 억지로 밀어 넣은 골에 힘입어 또 승리를 거두고 결승에 올랐다. 시즌 막판 기억해야 할 경기가 있다면 5월 10일 열린 토리노와의 32라운드 정도가 될 것이다. 이날 스무 살 다니엘레 데로시가 데뷔골을 넣었다. 시즌 초부터 조금씩 출장하던 데로시는 엄청난 중거리 슛으로 자신이 토티와 함께 로마를 이끌어 갈 것임을 예고했다. 한 살 더 어린 알베르토 아퀼라니는 데뷔전을 치렀다.

코파 결승을 앞두고 코리에레는 '포르차 토티(Forza Totti, 토티 힘내라)'라는 문구를 1면 제목으로 골랐다. 카푸와 토티, 몬텔라, 리마가 모두 부상 중이었다. 주장이라도 빨리 회복해 결승에 나오길 바라는 헤드라인이었다.

결국 토티와 카푸가 이른 복귀를 결정했다. 결승 상대는 밀란이었다. 이날 로마는 완전히 밀렸다. 밀란도 1.5군에 가까운 멤버였지만, 시즌 내내 붕괴된 상태였던 로마가 더 무기력했다. 그나마 토티는 프리킥 선제골로 자기 몫을 했다. 발 바깥쪽으로 공을 차며 강하게 회전을 건, 강력한 슛이었다. 로마는 그 뒤로도 득점 기회를 노렸으나 크리스티안 아비아티의 엄청난 선방에 모두 막혔고, 아비아티를 피하면 골대에 공이 맞았다. 반면 밀란은 파누치의 실수를 유발해 가며 4골을 몰아쳤다.

코파는 홈 앤드 어웨이 방식으로 진행된다. 로마는 산 시로에서 열린 2차전을 통해 역전을 해야 했다. 이번에도 경기 초반의 주인공은 토티였다. 토티는 두 가지 다른 킥 테크닉을 통해 프리킥을 두 개 성공시키는 엄청난 활약을 보였다. 선제골은 발 안쪽으로 살짝 스핀을 걸어 공이 좌회전하게 만든 슛이었고, 추가골은 발 바깥쪽을 써서 공이 우회전하게 했다. 아비아티는 두 번째 킥에 손도 못 쓰고 당했다.

그러나 로마는 로마였다. 토티의 두 번째 골이 나오자마자 밀란은 히바우두의 헤딩골로 점수 차를 좁혔다. 로마 선수들은 안절부절못하는 특유의 태도를 보이기 시작했다. 카사노가 판정에 심하게 항의하다 퇴장당했고, 그라운드를 걸어 나가는 동안에도 계속 심판을 보며 중얼거렸다. 델베키오의 헤딩슛이 크로스바에 맞으며 점수 차를 벌릴 가능성은 더 줄어들었다. 토티까지 경고 누적으로 퇴장당했고, 인차기가 결국 동점을 만들어 버렸다. 로마는 시즌 마지막 경기를 단 9명으로 마치는 추태를 보였다.

리그 순위는 8위로 떨어졌다. 경기력도 엉망인 시즌이었다. 특히 공격 조합은 거의 매 경기 바꿔야 할 정도로 혼란스러웠다. 그러나 카펠로에겐 다음 시즌을 위한 영감이 찾아왔다. 토티와 카사노를 최전방에 조합했을 때, 두 선수는 서로 스루 패스를 교환해 가며 상대 수비를 쉽게 돌파해 냈다. 두 공격수는 같은 게이머가 조종하는 두 캐릭터처럼 완벽한 호흡으로 움직였다.

## ___ 새로운 로마의 상승세

이탈리아 축구가 화려해진 시기는 크게 1970년대와 1990년대로 구분할 수 있다. 1970년대 세리에 A에 자금이 마구 유입됐던 이유는 토토였다. 스포츠 예측 게임이 전국적인 유행을 타면서 축구 산업의 규모가 엄청나게 커졌다. 걷잡을 수 없이 성장하던 토토는 승부조작 사태라는 부작용을 통해 1980년대 초반 이탈리아 축구에 타격을 입히기도 했다. 1990년대에는 거대한 투자 경쟁이 일어났다. 밀란을 필두로 유벤투스, 인테르, 로마, 라치오, 피오렌티나, 파르마가 각각 연고지 사업가들의 의욕적인 투자를 등에 업고 급성장했다. 그러나 칼초는 수익이 나는 사업이 아니었다. 밑 빠진 독에 물을 붓던 사업가들의 재력은 로만 아브라모비치나 만수르와 같은 세계적 거부에게 못 미쳤다. 특히 단기간에 무리한 투자를 했던 파르마, 피오렌티나, 라치오 등은 타격이 컸다. 인테르, 밀란, 유벤투스는 워낙 유서 깊은 팀이고 팬층이 탄탄했기 때문에 그나마 오래 버틸 수 있었다. 로마는 그 사이에 있는 팀이었다. 2003년은 센시 가문의 자금줄이 본격적으로 말라 가던 때였고, 센시의 건강 상태까지 악화된 시기였다.

로마는 은행 보증이 필요했으나 한 차례 거절당했다. 세리에 A 참가 요건을 맞추지 못해 하마터면 퇴출될 뻔했으나 재신청 끝에 리그에 참가할 수 있었다. 로마 지역 은행인 카피탈리아에서 5,000만 유로를 대출해 급한 불을 껐다. 딱히 이적료 수익을 안겨줄 만한 선수도 없었다. 로마는 연봉을 줄이기 위해 선수단 규모를 축소했다. 아우다이르, 바티스투타, 푸세르, 쿠프레, 안토니올리가 모두 자유계약이나 임대 형태로 떠났다. 여전히 정상급 선수였지만 33세가 된 카푸도 재계약을 포기하고 아깝지만 밀란으로 옮겨 갔다. 그래도 아무런 영입 없이 여름을 넘길 순 없었다. 아약스에서 막 최고 유

**큰 기대 없이 영입되어 로마에서 최고의 활약을 펼친 만시니**

망주로 발돋움한 수비수 크리스티안 키부를 공공연하게 노렸으나 이적료 협상이 되지 않아 질질 끌다가 9월에 겨우 영입할 수 있었다. 10월에는 구단 매각설이 제기됐으나 센시 측이 부인했다.

이 시즌 팀에 가장 큰 영향을 미친 영입은 만시니였다. 브라질에서 꽤 유망주였던 만시니를 발디니 단장이 재빨리 영입했고, 2003년 1월부터 세리에 B에 있는 베네치아에서 뛰게 했다.

반 시즌 동안 이탈리아에 적응한 만시니는 형식적인 1,000유로 몸값에 로마로 이적했다. 이때까지만 해도 만시니는 별 주목을 받지 못했다. 세리에 B에서조차 실수를 많이 저질러 욕이나 먹던 신세였다. 그러나 로마로 온 만시니는 카푸를 뛰어넘는 강렬한 활약으로 모든 사람의 눈을 사로잡았다. 로마 선수 중 리그 경기를 가장 많이 소화한 선수가 바로 만시니였다. 그는 훗날 인터뷰에서 "카펠로는 지적이고 정확하고 정말이지 특별한 사람이었어요. 제가 만난 감독 중 최곱니다"라고 말했다.

지난 시즌 막판부터 서로를 이해하기 시작한 토티와 카사노는 이제 거의 뇌파를 공유하는 SF 영화 주인공처럼 완벽한 호흡을 보였다. 시즌 초반 로마는 여전히 트리덴테로 공격을 했다. 토티가 트레콰르티스타, 카사노가 세콘다 푼타를 맡았다. 문제는 프리마 푼타였는데 델베키오와 몬텔라가 모두 온전한 상태가 아니었기 때문이다. 특히 몬텔라는 당시 아내와의 이혼, 끊임없이 이어지는 부상 때문에 시즌 대부분을 걸러야 했다. 발렌시아에서 임대해 온 욘 카레브가 대안이었다. 감비아계 아버지, 노르웨이인 어머니를 둔 카레브는 아프리카의 유연함과 북유럽의 덩치를 모두 가진 선수였다. 195cm나 되는 키에 다양한 기술을 구사할 줄 알았다. 다만 결정력이 부족해 최고 수준의 공격수로는 발돋움하지 못했다.

반면에 만시니의 활약은 첫 경기부터 충격적이었다. 만시니는 우디네세와의 개막전에서 오른쪽 측면을 시원하게 돌파한 뒤 땅볼 크로스로 델베키오의 첫 골을 어시스트했다. 두 번째 경기에서 브레시아를 5-0으로 격파할 때도 도움을 하나 올렸다.

키부도 로마 전술에 빠르게 녹아들었다. 루마니아 태생인 키부는 19세부터 아약스에서 가장 세련된 축구를 익혔고, 네 시즌 만에 로마로 이적했다. 레프트백과 센터백을 모두 소화할 수 있었으며 공수 양면에서 균형 잡힌 선수였다. 키부는 브레시아전에서 왼발 프리킥을 깔끔하게 차 넣어 자신이 얼마나 기술적인 선수인지 한눈에 보여 줬다. 3라운드에 유벤투스를 상대할 때도 키부의 프리킥 득점이 나왔다. 두 경기 연속 프리킥을 수비수가 넣는다는 건 보기 힘든 일이었다. 유벤투스와의 경기는 제비나의 계속된 수비 실수로 어렵게 흘러갔지만, 경기 막판에 제비나가 기습적인 중거리 슛으로 부진을 만회하며 간신히 2-2로 끝났다.

여전히 2진급 선수들이 주로 출전한 UEFA컵에서 가장 관심을 모은 선수는 데로시였다. 데로시는 컵대회 위주로 기회를 받다가 나중엔 세리에 A 경기도 선발로 뛰었다. 시즌 첫 UEFA컵 경기 상대는 헝가리 구단 바르다르였는데, 데로시가 4-0 대승의 중심에 섰다. 문전으로 침투해 들어간 데로시는 골키퍼를 살짝 넘기는 쿠키아이오를 통해 득점했다. 토티를 연상시키는 플레이가 화제를 모으자 데로시는 "토티가 매주 일요일마다 보여 주는 것이잖아요"라고 말했다. 데로시는 그때까지 로마에 없던 인쿠르소레의 재능을 갖고 있었다.

시즌 초반 AS 로마의 상승세는 엄청났다. 지난 시즌 8위에 그친 선수단보다 약해졌다는 우려와 달리, 주전 선수들의 호흡과 조합은 물이 올라 있었다. 초반 4경기에서 12골을 몰아친 로마는 5라운드 시에나 원정에서 처음 0-0 경기를 했다. 11승 3무로 무패 행진을 하던 로마는 2004년 첫 경기였던 밀란과의 15라운드 경기에서야 처음으로 패배했다. 로마는 강력한 우승 후보였다. 로마 선수들은 토티, 카사노뿐 아니라 데로시에 만시니까지 다들 쿠키아이오로 상대 골키퍼를 골탕 먹여 대고 있었다.

6라운드에서 파르마를 꺾은 경기는 특별히 거론할 가치가 있다. 이날 토티와 카사노의 투톱이 처음 쓰였다. 공격 자원이 토티, 카사노, 카레브 셋뿐인 상황에서 UEFA컵을 병행하다 보니 카레브가 휴식을 취하는 날이 생겼다. 투톱은 그리 엄청난 위력을 보여 주지는 못했지만 카사노의 1골 1도움으로 무난한 2-0 승리를 거둔 경기였다.

시즌 초반 로마가 겪은 문제 중 하나는 캉델라의 부상이었다. 쿠프레가 임대로 떠나 있는 상태였기 때문에 전문 윙백 대체자가 없었다. 로마는 리마를 왼쪽 윙백으로 변칙 기용했다. 원래 수비형 미드필더지만 브라질 선수답게 최소한의 발재간을 가진 리마는 스리백의 왼쪽 윙백 역할을 어느 정도 수행할 수 있었다. 리마가 수비 위치 선정에 집중하고, 오른쪽 윙백인 만시니는 마음껏 공격에 가담하는 비대칭 전형이 만들어졌다. 11월 6일 열린 하이두크 스플리트와의 UEFA컵 홈경기에서는 키부까지 부상을 당했다. 이제 로마의 왼쪽을 책임질 선수는 리마 한 명뿐이었다.

로마는 11월 9일 열린 전반기 더비에서 가뿐하게 2-0 승리를 거두고 우승을 향해 계속 질주해 나갔다. 이때까지 플레이에 기복이 심했던 토티는 라이벌 의식이 심한 선수답게 비상한 집중력으로 경기에 임했다. 토티의 절묘한 연계 플레이, 프리킥, 중거리 슛 등 다양한 공격 루트가 이어지자 라치오 수비는 정신을 차리지 못했다. 치명적인 플레이는 좌우에 배치된 선수들이 맡았다. 오른쪽에서 카사노가 기습적인 프리킥을 올렸고, 니어 포스트에서 점프한 만시니가 공중에서 오른발 힐 킥을 시도했다. 만시니 본인의 가랑이 사이로 빠지는 슛은 마테오 세레니 골키퍼의 허를 찌르며 골망을 흔들었다. 만시니의 왼쪽 돌파에 이은 크로스를 에메르손이 마무리해 두 번째 골을 만들어 냈다. 경기가 끝난 뒤 토티와 카사노는 어깨동무를 하고 천천히 그라운드를 빠져나가다가 자신들을 향한 카메라를 발견하곤 손으로 키스를 날렸다. 축구가 마음대로 되는 선수들 특유의 개운한 표정이었다.

토티는 이어진 볼로냐 원정에서 또 한 번 엄청난 플레이를 했다. 코너킥 상황에서 뒤로 빠져 있던 토티에게 공이 날아왔고, 토티는 공이 지면에 닿기 전 발리 슛으로 마무리했다. 왼발 발리였다는 점이 특히 놀라웠다. 코너킥을 원거리 발리로 마무리하는 선수들은 종종 있지만 양발을 번갈아 쓰며 할 수 있는 선수는 아마 토티뿐일 것이다. 이날 로마는 카사노의 괴상한 상상력이 마음껏 발휘돼 4-0으로 승리했다. 펠리촐리 골키퍼는 3라운드부터 11라운드 레체전까지 리그 774분 무실점을 기록했다.

토티는 창의적이고 공격적인 동료들과 함께 기분 좋은 축구를 매 경기 펼쳐 나갔다. 11라운드 레체전에서는 카사노가 수비수들의 발을 땅에 붙여 놓는 절묘한 드리블 테크닉에 이어 아무도 눈치 채지 못하게 침투하는 에메르손에게 패스를 건네 탄성을 자아냈다. 12라운드에서 키에보를 상대할 때는 토티가 정확한 왼발 킥으로 노마크 상태인 만시니에게 스루 패스를 해 줬고, 만시니가 골을 터뜨렸다. 키부는 "우리 팀은 아약스처럼 플레이해요"라고 말했다.

크리스마스를 앞둔 12월 20일, 엠폴리를 상대로 토티의 아름다운 플레이가 또 다시 나왔다. 토티는 엠폴리 페널티 지역 오른쪽에서 공을 받았다. 볼 터치를 딱 세 번 하면서 문전의 상황을 빠르게 파악한 토티는 루카 부치 골키퍼의 머리 위에 틈이 있다는 걸 발견했다. 일반적인 쿠키아이오를 하기에는 어려운 각도였지만, 토티는 오른발의 안쪽으로 공을 절묘하게 들어올렸다. 부치가 손을 최대한 뻗어 봤지만 토티의 슛은 아슬아슬하게 부치의 위로 지나갔다. 토티는 "공이 카사노로부터 내게 왔을 때, 반사적으로 쿠키아이오를 준비하고 있었어요. 이건 팬들에게 보내는 크리스마스 선물입니다"라고 말했다.

로마는 15라운드에 밀란을 상대로 첫 패배를 당했는데, 이때 전술적으로 한계를 느끼게 된다. 늘 써 오던 3-4-1-2 포메이션은 밀란의 4-3-1-2 포메이션을 이기지 못했다. 카펠로는 전반전이 끝난 뒤 리마를 캉델라로, 카레브를 델베키오로 교체하며 전술 변화 없이 경기 양상을 바꿔 보려 했다. 그러나 네 명 모두 평점이 엉망진창이었다. 변화의 필요성이 제기되기 시작했다.

로마는 일단 승리 가도로 돌아왔다. 16라운드에 페루자를 1-0으로 꺾었다. 무려 28년 묵은 페루자 원정 무승 징크스를 깼다. 페루자는 심지어 1997년 강등을 당할 때조차 홈에서 로마는 잡고 떨어진 팀이었다. 로마는 고전 끝에 승리를 거두었다.

전반기 마지막 상대였던 삼프도리아는 토티에게 또 한 번 명장면을 선사했다. 토티는 하프 라인부터 돌파를 시작했다. 삼프도리아 수비수 사이에 난 길을 빠르게 찾아낸 토티는 대단한 트릭 없이 순식간에 공을 몰고 들어갔다. 두 명을 돌파하고 문전까지 간 토티는 거창한 동작으로 슛을 하는 척하며 골키퍼가 주저앉게 만들었다. 그리고 넓어진 골문을 향해 공을 툭 찍어찼다. 마라도나를 연상시키는 대단한 골이었다.

이 골을 허용한 골키퍼가 로마에서 임대를 간 안토니올리였다. 토티는 "안토니올리는 날 잘 알고 있었기 때문에 마지막까지 보고 움직이더라고요. 그래서 속임 동작으로 잘못 판단하게 만들었죠"라고 말했다. 안토니올리 입장에서는 토티가 쿠키아이오를 할 거라고 예상하기 쉬웠기 때문에 경솔하게 몸을 날리지 않았다. 그러나 토티는 그걸 꿰뚫어보고 슛 페인팅을 한 번 넣어 시간 차 공격을 했다. 토티의 두뇌가 거둔 완벽한 승리였다.

이즈음 오스카 델 칼초가 열렸다. 토티는 '올해의 선수'를 두 번째 수상했다. 일단 '올해의 이탈리아 선수' 부문에서 말디니와 비에리를 먼저 제쳤고, 최종 투표에서 '올해의 해외 선수'로 뽑힌 네드베트와 공동 올해의 선수로 결정됐다. 카사노는 '올해의 영플레이어'로 선정됐다. 토티는 2003/2004시즌이 끝난 뒤 자신의 두 번째 구에린도로를 수상하게 된다.

로마는 전반기를 1위로 마쳤다. 2년 전과 같았다. 이번에도 우승할 수 있을 거라는 유쾌한 예감이 올림피코에 흘렀다. 그러나 후반기는 로마 선수들의 예상과 다르게 흘러갔다.

## ___ 판타지스타가 둘

토티의 선수 생활이 말년에 접어들었을 때, 한 인터뷰어가 "20년이 넘는 선수 인생 중 가장 멋진 경기를 꼽아 달라"는 요구를 했다. 이 요구에 선뜻 대답할 수 있는 선수는 흔치 않다. 많은 선수들, 특히 한국의 이동국처럼 경력이 긴 선수들은 오래 고민해야 질문에 대한 답을 내놓을 수 있다. 대답은 흔히 예측 가능한 범위 안에 있다. 우승을 차지한 대회의 결승전이라거나, 멋진 골을 넣은 경기가 거론되는 것이 보통이다.

토티의 태도는 좀 더 유미주의적이었다. 토티는 가장 찬란하거나 진기록이 나온 경기를 꼽지 않았다. 대신 스스로 느끼기에 가장 아름다웠던 경기를 거론했다. 그 경기는 2004년 2월 8일 올림피코에서 열린 20라운드 경기였다. 상대는 유벤투스였다.

"로마에서 치른 경기 중 최고는 2003/2004시즌 홈에서 유베를 잡은 경기라고 생각해요. 카사노와 나는 거의 모든 패스를 성공시켰죠."

토티의 인생에 남을 경기가 된 데에는 그럴 만한 사정이 있었다. 전반기막판 들어 전술적 고민을 계속하던 카펠로는 어려운 상대 유벤투스를 맞아전술 변화를 주기로 했다. 로마는 키부, 사무엘, 제비나, 파누치 중 세 명을조합해 만드는 훌륭한 스리백을 갖고 있었다. 공격적인 오른쪽 윙백 만시니, 수비적인 왼쪽 윙백 리마가 상호보완적인 관계를 이뤘다. 다쿠르와 에메르손의 중원 조합도 훌륭했다. 세리에 A에서 가장 창의적인 토티와 카사노를동시에 보유한 팀이기도 했다. 그러나 뭔가 부족했다. 3-4-1-2 포진을 고수하기엔 자꾸 수비가 허약해졌다. 앞선 두 경기에서 우디네세, 브레시아와1무 1패에 그친 것이 카펠로의 고민을 깊게 만들었다.

해법은 전통으로 돌아가는 것이었다. 카펠로는 카레브를 선발 명단에서 제외하고, 대신 수비수를 한 명 추가했다. 이때부터 로마가 쓴 라인업은 일종의 4-4-2로 볼 수 있다. 다만 비대칭 포진이었기 때문에 흔히 생각하는 4-4-2와는 달랐다. 유벤투스를 상대로 로마 포백은 왼쪽부터 파누치, 키부, 사무엘, 제비나로 구성됐다. 왼쪽 풀백 파누치는 열심히 오버래핑을 한 반면 오른쪽의 제비나는 수비에만 집중했다. 그래서 파누치를 제외한 세 명이 변형 스리백을 만들 때도 있었다.

미드필드는 왼쪽부터 리마, 다쿠르, 에메르손, 만시니로 구성됐다. 측면 공격력을 가진 선수가 만시니 한 명뿐이라는 점이 특징이다. 리마는 원래 수비형 미드필더인 선수답게 중원 장악에 많은 도움을 줬다. 그럴 때 로마는 중원을 세 명이 점유하고, 만시니가 오른쪽 측면에서 자유롭게 공격하는 조합이 됐다.

이탈리아의 전통적인 전술 방법론 중 하나인 조나 미스타가 잘 적용된 형태다. 로마는 명목상 4-4-2였다. 사키가 개발한 현대적 4-4-2에서 포백과 미드필더들은 전원 지역방어를 해야 한다. 반면 카펠로가 보여준 4-4-2에서는 제비나와 키부가 상대 투톱을 대인방어하고, 사무엘이 그 뒤에서 리베로 역할을 할 수 있었다. 중원에서는 수비형 미드필더가 세 명이나 있었기 때문에 일반적인 4-4-2의 중앙이 두 명으로 구성되는 것보다 점유 능력을 높일 수 있었다. 사실 이런 장점을 생각하고 만든 전술 조합이라기보다 그때까지 로마가 갖고 있던 문제를 해결하기 위한 임시변통에 가까웠지만 효과는 생각보다 더 탁월했다.

로마가 가장 파격적인 점은 투톱이었다. 로마에는 프리마 푼타가 없었다. 토티와 카사노는 모두 세콘다 푼타에 가까운 캐릭터를 가진 공격수들이다. 두 공격수는 공중에서 우아하게 공을 받아 발등으로 사뿐 내려놓은 다음, 뒤통수에도 눈이 달린 것처럼 절묘한 패스를 날려 댔다. 그걸 경기 내내 아주

### 2003/2004시즌 20라운드 로마vs유벤투스 라인업

**유벤투스**

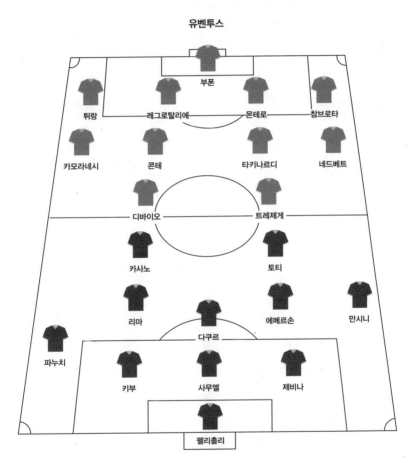

부폰

튀랑 — 레그로탈리에 — 몬테로 — 참브로타

카모라네시    콘테    타키나르디    네드베트

디바이오 — 트레제게

카사노    토티

리마    에메르손    만시니

다쿠르

파누치

키부    사무엘    제비나

펠리촐리

**AS 로마**

**토티 인생의 가장 아름다운 경기로 기억되는 유벤투스전의 두 주인공**

쉽게 해냈다. 토티와 카사노의 아름다운 볼 터치를 모은 다음 적당한 음악만 삽입한다면 축구라기보다 피겨스케이팅 페어 종목처럼 보일 것이다.

　로마와 달리 유벤투스는 전형적인 4-4-2였다. 이 포진은 공간을 점유하기에 가장 적합하다. 그러나 아무리 에너지 넘치는 선수들로 미드필드를 구성하더라도 어딘가에는 공간이 나기 마련이다. 토티와 카사노는 완전한 프리롤이었기 때문에 유벤투스 수비수들과 몸싸움을 하며 공을 따낼 필요가 없었다. 그라운드 어딘가에는 공간이 생성됐다가 이내 소멸하는 현상이 끊임없이 일어난다. 토티는 그 공간을 예측했고, 그리로 이동하며 패스를 받았다. 그리고 새로 생겨날 공간으로 토티가 패스를 보내면 카사노가 다가가 받아냈다. 그라운드 위의 흐름을 이해할 수 있는 천재적인 육감의 소유자가 두 명이나 있었기 때문에 가능한 패스워크였다. 상대 수비수들로선 환장할 노릇이었다.

　토티는 "카펠로 아래서 카사노와 함께 플레이할 때, 우린 명목상 스트라이커였지만 사실 공격형 미드필더로 뛰었어요. 마음대로 돌아다니라는 허락을 받은 두 명의 프리롤이었죠"라는 정확한 표현으로 당시 자신의 플레이를 묘사했다. 트레콰르티스타가 아니라는 건, 팀플레이에 대한 의무에서 해방됐다는 뜻이기도 했다. "공격수로 배치되는 건 집에 돌아온 것 같았어요. 더 전방에서 뛴다는 건 득점과 어시스트를 할 기회가 더 많아진다는 거고, 제가 처음부터 가장 좋아했던 거죠."

훗날 잠정 은퇴 시절의 카사노는 일종의 축구 평론가로 변신해 판타지스타가 어떤 존재여야 하는지 이야기했다. 그는 "판타지아는 대형과 패턴을 최우선으로 생각하는 감독들에 의해 소멸돼 버렸습니다. 그런 감독은 자신과 선수들을 어둠 속으로 밀어 넣어요. 판타지스타들이 간접적으로 감독과 동료들에게 문제를 야기하는 건 맞습니다. 경기에 덜 관여하니까요. 그러나 판타지스타는 승리를 가져다주고, 결과를 뒤집을 수 있는 존재잖아요. 나와 토티 같은 길거리 축구 선수들은 이제 없어요"라고 이야기했다. 이 말에는 자신이나 토티와 같은 선수에게 규율과 수비 가담을 강요하지 말아 달라는 메시지가 숨어 있다. 프리롤일 때 가장 즐겁게 공을 찼던 경험이 녹아 있는 분석이다.

전술적 배려를 통해 두 천재의 정신을 연결한 결과, 이날 토티와 카사노의 2대 1 패스는 유벤투스 선수들이 거의 건드릴 수 없을 정도로 자연스럽게 연결됐다. 두 공격수는 패스를 하는 척하다가 돌파를 했고, 공을 키핑하는 척하다가 원터치 패스를 했다. 유벤투스의 수비형 미드필더 안토니오 콘테가 토티의 뒤로 다가가 돌아서지 못하게 방해하면, 토티는 발의 오묘한 부위로 원터치 패스를 한 뒤 유유히 콘테의 옆으로 빠져나갔다.

골도 물 흐르듯 터졌다. 다쿠르가 코너킥 상황에서 중거리 슛을 성공시켰다. 여유까지 생긴 토티와 카사노의 예술 점수는 더욱 높아졌다. 토티의 엄청난 중거리 슛이 골대를 맞고 나왔다. 카사노는 스로인을 헤딩으로 받아 토티에게 건넸고, 토티는 원터치 공간 패스로 카사노가 돌파할 타이밍을 만들어 줬다. 카사노가 이때 얻어낸 페널티킥을 토티가 차 넣어 점수차가 2골로 벌어졌다. 카사노는 토티의 킥을 보지 않고 벤치에 가서 물을 마시다가, 환호성이 들리자 그제야 골대 쪽을 흘깃 바라보며 미소를 지었다. 그리고 괴상한 정신세계의 소유자답게 코치에게 물을 찍찍 뿌린 뒤 자기 자리로 돌아갔다.

토티와 카사노의 자유분방한 움직임을 도무지 제어할 수 없는 상황이 되자 콘테와 알레시오 타키나르디는 일단 걷어차고 보는 수비로 전환했다. 로마 선수들이 자꾸 그라운드에 쓰러졌다. 그 모습을 보는 유벤투스의 리피 감독은 줄담배를 뻑뻑 피워 댔다.

프리킥 상황에서 에메르손이 넘긴 크로스를 카사노가 대충 툭 차서 또 다시 골로 만들었다. 부폰은 고개를 떨궜고, 그 앞으로 상의를 벗어 제친 카사노가 질주했다. 카사노는 토티와 에메르손 등 동료 선수들을 불러 모아 둥그렇게 앉은 다음 다 같이 만세를 불렀다.

유벤투스는 겨우 페널티킥 하나를 얻어 냈지만 트레제게의 슛을 펠리촐리가 막았다. 이번엔 만시니가 오른쪽 측면 돌파에 이어 크로스를 올렸고, 노마크 상태였던 카사노가 다이빙 헤딩골로 마무리했다. 카사노는 흥분이 임계점에 이른 듯 코너 플래그를 발로 걷어찼다가 경고를 받았다.

토티는 이날 페널티킥으로 한 골을 넣었을 뿐, 그 외에는 어시스트조차 기록하지 못했다. 기록 위주로 사고하는 사람에게 이 경기는 그리 특별하지 않을 것이다. 그러나 토티에겐 가장 황홀하고 영감이 넘치는 경기였다. 토티는 4-0으로 경기가 끝난 뒤 "진정한 로마가 돌아왔습니다"라고 선언했다.

다만 이후 시즌은 유벤투스전만큼 막강하고 화끈하게 진행되지 않았다.

**유맨투스전에서 카사노의 골이 들어간 뒤
로마 선수들이 모여 대승을 자축하듯 인상적인 세리머니를 펼쳤다**

로마는 기복이 심했다. 최하위 안코나와 0-0으로 비겨 팬들을 실망시키더니, 시에나와 파르마를 상대로 총 10골을 퍼부으며 다시 공격 축구를 했다. 파르마를 꺾을 때는 캉델라가 라인업에 복귀하면서 더 완성도 높은 포진이 만들어졌다. 파누치보다 왼쪽 오버래핑 능력이 좋은 캉델라가 주전으로 배치됐다. 토티는 절묘한 스루 패스로 카사노의 골을 이끌어 냈고, 프리킥 상황에서 손도 대기 싫을 정도로 빠른 슛으로 득점을 올렸다.

3월로 막 접어들 때쯤, 다시 한 번 로마가 인수될 가능성이 제기됐다. 이번엔 현실적이었다. 러시아 정유사인 나프카 모스크바가 공식적으로 접근했다. 센시는 로마의 가격으로 4억 유로를 매겼다. 센시 자신에게 1억, 선수 영입에 투입할 자금으로 5,000만, 부채 탕감에 2억 5,000만 유로를 내라는 것이었다. 당시 로마의 부채는 3억 유로 정도였다. 나프타의 소유주 술레이만 케리모프는 결국 인수 시도를 멈추고 후퇴했다. 대신 그는 2011년 자국 구단인 안지를 인수하고 거스 히딩크 감독을 선임하게 된다.

26라운드에는 후반기 더비가 열렸다. 이 경기는 파행으로 이어졌다. 아직 어느 쪽도 득점을 하지 못하고 있던 하프 타임에 관중들이 술렁이기 시작했다. 로마의 어린 팬 한 명이 구장 밖에서 경찰차에 치여 죽었다는 헛소문이 퍼졌다. 후반전이 시작되자마자 로마 울트라스 대표자 몇 명이 맨 앞자리로 내려왔다. 토티가 경기인 대표로 그들과 이야기를 나눴다. 토티가 즉시 카펠로에게 전달한 말은 "지금 경기를 계속했다가는 저 친구들이 우리를 죽이려 들 겁니다"였다. 심판들은 실제로 아무 일도 일어나지 않은 경기를 중단할 순 없다며 이의를 제기했지만, 로마 축구팬들의 불같은 성미를 잘 아는 라치오도 토티의 뜻에 동의했다. 두 팀 울트라스는 곧 구장 밖에서 경찰 기동대와 싸움을 벌였다. 어둑어둑한 로마 시내 가운데서 불길이 오르고, 그 주위를 성난 청년들이 뛰어다니는 밤이었다.

로마는 후반기에도 부상자가 많이 발생했다. 미드필더들의 줄부상으로 중앙 미드필더 3명을 쓸 수 없게 됐을 때는 가에타노 다고스티노가 투입되기도 했다. 로마 유소년 팀 출신 다고스티노는 바리 임대를 거쳐 로마로 돌아왔고, 이 당시 UEFA컵 위주로 실전 경험을 쌓던 유망주 플레이메이커였다. 그러나 22세 다고스티노의 왼발은 공격에 큰 도움이 되지 못했다. 훗날 그는 우디네세로 이적한 뒤 레지스타로 변신해 짧은 전성기를 누렸고, 2009년에는 아주리에서도 활약하게 된다.

미뤄져 있던 더비는 30라운드와 31라운드 사이인 4월 21일에 열렸다. 로마와 선두 밀란의 승점 차가 9점이나 됐기 때문에 순연경기를 꼭 잡아야 했다. 더비답게 혼탁한 경기였다. 전반 40분 코라디가 라치오의 선제골을 만들었다. 후반 16분에는 토티가 열심히 공중볼을 따내려다 라치오 측의 파울을 이끌어 냈고, 페널티킥을 강력하게 차 넣어 동점을 만들었다.

토티는 동점골을 넣고 축구사를 통틀어 가장 독특하고 유쾌한 세리머니를 남겼다. 가까운 곳에 있는 중계 카메라로 달려간 토티는 카메라 감독의 자리를 잠시 빌렸다. 삼각대 위에 올려진 카메라를 180도 돌려 뷰파인더를 자신의 얼굴로 향하게 한 다음, 로마 팬들의 모습을 직접 촬영하는 시늉을 했다. 토티는 "제가 기쁨을 나타내는 방식이었죠. 환희에 찬 관중을 카메라에 담으려 했어요"라고 말했다. 경기는 더 이상 득점 없이 끝났다. 후반 35분 파비오 리베라니가 경고 누적으로 퇴장당한 것이 마지막 사건이었다.

31라운드에서 토티의 두 골에 힘입어 엠폴리를 3-0으로 꺾은 로마는 밀란과의 승점 차를 다시 6점으로 줄였다. 마침 다음 경기가 밀란 원정이었다. 토티는 "산 시로로 이기러 갑니다. 팬들께 우릴 따르라고 부탁할게요. 우승을 꿈꾸고 있습니다"라고 말했다.

그러나 후반기 맞대결에서도 로마는 밀란을 잡지 못했다. 로마는 토티와 카사노 투톱을 기용하는 유벤투스전 전술을 다시 꺼냈다. 막강한 팀이었지만, 밀란이 더 강했다는 것이 문제였다. 밀란은 이때 영입한 카카가 기존 선수들과 조화를 이루며 한층 빠르고 정교한 공격을 하는 팀으로 발전해 있었다. 카푸는 밀란의 오른쪽 공격을 도맡으며 로마 시절처럼 맹활약했다. 경기 시작 2분 만에 안드리 셉첸코에게 선제골을 내줬고, 그것으로 끝이었다. 로마는 경기 장악에 실패했다. 토티의 프리킥을 셉첸코가 명백히 손으로 건드린 장면이 있었으나 페널티킥이 선언되지 않은 점 정도가 억울할 뿐이었다. 밀란의 1위, 로마의 2위가 확정됐다.

로마의 남은 두 경기는 무기력한 1무 1패로 마무리됐다. 카펠로는 최종전에 유망주를 대거 투입하기도 했다. 토티는 아름다웠으나 트로피를 따내지 못한 시즌을 향해 마지막 명장면으로 작별 인사를 했다. 5월 9일 올림피코에서 열린 페루자와의 경기에서였다. 토티는 공격 방향을 등진 상태에서 롱 패스를 받았다. 그는 공중에 뜬 공을 뒤꿈치로 차서 띄웠고, 이 공은 쇄도하던 카사노에게 정확하게 연결됐다. 카사노가 슛을 하는 척하며 수비수를 제치고 특유의 무성의한 듯한 슛으로 골을 터뜨렸다. 로마의 시즌 마지막 골 역시 두 천재의 정신 교감에서 나왔다. 아름다운 팀 하나가 사그라들고 있었다.

토티와 카사노는 각각 시즌 20골과 14골을 터뜨렸다. 로마는 68득점 19실점으로 최다 득점, 최소 실점 팀이었다. 최다 골차 승리는 로마가 시에나를 상대로 기록한 6-0이었다. 그러나 결국 로마는 우승을 놓쳤다.

## ___ 마드리드보다 로마

2004년 1월, 만 27세였던 토티는 신체적으로나 기술적으로 완전히 전성기에 올라서 있었다. 토티는 분명 세계 최고 중 하나였다. 중앙 공격수로 본다면 뤼트 판니스텔로이, 앙리와 함께 최고를 겨룰 만한 실력이었다. 2선으로 본다면 갓 전성기에 돌입한 호나우지뉴, 여전히 뛰어난 실력이었던 라울 곤잘레스와 비교할 만했다.

그간 토티는 많은 이적 제의를 받아 왔다. 1999년과 2000년에는 맨체스터 유나이티드의 퍼거슨이 토티를 영입하기 위해 접근했다. 레알과 바르셀로나도 토티를 영입하려 했고, 토티는 나중에 "흔들렸다"라고 밝히기도 했다. 2004년 1월에는 첼시의 영입설이 있었다. 러시아의 석유 재벌 로만 아브라모비치가 3,600만 유로를 지불하고 토티를 데려가려 한다는 보도가 나왔다. 발디니 단장이 재빨리 나서서 "말도 안 된다"라고 일축했다.

로마를 가장 크게 흔들어 놓은 건 레알 마드리드의 영입 시도였다.

2004년 1월 말부터 레알이 3,500만 유로로 토티를 영입할 거라는 보도가 나오기 시작했다. 당시 레알의 로스 갈락티코스 정책은 스타 선수를 매년 한 명 이상 영입함으로써 화려한 이미지를 지속시키는 것이 핵심이었다. 원래 라울, 이케르 카시야스, 호베르투 카를로스가 있던 팀에 2000년부터 피구, 지단, 호나우두, 베컴이 1년에 한 명씩 합류했다. 이들과 비슷한 느낌을 줄 만한 초대형 공격수 영입이 필요했고, 레알은 토티에게 주목했다. 토티와 함께 리버풀의 오언, 맨체스터 유나이티드의 판니스텔로이, 아스널의 앙리도 물망에 올랐다.

레알은 토티의 플레이에 충분히 당해 왔기 때문에 따로 스카우트를 파견할 필요도 없었다. 2000/2001시즌 로마는 레알을 상대로 1무 1패에 그쳤지만 토티는 두 경기 모두 골을 넣으며 팀을 이끌었다. 2001/2002시즌 두 팀이 또 만났다. 이번 결과는 1승 1패였고, 로마가 1-0으로 이길 때 토티가 유일한 골을 득점했다. 즉 로마는 레알과 치른 4경기 동안 3골을 넣었는데, 그 모두 토티의 발에서 나온 골이었다. 토티는 바르셀로나와 발렌시아를 상대로도 맹활약하며 스페인 구단을 상대로 유독 강한 모습을 보여 왔다.

발디니는 이번에도 토티를 지키겠노라 선언했다. "공식적인 영입 제안은 없었습니다. 토티는 우리 팀을 떠나지 않습니다." 한편 로마와 밀접한 관련을 맺었던 에이전트 클라우디오 파스콸린은 토티의 몸값이 6,000만 유로 정도는 되어야 하며, 현재 토티와 앙리가 유럽에서 가장 뛰어난 선수라고 평가했다.

결국 겨울 이적은 성사되지 않았다. 그러나 토티에 대한 레알의 관심은 그 뒤로도 이어졌다. 로마의 지긋지긋한 재정난은 전 유럽에 소문이 난 상태였다. 적당한 금액만 제시한다면 로마 입장에선 완벽한 방어가 불가능했다. 겨울 이적시장이 닫힌 후 카펠로가 남긴 인터뷰는 당시 로마의 사정을 잘 반영하고 있다. "토티는 남을 거라고 생각합니다. 토티가 남길 바라고요. 그러나 이탈리아 사람들은 지단과 호나우두도 절대 안 떠날 거라고 생각했지만 결국 가 버렸죠. 확언할 수 있는 게 없네요. 로마는 재정 문제를 겪고 있습니다. 어려운 상황이에요. 그러나 해결할 수 있을 거라고 생각해요. 몇 달 전에는 토티와 에메르손을 묶어 거액에 영입하겠다고 한 구단이 있었습니다. 어느 팀인지는 밝히지 않을게요. 우린 거절했습니다."

시즌이 끝나가던 5월, 로마가 선수들을 여럿 내보내야 한다는 건 기정사실화됐다. 토티는 자신이 떠날 가능성을 일축한 채 팀 상황에 대한 인터뷰를 했다. "에메르손과 사무엘 중 최소한 한 명은 팔아야 하는 걸로 압니다. 에메르손을 대체하려면, 글쎄요, 다비즈가 이상적이겠죠. 얀쿨로프스키와 비에리를 영입할 수 있다면 좋을 거고요."

여전히 레알은 토티를 원했다. 그리고 토티가 훗날 밝힌 바에 따르면, 이즈음 이적에 필요한 구단 간 합의와 조건 조율이 모두 마무리됐다. 남은 건 토티의 결정뿐이었다. 토티는 결국 로마에 남길 택했다. 토티는 이후 여러 차례 인터뷰를 통해 로마에 왜 남았는지, 어떤 심경이었는지 밝힌 바 있다. 인터뷰를 할 때마다 토티의 말은 조금씩 바뀌었다. 어느 인터뷰에서 "나는 이적을 받아들였는데 상황이 틀어져서 로마에 남았다"라고 말하기도 했고, 나중엔 자신이 로마 잔류를 결정했다고 이야기하기도 했다. 이탈리아인들에겐 약간 구술문화적인 전통이 남아 있어서, 조금씩 말이 달라도 그러려니 하고 넘어가는 경우가 많다.

토티는 훗날 플레이어스 트리뷴에 보낸 기고문에서 레알의 영입 제안을 거절했던 순간을 돌아봤다. "아주 성공적인 팀, 아마도 세계에서 가장 강한 팀이 합류하라고 권한다면 누구나 그런 삶에 대해 생각해 볼 것이다. 나는 센시 회장과 이야기를 나눴고 그때 변화가 생겼다. 결국에는 가족과 나눈 대화가 나를 깨우쳐 줬다. 인생에서 중요한 게 무엇인지를.”

토티는 자신의 결정을 절대 후회하지 않는다고 여러 번 말했다. 이때 이후로 전성기가 지났기 때문에, 거액을 받으며 세계적인 팀으로 옮길 기회는 다시 오지 않을 터였다. 이때 토티가 포기한 건 무엇이었을까. 토티는 “만약 레알에 가기로 결정했다면, 유럽대항전 트로피 3개와 발롱도르 2개, 그리고 수많은 트로피를 더 탔을 것 같은데요”라고 말한 바 있다. 선수들의 몸값이 엄청나게 치솟은 2018년에 자신이 이적시장에 나온다면 2억 유로 정도는 할 것 같다는 농담도 던졌다. “저는 많은 우승을 포기하기로 했고, 대신 평생 단 하나의 유니폼만 입었어요. 저는 사랑과 정열의 대상이 됐고, 그게 여기저기서 수집한 우승컵보다 더 중요한 것이죠. 로마를 모든 것보다 우선시하니까요.”

그와 별개로 2004년 여름, 로마는 크게 무너졌다. 카펠로가 유벤투스로 떠나면서 에메르손, 제비나를 데려갔다. 사무엘은 레알로 이적했다. 에메르손과 사무엘 중 한 명만 떠날 거라는 토티의 예상보다 더 심각한 상황이 된 것이다. 이뿐이었다면 괜찮았겠지만 리마가 로코모티프 모스크바로 갔다. 2005년 1월에는 캉델라가 볼턴으로, 델베키오가 브레시아로 떠났다. 모두 주전급 선수들이었다.

로마는 키에보에서 페로타를 데려와 미드필드의 구멍을 메웠다. 파르마의 마테오 페라리, 프랑스 구단 옥세르의 필립 멕세를 영입해 센터백 라인도 새로 짰다. 옥세르는 멕세가 계약이 남은 상태에서 로마와 무단 계약을 맺었다며 법정 다툼을 벌였고, 결국 로마는 배상금을 지급해야 했다.

가장 중요한 카펠로의 후임자 자리도 오락가락했다. 처음 지휘봉을 잡은 감독은 앞선 시즌 파르마를 5위에 올려 놓은 체사레 프란델리였다. 그러나 프란델리는 아내의 건강이 급격히 나빠지자 투병을 돕기 위해 감독직

을 내려놓았다. 뒤 이은 감독은 한때 로마의 공격수였고, 감독으로서 독일의
2002 월드컵 준우승을 이끌었던 루디 필러였다. 아쉽게도 필러는 감독으로
서 저물어 가는 중이었고, 1무 4패 후 사임했다. 선수단을 전혀 장악하지 못
하고 카사노와 싸움을 벌인 결과였다. 다음으로 부임한 루이지 델네리는 비
교적 오래 지휘봉을 잡았지만, 이듬해 3월 3연패를 당하고 또 경질됐다.

델네리가 잘리고 선수 시절 로마 '레전드'였던 브루노 콘티가 지휘봉을
물려받았다. 프리마베라 감독이었던 콘티는 남은 시즌 팀을 잘 수습하라는
임무를 맡았다. 그러나 콘티는 수습조차 제대로 못 했다. 이때는 세리에 A가
18팀에서 20팀으로 확대됐고, 시즌 일정은 34경기에서 38경기로 늘어난 첫
시즌이다. 강등권 팀들이 엄청난 선전으로 중하위권 승점 차가 거의 없었다.
로마는 35라운드에 15위까지 떨어졌다. 결국 8위로 시즌을 마치긴 했지만
18위와의 승점 차가 3점에 불과했다. 챔피언스리그는 1무 5패로 조별리그
에서 탈락했다. 로마의 최근 역사를 통틀어 가장 부진했던 시즌이다.

부진한 가운데서도 역사는 쌓였다. 토티는 12월 19일 파르마전에서 세리
에 A 통산 107골을 넣었다. 1980년대 전설적인 공격수였던 로베르토 프루
초의 106골을 뛰어넘어 새로운 구단 기록 보유자가 되는 순간이었다. 토티
는 이 시즌에 프루초의 로마 소속 모든 대회 통산 139골 기록도 뛰어넘었다.

어려운 시즌을 어떻게든 버틴 건 선수들의 재능 덕분이었다. 건강을 되찾
은 몬텔라가 시즌 21골을 넣으며 날았고, 토티는 세컨다 푼타로서 12골을
지원했다. 로테이션 멤버인 카사노도 9골로 자기 몫을 했다. 키부가 잦은 부
상으로 라인업에서 자주 제외됐다는 점만 빼면 1군 선수들의 면면은 나쁘지
않았다.

토티와 카사노의 창의성은 공격 전술이 붕괴된 상황에서 근근이 득점 기
회를 만들어 갔다. 이 시즌 토티의 득점은 유독 개인 기량에 의존한 장면이

많다. 강력한 중거리 슛, 프리킥 득점이 이어졌다. 토티의 시즌 마지막 득점이었던 25라운드 리보르노전 골은 그중에서도 완전히 혼자 낳은 골이었다. 토티는 왼쪽 측면으로 빠져 상대 수비를 등지고 공을 받았다. 공격수들이 가장 싫어하는 상황이지만, 토티는 드리블 능력으로 주위에 있던 수비수들 사이를 빠져나간 뒤 문전으로 공을 끌고 가 강슛을 날려 성공시켰다.

그나마 로마가 희망을 본 유일한 요인은 코파였다. 로마는 처절한 과정을 통해 결승에 올랐다. 16강에서 시에나에 첫 경기를 내줬지만, 2차전을 5-1로 마치며 역전했다. 8강 1차전에서는 피오렌티나를 1-0으로 꺾었으나 2차전에서 0-1로 패배했고, 승부차기 끝에 겨우 살아남았다. 4강 상대 우디네세는 루치아노 스팔레티 감독의 지휘 아래 세리에 A 4위에 올랐던 강력한 팀이었다. 로마는 올림피코에서 1-1 무승부에 그쳤고, 원정에서도 막판까지 1-1로 비기고 있다가 후반 36분 토티가 결승골을 넣어 겨우 승리했다.

코파 결승 상대는 이때부터 로마를 사사건건 가로막게 되는 인테르였다. 흔들리던 로마와 달리, 인테르는 아드리아누라는 희대의 괴물 공격수를 앞세워 승승장구하는 중이었다. 토티와 카사노의 창의성이 인테르 수비에 아쉽게 막히던 중, 아드리아누가 엄청나게 먼 곳에서 날린 중거리 슛이 그대로 골망을 흔들어 버렸다. 엄청난 체격에 스피드, 킥을 겸비한 아드리아누는 당시 세계 축구가 주목한 괴물이었다. 잠시 후 제 마리아의 프리킥을 아드리아누가 헤딩으로 마무리하며 점수 차가 더 벌어졌다. 2차전에 아드리아누가 결장했지만, 미하일로비치에게 골을 내주고 쿠프레가 퇴장을 당하면서 역전은 물거품이 됐다.

코파에서 패배하자마자 TV 해설자 파브리치오 파일라가 "토티에게 들었는데, 그는 다음 시즌에 어디서 뛸지 모르고 있다"라며 이적을 암시하는 발언을 했다. 토티가 공식 기자회견장으로 내려오기까지 짧은 시간 동안 파일라의 말이 이탈리아 온라인에서 엄청난 화제를 모았다. 마이크 앞에 앉은 토티는 어떤 일이 일어나고 있는지 듣자마자 "파일라는 굉장한 거짓말쟁이다. 나는 10년 계약을 맺었고 행복하다"라고 거칠게 반격했다. 그는 표준 이탈리아어가 아니라 로마 사투리로 거짓말쟁이를 의미하는 카차로(cazzaro)라는 단어를 썼는데, 그만큼 감정이 격앙되어 있다는 걸 알 수 있는 부분이었다. 토티와 콘티가 파일라를 강하게 비난하자 이탈리아언론노조(FNSI)에서 공식 성명으로 대응하는 등 사건이 커졌다. 토티와 콘티는 명예훼손으로 고소당했고, 무혐의로 사건이 종결되기까지는 2년이나 걸렸다.

코파에서 패배한 나흘 뒤인 6월 19일, 토티와 일라리 블라시의 결혼식이 산타 마리아 인 아라첼리 성당(Basilica di Santa Maria in Ara coeli al Campidoglio)에서 열렸다. '천국 제단의 성모 마리아'라는 이름에 걸맞게, 로마의 일곱 언덕 중 가장 높은 캄피돌리오 언덕 위에서 도시 전체를 내려다볼 수 있는 곳이다. 관광객들은 주로 성당에 들어가지 않고 그 주변을 구경한다. 앞으로는 근대 이후를 보여주는 최고 관광지 베네치아 광장이 펼쳐져 있고, 뒤로는 제국 시대의 대표 유적인 포로 로마노가 보인다. 도시 전체의 경사에 걸맞은 장소였다. 시민과 관광객 등 수천 명이 운집한 곳에서 천주교식 예식이 진행됐다. 토티가 성당 안에서 신부를 기다리는 모습, 베일로 얼굴을 가린 채 등장한 블라시, 토티가 베일을 넘긴 후 마주보고 웃는 두 사람의 얼굴과 본식까지 모든 과정이 생중계됐다. 하객 중에는 왈테르 벨트로니 로마 시장도 있었다.

토티 가족은 흔히 이탈리아의 베컴이라는 별명으로 불렸다. 이탈리아 언론은 영국에 비해 축구 선수의 사생활에 관심이 없다. 그러나 토티와 블라시의 일상은 언론을 통해 노출되는 경우가 유독 많았다. 블라시가 빅토리아 베컴처럼 방송인 출신이라는 점 때문이기도 하고, 로마 연예계가 이탈리아의

**로마 도시와 수천 명의 축복을 받으며 토티는 결혼식을 올렸다**

도시 중에서 유독 극성스럽기 때문이기도 하다. 여기에는 토티의 친근한 이미지도 한몫했다. 토티는 로마 시민들이 우러러보는 신적 존재가 아니라 옆집 이웃으로서의 선수였다. 다만 토티는 영원히 로마의 스타로 남아야 하지, 평범한 로마인일 수는 없었다. 그는 한 인터뷰에서 "제 꿈은 스페인 광장에서 일라리와 카푸치노를 한 잔 먹는 거예요"라고 말한 적이 있다.

토티가 자신의 결혼식을 다루는 방식을 보면, 별 생각 없어 보이는 이미지와 달리 스스로 어떤 존재인지를 잘 이해하고 있다는 게 보인다. 결혼식 생중계로 인한 수익은 기부됐다. 토티는 이때부터 개인 에이전시이자 마케팅 회사인 넘버 텐(Number Ten)을 운영하고 있었다. 에우르(EUR) 지역에 사무실이 있는 넘버 텐은 토티 축구 교실을 비롯한 수익 사업과 장애 어린이를 위한 축구 캠프 등 다양한 자선 활동을 진행한다. 토티의 형 리카르도가 운영을 맡는다. 넘버 텐은 결혼식에 필요한 여러 이미지메이킹을 맡았다. 일라리는 이때부터 만들어 간 로맨틱한 이미지에 바탕을 두고 2008년 패션 브랜드 '네버 위드아웃 유'를 런칭했다. 토티는 로마의 상징이라는 자신의 이미지를 더 강화할 방법을 잘 알고 있었고, 그 이미지를 자신과 이웃의 이익을 위해 영리하게 사용할 줄 알았다.

토티의 삶을 돌아보며 수많은 사람들이 '그가 2004년에 레알 마드리드로 갔으면 어땠을까'라는 상상을 한다. 반면 로마에 남았기 때문에 토티의 위대한 경력이 가능했다고 말하는 사람도 있다. 일견 일리 있는 지적이다. 토티의 뒤를 이은 천재 공격수 카사노, 마리오 발로텔리를 보면 젊은 나이에 팀을 자주 옮기다 경력이 꼬이는 경우가 많았다. 토티는 그라운드에서 괴팍한 편이었지만 시간이 지나면서 점점 로마의 주장다운 절제력이 생겼고, 사생활 측면에선 로마의 아들답게 큰 문제를 만든 적이 없었다. 축구 선수들은 종종 미성숙한 상태에서 대중의 관심에 노출되곤 한다. 토티는 로마라는 거대한 가족의 품을 벗어나지 않았고, 로마는 토티가 한결 성숙한 남자로 성장할 때까지 보호하고 감싸 줬다.

---

### 토티 인사이드7
### 토티가 만든 완벽한 10번

토티는 2017년 9월 챔피언스리그 새 시즌을 맞아 UEFA가 내놓은 짧은 동영상에 출연했다. 전설적인 10번인 토티가 직접 세계의 여러 선수들을 조합해 완벽한 10번을 만들어 내는 내용이었다. 토티는 메시의 시야, 호날두의 오른발, 마라도나의 왼발, 지단의 기술을 조합했다. 그리고 마지막으로 토티 자신의 슈팅 능력을 합쳐서 완벽한 10번의 모습을 만들었다.

5

캄 피 오 네 델 몬 도

# CAMPIONE DEL MONDO

세계의 정상에 서다

## ___ 발목 부상

FIGC는 트라파토니에 이어 다시 한 번 백발의 감독에게 아주리를 맡겼다. 바로 마르첼로 리피였다. 포르투갈에서 창피를 당한 아주리는 큰 변화가 필요한 시점이었고, 리피는 단호한 사람이었다. 리피는 2001년 지단의 팀이었던 유벤투스를 부폰과 네드베트의 팀으로 리빌딩하면서 오히려 성적을 끌어올렸던 '개혁 전문가'였다. 2004년 8월, 리피는 첫 선수단에서 아주리의 스타 공격수들을 싹 지워 버렸다. 부상 중인 토티를 비롯해 델피에로, 카사노, 인차기, 비에리가 모주 제외됐다. 그중 델피에로는 비안코네리(Bianconeri, 흰색과 검정색이라는 뜻. 유벤투스의 별명)에서 리피와 맺은 인연 때문에 새 시대의 에이스가 될 것으로 기대를 받던 선수였다.

리피는 모든 걸 원점에서 시작하려 했다. 아이슬란드전의 파격적인 멤버들 대부분이 곧 아주리의 수준에 못 미친다는 게 들통났지만 루카 토니만은 달랐다. 토니는 2003/2004시즌을 세리에 B에서 보내며 30골을 넣은 선수였다. 2부 리그 공격수를 기용했다는 점에서 리피는 꽤 용감했고, 이 결정은 옳았다. 토니는 절묘하게도 월드컵 직전인 2005/2006시즌 31골을 몰아치며 48년 만에 가장 많은 골을 넣은 세리에 A 득점왕이 됐다. 그는 2006 독일 월드컵 예선에서 이탈리아 선수 중 가장 많은 4골을 넣고, 본선에서도 주전으로 활약하게 된다. 다만 아이슬란드를 상대로는 골을 넣지 못했고, 아주리는 레이카비크에서 0-2로 졌다.

토티 없이 시작된 월드컵 예선은 또 덜컹거렸다. 노르웨이, 몰도바를 각각 한 골 차로 어렵게 제압했다. 부폰은 "프란체스코에게 우리가 상대를 무너뜨릴 수 있도록 도와달라고 했습니다. 왜냐면 그는 위대한 선수고, 하나뿐인 선수고, 우리 팀에 도움이 될 선수니까요. 포르투갈에서 그는 실수를 했고 대가를 치렀어요. 이젠 우리 팀에 승리를 좀 선사할 필요가 있습니다"라며 공개적으로 토티의 복귀를 권했다. 토티의 복귀전이었던 슬로베니아 원정에서 0-1 패배를 당했지만, 이어진 벨라루스와의 경기는 4-3으로 이겼다. 토티는 페널티킥을 포함해 두 골을 넣으며 공격을 이끌었다.

이탈리아는 이후로도 그리 시원한 예선을 보내지 못했다. 2005년 6월에는 코파 결승전 때문에 로마와 인테르 멤버들이 제외된 월드컵 예선과 평가전을 치렀는데, 세 경기 모두 무승부에 그쳤다. 이탈리아는 총 10경기 중 7경기를 마친 시점에 노르웨이에 승점 2점 차로 추격당하고 있었다. 그러나 딱히 막강하다는 인상을 주지 못하는 가운데서도 본선 진출엔 문제가 없었다. 막판 세 경기를 모두 잡아낸 이탈리아는 조 1위로 본선 진출에 성공했다.

토티의 위기는 예선이 끝나고 나서 시작되었다. 아주리는 예선을 마친 직후인 2005년 11월에 네덜란드와 암스테르담에서 친선 경기를 가졌고, 토티도 물론 명단에 포함됐다. 그러나 피렌체에 위치한 FIGC의 축구센터, 일명 코베르치아노(Coverciano)에서 경기를 준비하던 토티는 근육 이상을 느끼고 로마로 돌아갔다. 친선 경기 이틀 전이었다.

이탈리아는 토티 없이 네덜란드를 3-1로 꺾었다. 아주리의 경기력을 칭찬하는 기사가 쏟아졌고, 그 사이에는 '아주리의 청사진에 토티는 없었다'라는 얄궂은 문장도 있었다. 아주리의 중심은 트레콰르티스타가 아니라 레지스타 쪽으로 옮겨져 있었다. 새로운 미드필드의 중심인 피를로는 전임자 차네티와 달리 경기 전반을 좌지우지하는 주인공에 가까웠다. 공격진의 토니, 질라르디노, 델피에로는 모두 피를로의 지휘를 받는 부품이었다. 꽤 절묘한 조합이었다. 토니와 질라르디노 모두 창의성과는 거리가 멀었지만 볼 키핑, 공간 침투 등 나름의 방법으로 공격 전개에 도움을 줄 수 있는 선수들이었다. 델피에로는 그 사이 공간을 활용하며 드리블과 킥으로 득점 기회를 만들어나갔다.

다음 친선 경기는 2006년 3월 1일이었다. 그리고 A매치를 겨우 열흘 앞둔 2월 19일, 토티는 선수 인생에서 가장 심각한 부상을 당했다. 엠폴리 수비수 리카르도 바닐리가 토티의 뒤에서 태클을 하다가 아킬레스건 쪽을 걸어찼다.

토티의 왼발 발끝이 지면에 걸려 있었기 때문에 충격이 고스란히 전해졌다. 토티는 즉시 쓰러져 교체를 요청했다. 들것에 실리기 전부터 양말까지 벗어 버린 모습이었다. 어쩌면 예견된 부상이었을지도 모른다. 토티는 이즈음 "너무 많은 수비수들이 내 뒤꿈치를 노리고 있어요"라고 공공연하게 하소연했다. 경기 직후 몬텔라가 "나도 그런 부상을 당해 봤는데 일단 트라우마가 생기면 영원히 갑니다. 서로 좀 존중해야 돼요"라고 수비 행태를 비판하기도 했다.

토티는 비골을 고정하기 위해 나사 8개를 박았다. 수술을 집도한 피에르 파올로 마리아니 박사는 "심각한 부상입니다. 2, 3개월 정도 회복 기간을 가

토티 인생 최악의 부상. A매치를 앞두고 당한 부상이었기에 타격은 더욱 컸다

져야 합니다"라고 말했다. 애매한 날짜였다. 회복이 예정대로 진행된다면 월드컵 참가엔 무리가 없을 것이다. 그러나 마리아니 박사는 최대한 긍정적인 전망을 내놓은 것이었고, 조금이라도 재활이 늦어진다면 월드컵 참가는 불가능했다. 마리아니 박사는 "토티를 월드컵에 보내기 위한 일정표를 짰습니다. 전망은 긍정적입니다"라고 브리핑했다.

아주리는 또 토티 없이 소집됐고, 이번 친선 경기의 상대는 월드컵 개최국 독일이었다. 경기는 네덜란드전보다 더욱 좋았다. 아주리는 4-1로 승리했다. 지난 11월과 비슷한 라인업이 또 가동됐다. 질라르디노, 토니, 델피에로가 모두 골을 터뜨렸다. 토티 없는 공격진이 잘 작동한다는 확실한 방증이었다. 아주리는 토티의 창의성 대신 단단한 미드필드, 빠른 속공, 확률 높은 크로스 플레이, 세트피스 상황에서의 제공권을 통해 득점해 나갔다. 코리에레는 '데로시가 가투소 대신, 델피에로가 토티 대신 자리를 차지했다'라고 썼다.

그러나 리피는 토티를 기다리고 있었다. 어쨌거나 아주리에서 가장 뛰어난 공격수는 토티였다. 특히 경기가 생각처럼 풀리지 않을 때 승부의 방향을 뒤집을 수 있는 선수는 토티뿐이었다. 토티의 상태는 전국적인 관심사가 됐다. 실비오 베를루스코니 총리까지 토티의 병원을 방문했다.

토티는 범국민적인 기대에 부응하기 위해 최선을 다했다. 이때 토티를 도운 건 전담 트레이너 비토 스칼라였다. 스칼라는 로마 토박이인 축구 지도자였다. 1989년 AS 로마에 합류했고, 1996년부터 1군과 함께 활동했다. 토티가 1군에 자리 잡은 시기와 대략 일치했다. 1999년부터 스칼라는 토티의 개인적인 건강과 컨디션 관리를 담당하는 역할을 맡았다. 팀 전체와 관련된 업무도 있었지만 대부분의 시간 동안 토티 한 명만 신경 썼다. 스칼라의 연봉은 토티의 계약 조건에 포함돼 있었고, 그는 이 역할을 위해 트리고리아에 개인 사무실도 갖고 있었다. 로마에서 토티가 얼마나 중요한 인물이었는지 잘 보여 준다.

스칼라는 늘 토티 옆에 붙어 있었다. 유로 2004 덴마크전 이후 토티에게 '무슨 짓을 한 거냐'며 왜 침을 뱉었냐고 물어본 사람도 스칼라였다. 토티 본인의 회고에 따르면 당시 상황을 제대로 기억하지 못했고, 스칼라의 말을 듣고 나서야 깜짝 놀랐다고 한다. 엠폴리전에서 토티의 발목이 꺾였을 때 구급차를 타고 병원까지 동행한 사람도 스칼라였다. 스칼라는 전담 치료사 실리오 무사와 함께 토티의 회복에 매달렸다. 이제 스칼라의 일은 로마를 넘어 이탈리아 전체를 위한 일이 됐다.

회복 속도는 완벽했다. 토티는 3월 중순 나사를 뽑았고, 곧 목발 없이 걷기 시작했다. 마리아니 박사는 4월 중순 토티를 진료한 뒤 "솔직히 많이 놀랐습니다. 예정보다 2주나 빠르게 회복했어요. 구단 의무진이 믿기 힘든 일을 해냈네요. 제 소견으로는, 토티는 회복됐습니다"라고 선언했다. 토티는

곧 훈련에 복귀했고, 스스로 "코파에는 출장할 수 있을 것 같아요"라는 인터
뷰를 했다.

5월 3일 인테르를 상대로 열린 코파 결승 1차전, 토티는 벤치에 앉는 데
성공했다. 빅 매치였지만 경기 결과보다 토티의 복귀가 더 화제를 모았다.
스팔레티는 토티를 무리하게 출장시키지 않았다. 토티는 그저 벤치에 앉아
서 경기를 지켜봤을 뿐이었지만 경기 전후로 카메라 세례를 받았고, 환하게
웃는 얼굴로 사진 기자들에게 엄지손가락을 들어 보였다. 토티는 감기 증세
로 한 경기를 더 거른 뒤 코파 결승 2차전에 교체 출장했다. 5월 14일의 리
그 최종전 역시 교체로 투입됐다.

이제 리피의 결정만 남았다. 토티의 건강엔 문제가 없지만 경기력은 미지
수였다. 토티는 지난 세 달 동안 겨우 91분을 소화한 선수였다. 이미 네덜란
드와 독일을 격파할 수 있는 아주리에 토티를 굳이 끼웠어야 할까? 오히려
팀의 조화를 해치지 않을까? 여러 의문이 쏟아졌다.


## ___ 칼초폴리

토티의 부상은 분명 큰 문제였지만, 가장 큰 문제는 아니었다. 토티가
다칠 즈음부터 이탈리아 축구계는 사상 최대 스캔들의 소용돌이에 휘말려
들어가고 있었다. 칼초폴리(Calciopoli)라고 불리는 스캔들이다.

토티가 부상을 당하기 직전, 데르비 디탈리아(Derby d'Italia, 인테르와 유벤투스의
더비 매치)에서 1-2로 패배한 인테르가 유벤투스의 부정 의혹을 암시하는 발
언을 쏟아내면서 본격적으로 문제가 불거졌다. 심지어 가장 앞장서서 유벤
투스를 공격한 인물이 피구였기 때문에 파장이 컸다. 피구는 "유벤투스의 모

지 단장이 심판 대기실로 들어가는 걸 봤다"라고 주장했다. 마시모 모라티 인테르 회장도 "유벤투스는 늘 당연하다는 듯이 예외 취급을 받는다"라고 말했다. 유벤투스 측은 펄쩍 뛰며 오히려 피구를 제소하겠다고 나섰다. 이때 부터 승부조작에 대한 의혹이 서서히 퍼지기 시작했다.

의혹이 일단 대중 사이에 퍼지자 퍼지는 건 순식간이었다. 유벤투스는 4월 칼리아리를 상대로 한 골 차로 지고 있다가 추가시간에 간신히 동점골 을 넣었다. 동점이 될 때까지 주심이 종료 휘슬을 미룬 것처럼 보였다. 유벤 투스의 경기 후 기자회견은 미심쩍은 판정에 대한 질문 공세가 이어지는 청 문회처럼 변했고, 델피에로를 비롯한 스타 선수들이 해명하느라 진땀을 빼 야 했다.

사실 검찰은 이탈리아 축구계의 부패를 오래 전부터 주시하고 있었다. 여 기에는 제만이 어느 정도 영향을 미쳤다고 볼 수 있는데, 제만이 줄기차게 주장해 온 금지약물 복용 의혹이 초창기 수사가 이뤄진 발단이었기 때문이 다. 검찰은 모지 유벤투스 단장과 그 아들인 알레산드로 모지의 축구 에이전 트 회사 GEA 월드에 주목했다. 모지의 전화를 도청한 결과, 그가 유력한 심 판들과 통화하며 압력을 행사하는 듯한 대화를 찾아낼 수 있었다. 그뿐 아니 라 프랑코 카라로 FIGC 회장과 유력한 언론인, 스포츠 방송인들과도 광범 위한 영향 관계를 맺고 있다는 게 확인됐다.

축구인들끼리 친분을 쌓고 연락을 주고받는 것이 문제는 아니었다. 문제 는 모지가 꾸준히 압력, 회유, 그리고 선물이라는 이름의 뇌물 등 온갖 수단 을 통해 유벤투스의 이익을 이끌어 냈다는 점이었다. 친분을 넘어 유착 관계 로 보이는 정황이 너무 많았다. 모지는 유벤투스에 불리한 판정을 하는 주심 이 있으면 심판에게 전화를 하고, 유리한 판정을 하도록 배정을 바꾸라고 요 구할 수 있었다. 유벤투스에 불리한 오심 의혹이 불거질 것 같으면 TV 프로

이탈리아 축구 최악의 스캔들을 일으킨 유벤투스 전 단장 루치아노 모지

그램에서 다루지 않거나 유벤투스에 유리하게 다루라고 요구할 수도 있었다. 이는 한두 경기의 승부를 구체적으로 조작한 승부 조작 사건이라기보다, 이탈리아 축구의 어두운 유착 관계를 까발린 사건에 가까웠다.

이탈리아 선수단은 그 와중인 5월 15일 발표됐다. 아직 칼초폴리에 따른 구단별 징계도, 모지를 비롯한 당사자들의 처벌 수위도 정해지지 않은 시점이었다. 월드컵 준비가 혼란 속에서 시작됐다. 선수단 중 가장 많은 인원을 차지하는 팀은 하필 유벤투스였다. 그밖에도 처벌 대상인 밀란, 피오렌티나, 라치오 소속까지 합하면 과반수인 13명이나 됐다. 머리 모양을 자주 바꾸곤 했던 델피에로는 데뷔 이후 처음으로 삭발을 하고 소집에 응했다.

위기에 빠진 이탈리아는 우승 후보 목록에서 자연히 멀어졌다. 가장 주목받은 팀은 브라질, 잉글랜드, 독일, 아르헨티나 정도였다. 브라질은 4년 전 우승 주역인 호나우두, 호나우지뉴에 카카, 아드리아누를 더한 팀이었다. 잉글랜드는 웨인 루니의 성장과 함께 큰 기대를 받았다. 독일은 언제나처럼 우승 후보였고, 아르헨티나는 후안 로만 리켈메를 비롯해 세계에서 가장 공격진이 화려한 나라였다. 이탈리아와 프랑스는 대체로 5위에서 10위 사이, 즉 8강 전력 정도로 평가되는 그룹에 속했다.

이탈리아 축구의 역사를 꿰뚫고 있는 사람이라면, 칼초폴리가 오히려 아주리를 결집시킬 요인이라는 걸 눈치 챘을지도 모른다. 이탈리아는 대회 준비가 너무 순탄하면 오히려 자멸하고, 위기의식 속에서 대회에 임할 때 좋은 성적을 내는 변태 같은 기질이 있다. 그들에게 가장 중요한 건 심리전이다. 이탈리아 자신들의 집중력이 대회 내내 최고 상태로 유지되는 것이 전력 평가보다 더욱 중요하다.

1982년에도 그랬다. 이탈리아 축구계는 1980년 토토네로(Totonero)라고 불리는 승부 조작 사건으로 발칵 뒤집혔다. 성장 중이던 토토 사업이 각종 불법 행위로 번지는 걸 당국이 제때 단속하지 못한 결과였다. 밀란과 라치오가 강등되고 5팀의 승점이 감점됐다. 2006년의 스캔들보다 더 규모가 크다고도 볼 수 있었다. 승부 조작에 가담했다는 혐의를 받은 주요 선수 20명은 개인 징계를 받았다. 그중엔 아주리 최고의 프리마 푼타였던 파올로 로시도 포함돼 있었다. 로시는 2년 자격 정지 징계를 받았고, 거의 경기를 뛰지 못한 상태에서 1982 스페인 월드컵 주전 스트라이커로 발탁됐다. 대회 초반까지 이탈리아는 우승 후보 축에 끼지 못했다. 그러나 결과는 모두의 예상을 빗나갔다. 로시는 1982년 대회 득점왕을 차지하며 이탈리아를 우승으로 이끌었다.

2006년의 아주리 선수들도 대회 내내 거대한 긴장감과 싸워야 했다. 어떤 면에선 24년 전보다 훨씬 부담이 심했다. 칼초폴리는 여전히 진행 중인 사안이었기 때문이다. 심지어 스테파노 팔라치 검찰관이 유벤투스와 밀란의 강등을 비롯한 징계를 구형한 날은 대회 한가운데, 그것도 4강전 당일이었다. 선수들은 다른 어느 때보다도 더욱 악에 받친 태도로 신중하게 경기에 임했다. 경솔하게 팔꿈치를 쓰거나 침을 뱉는 행위 따위는 어느 선수에게도 허락되지 않았다. 퇴장을 당하는 선수가 발생하더라도 흔들리지 않고 끝까지 실리를 취하려 했다. 이탈리아는 유희적인 판타지아를 거의 잊어버렸다. 대신 모든 선수가 수단과 방법을 가리지 않고 이득을 취할 준비를, 즉 푸르보의 준비를 한 채 대회에 나섰다.

이런 분위기 속에서 토티를 둘러싼 환경은 또다시 변해 가고 있었다. 본선을 앞두고 이탈리아는 두 차례 평가전을 가졌다. 리피는 앞서 트라파토니가 겪었던 것과 같은 유혹에 휩싸였다. 두 판타지스타가 그라운드 위에서 공존하는 모습을 보고 싶다는 것이었다. 유로 2004와 마찬가지로 4-2-3-1 포메이션을 도입하고 델피에로, 토티, 카모라네시를 나란히 배치하는 안이 마지막 카드였다. 5월 31일 스위스를 상대로 델피에로와 토티가 나란히 투입됐다. 델피에로는 승부 조작 사태에 대해 "상처 입고 배신당했어요"라면서도 "나는 100%입니다. 토티와 함께 뛸 수 있어요"라고 말했다.

그러나 스위스전은 잘 풀리지 않았다. 가투소와 단 둘이서 중원을 맡은 피를로가 압박에 너무 취약했다. 역시 피를로 주위에는 중앙 미드필더 동료가 최소한 둘, 많으면 셋 정도는 있어야 했다. 그래야 피를로의 지휘에 따라 공을 돌리고 대형을 형성하며 경기를 주도할 수 있었다. 4-3-1-2나 4-3-2-1이 답이었다. 전술 실험과 별개로 토티는 풀타임을 소화하며 충분히 대회에 나설 수 있다는 걸 확인시켜줬다. 이어진 우크라이나전에서는 4-3-1-2 포진을 바탕으로 델피에로와 토티가 번갈아 뛰었는데, 0-0 무승부에 그쳤다.

아주리의 라인업과 콘셉트는 2년 전 대회와 완전히 달라졌다. 2000년부터 2004년까지 이탈리아는 창의적인 토티를 그라운드의 중심으로 설정했다. 아주리 선수들은 토티를 중심으로 공전했다. 2006년에는 팀의 중심이 피를로로 바뀌었다. 피를로 역시 2005/2006시즌 동안 저조한 경기력을 보여 우려를 낳았지만 리피의 선택은 변하지 않았다. 토티는 피를로의 중력권 안에서 다른 선수들과 호흡을 맞추는 일개 위성이 됐다.

토티의 고향 후배 데로시, 당시 로마에서 토티와 호흡이 좋았던 페로타, 아르헨티나에서 귀화한 오리운도(oriundo, 이탈리아계 재외 교포라는 뜻이다. 스포츠에서는 타국 출생이지만 이탈리아계 혈통을 따라 아주리를 선택한 선수들을 부르는 말로 쓰인다. 대부분 아르헨티나를 비롯한 라틴 아메리카 태생이다. 과거에는 대표팀을 바꾸는 것이 허용됐기 때문에 후안 알베르토 스키피아노는 우루과이에서, 오마르 시보리는 아르헨티나에서 각각 아주리로 대표팀을 옮기기도 했다) 마우로 카모라네시, 팔레르모의 좌우 수비수인 파비오 그로소와 크리스티안 차카르도 등 새로운 선수들이 다수 유입됐다. 부상당한 비에리 대신 토니가 주전 공격수라는 것도 물론 큰 변화였다.


## ___ 마침내 미드필더가 된 토티

이탈리아 선수들은 국가를 부를 때 유독 열정적인 모습으로 유명하다. 데이비드 베컴이 이들의 모습을 소셜 미디어에 올리며 "이게 국가를 부르는 제대로 된 자세"라는 촌평을 달 정도다. 눈을 감고 고래고래 열창하는 가투소와 부폰을 보면 경기에 몰입할 준비가 완벽하게 끝났다는 걸 알 수 있다. 토티역시 국가를 열심히 부른 편이다. 국가 '마멜리의 찬가'는 이탈리아 통일보다조금 앞선 1847년 작사·작곡된 노래다. 보통 대표팀 경기에서 불리는 1절은 '이탈리아의 형제들이여/ 이탈리아가 일어났도다/ 스키피오의 투구로/ 이탈리아의 머리를 묶었네/ 승리는 어디에/ 그대 앞에 머리를 숙이네/ 신이 승리를/ 로마의 종으로 만들었으니/ 우리 함께 뭉치자/ 우린 몸 바칠 준비가 되어 있다/ 이탈리아가 불렀도다'라는 평범한 가사로 이뤄져 있다.

그런데 2절을 보면 '우리는 수 세기 동안 짓밟히고 비웃음을 받았다네/ 하나의 국민이 아니어서, 분열되어서'라는 가사가 있다. 보통 국가들이 조국의 무궁한 발전을 기원하고 자랑거리를 늘어놓는 것과 달리, 이탈리아 국가에서는 갑자기 피해의식이 튀어나온다. 앞서 살펴본 것처럼 피해의식, 위기의식을 극대화할 때야말로 이탈리아의 잠재력은 최고로 발휘되곤 한다.

이탈리아의 월드컵은 세리에 A 올스타를 한 명씩 만나 격파하는 듯한 과정으로 진행됐다. 첫 번째 상대는 6월 12일 하노버에서 만난 가나였다. 이탈리아는 4-3-1-2 포메이션을 준비했다. 골키퍼 부폰과 센터백 파비오 칸나바로는 유벤투스 선수였다. 나머지 센터백 네스타와 수비형 미드필더 피를로는 밀란에서 맞춰 온 호흡을 그대로 가져왔다. 나머지 미드필더 자리는 데로시, 페로타, 토티 등 AS 로마 선수로 채워졌다. 최전방에서는 질라르디노와 토니가 호흡을 맞췄다. 세 명문 구단의 선수들을 잘 뽑아 중앙을 채운 선수 구성이었다. 부상 중인 잔루카 참브로타 대신 파비오 그로소, 크리스티안 차카르도가 좌우 수비를 맡았다. 둘 다 팔레르모의 2005/2006시즌 5위 돌풍을 이끈 주역들이었다.

아주리는 첫 경기부터 자신들의 스타일을 확실히 보여 줬다. 이탈리아는 가나를 압도하는 대신 아주 약간의 우세로 경기를 이끌어 갔다. 그런 가운데 수비수들의 완벽한 대인방어로 무실점을 거두고, 좋은 부분 전술과 심리전으로 득점하는 것이 아주리식 실리 축구였다. 이탈리아 축구의 정수가 펼쳐지기 시작했다.

토티가 아주리의 대회 첫 골을 어시스트했다. 토티의 코너킥을 피를로가 받았다. 피를로는 문전을 흘끗 본 뒤 막으러 오는 선수가 없자 그대로 중거리 슛을 시도했다. 선수들이 밀집된 공간을 통과해야 했기 때문에 누군가의 몸에 맞기 쉬운 공이었다. 이때 질라르디노가 필사적으로 몸을 날리며 공을 피했고, 결국 피를로의 슛이 골대 안까지 들어갔다. 대회가 잘 풀리기 시작했다. 후반 막판, 아주리를 본의 아니게 도와준 선수는 가나의 스타 수비수 사무엘 쿠푸어였다. 로마 소속인 쿠푸어가 안이한 백패스를 했다. 교체 투입된 공격수 빈첸초 이아퀸타가 공을 채가서 그대로 골을 터뜨려 버렸다. 이탈리아의 손쉬운 승리였다.

이탈리아는 카이저슬라우테른에서 미국을 상대로 첫 위기를 겪었다. 질라르디노가 선제골을 넣었지만 미국의 프리킥 상황에서 차카르도가 잘못 걸어낸 공이 이탈리아 골대로 들어가 버렸다. 그런대로 무승부 상황을 잘 운영해 나가던 전반 28분, 데로시가 로마 선수의 본능을 이기지 못하고 돌출 행동을 해 버렸다. 헤딩을 하려다 브라이언 맥브라이드를 팔꿈치로 찍었고, 그대로 퇴장 조치를 받은 것이었다. 맥브라이드가 피를 철철 흘리는 가운데 데로시가 항의를 해 보려 했지만 소용없었다. 이 반칙으로 그는 4경기나 징계를 받아야 했다. 결승이나 3위 결정전에야 경기에 나설 수 있다는 뜻이었다. 그는 나중에 "처음 며칠 동안 리피는 내게 말도 하지 않았다"라고 회고했다. 이탈리아로선 미국 선수 두 명이 따라 퇴장당해 준 것이 다행이었다. 엉망이 된 경기는 1-1로 끝났다.

조별리그 마지막 경기가 부담스러워졌다. 상대는 체코였다. 체코는 유로 2004 4강 팀이었고, 유벤투스의 핵심 멤버인 네드베트가 이끄는 팀이었다. 이탈리아가 이 경기에서 지고, 동시에 가나가 미국을 꺾는다면 이탈리아는 또 조별리그에서 탈락하는 운명이 될 수도 있었다. 킥오프 직전 두 팀 주장인 칸나바로와 네드베트가 긴장을 숨긴 채 환하게 웃으며 악수를 주고받았다.

**대표팀 은퇴를 번복하고 돌아온 네드베트와 토티의 대결이 펼쳐졌다**

우려와 달리 이탈리아의 경기 운영은 완벽했다. 토티의 정확한 코너킥이 마테라치의 헤딩골로 이어졌다. 토티는 동료들과 엉켜 세리머니를 하다가 부폰의 머리끄덩이를 잡고 흔들어 대더니 누워 있는 동료들을 무릎으로 찍으며 과격한 자축 의식을 치렀다. 전반 추가시간, 토티가 짧은 패스를 받고 볼 키핑을 시도할 때 얀 폴락이 뒤에서 토티의 다리를 걸어챘다가 두 번째 경고를 받고 퇴장당했다. 점점 16강이 가까워지고 있었다. 후반에 교체 투입된 인차기는 끊임없이 체코 수비라인을 들락거리며 네드베트와 토마스 로시츠키에게 거슬리는 플레이를 했고, 후반 41분 기어코 득점에 성공했다. 경기가 끝났다. 토티는 네드베트를 가장 먼저 툭 쳐서 위로해준 뒤 먼저 그라운드를 빠져나갔다. 유벤투스 선수들이 하나씩 네드베트에게 인사를 건네고 조별리그 통과를 자축했다. 네드베트는 국가대표 은퇴를 번복하고 돌아왔음에도 불구하고 아름다운 마무리를 하지 못했다.

체코를 상대로 이탈리아의 베스트 라인업이 마침내 정해졌다. 첫 두 경기를 4-3-1-2 포메이션으로 치른 리피는 체코전에서 미드필더를 한 명 늘려 4-3-2-1로 전형을 바꿨다. 공격수를 한 명으로 줄이고, 토티의 옆에 카모라네시를 추가 배치하는 포진이었다. 피를로가 레지스타로서, 토티가 트레콰르티스타로서 운영과 조율을 담당했다. 카모라네시, 페로타, 가투소는 플레이메이커의 주위를 부지런히 뛰어다니며 에너지를 불어넣는 업무를 담당했다. 좌우 수비수는 그로소와 참브로타로 고정됐고, 네스타의 부상으로 마르코 마테라치가 투입되면서 주전 수비진도 완성됐다.

이 월드컵은 토티가 공격수로서의 본능을 거의 완전히 자제하고, 팀에 소속된 부품으로서 역할을 다한 유일한 대회였다. 토티는 완전한 미드필더로서 활동했다. 공격형 미드필더에게 요구되는 적절한 공 순환과 전진 패스 배급 업무에 충실했다. 그만의 독특한 리듬을 발휘하기에는 컨디션도 온전치 않았거니와, 아주리 분위기가 그럴 상황도 아니었다. 토티의 플레이는 평소에 비하면 소박하게 느껴지기까지 했다. 그는 자주 후방으로 내려가 공격을 전개했다. 때로는 피를로가 토티보다 더 위로 드리블해 나가는 경우도 있었다.

이탈리아는 마침내 역사상 가장 뛰어난 공격형 미드필더와 수비형 미드필더가 서로 유연하게 조화를 이루는 팀이 된 것이다. 지난 20년 동안 칼초에서 가장 뛰어난 트레콰르티스타는 틀림없이 토티, 최고의 레지스타는 피를로였다. 두 선수의 컨디션이 조금씩 나빴다는 건 오히려 자신만의 리듬을

2006 독일 월드컵 이탈리아 베스트 라인업

고집하지 않고 서로에게 맞춰 줄 계기로 작용했다. 토티는 대회를 치르면서 경기 감각을 회복했고, 나중에는 특유의 원터치 패스로 득점 기회를 만들기도 했다.

다만 수비를 할 때는 토티의 애매한 몸 상태가 문제로 작용했다. 카모라네시가 이 문제를 해결해 줬다. 카모라네시는 측면과 중앙을 모두 소화할 수 있는 메찰라로서 공격할 땐 전진하고, 수비할 땐 측면으로 내려가 4-4-1-1 대형을 만들었다. 토티는 최소한의 에너지만 쓰면서 상대 수비형 미드필더 쪽을 견제하다가 동료들이 공을 따내면 바로 역습에 용이한 포지션을 선점할 수 있었다. 전형적인 트레콰르티스타의 플레이다.

그러나 호주와의 16강전에서 리피는 공격 전술을 다시 바꿨다. 훈련 캠프에서 불만 섞인 인터뷰를 남기곤 했던 델피에로가 16강 호주전의 공격형 미드필더로 낙점됐고 토니와 질라르디노가 투톱으로 나섰다. 앞선 평가전에서 좋은 경기력을 보였던 선수 조합이었다. 토티에 비해 공격수에 가까운 델피에로는 왼쪽 윙어처럼 활동했다. 질라르디노가 오른쪽으로 자주 빠지며 공격 루트가 중앙으로 편중되는 걸 막으려 노력했다.

호주와의 조우는 4년 전의 악몽을 떠올리게 만들었다. 호주는 히딩크 감독이 이끄는 팀이었고, 한국인들과 외모는 다르지만, 어쨌거나 아시아축구연맹에서 올라온 팀이었으며, 이번에도 16강이었다. 히딩크는 한국에서 겪은 경험을 통해 약팀을 세계 수준으로 올려 놓기 위한 전술적 해답을 찾은 상태였다. 바로 수비적인 3-3-3-1이었다. 당시 한국에서는 히딩크가 적극적인 압박 축구를 했다고 기억되고 있지만 국제적인 기준에서 본다면 한국은 전방 압박보다 수비에 훨씬 큰 비중을 둔 팀이었다. 3-3-3-1은 네덜란드 축구 고유의 포메이션 중 하나다. 히딩크는 이 포메이션을 숫자만 그대로 빌려와서 더 수비적이고 소극적인, 약팀의 이변에 걸맞은 버전으로 재창조했

다. 한국에서 유상철이 맡았던 역할을 호주에서는 팀 케이힐이 맡았다. 황선
홍의 자리는 마크 비두카, 박지성의 자리는 마크 브레시아노가 맡았다.

괜찮았던 경기 양상은 후반 5분 마테라치가 퇴장당하며 큰 위기로 치달
았다. 마테라치는 조금 전 케이힐의 팔꿈치에 맞고 화가 난 상태였다. 브레
시아노에게 슬라이딩 태클로 분풀이를 한 것이 화를 불렀다. 리피는 재빨리
네 번째 수비수인 안드레아 바르찰리를 투입하며 포메이션을 4-3-1-1로
맞췄다. 이탈리아 선수가 퇴장당하면서, 4년 전 한국전을 연상시키는 요소
가 또 생겨 버렸다. 그래도 칸나바로가 일생일대의 존재감을 발휘하며 영웅
적인 수비를 해낸 덕분에 이탈리아는 실점을 면할 수 있었다. 이탈리아는 수
비수 네 명과 미드필더 세 명만으로 완벽한 그물을 짰고, 공이 문전으로 날
아오면 칸나바로가 다 끊어 버렸다.

불안하기 짝이 없던 후반 30분, 토티가 델피에로 대신 투입됐다. 이탈리
아의 마지막 교체 카드였다. 토티는 투입되자마자 수비 셋을 끌어당긴 뒤 좋
은 패스를 빼 줬으나 페로타의 슛이 수비수에게 맞았다. 잠시 후에는 토티가
코너에서 특유의 힐 패스로 기회를 만들었으나 참브로타의 크로스가 아슬
아슬하게 득점으로 이어지지 않았다. 경기는 막판으로 가면서 조금씩 빨라
지고 있었다. 후반 추가시간 페로타, 토티, 가투소, 피를로, 이아퀸타가 모두
관여해 우아한 공격 전개를 펼쳤지만 피를로의 슛이 수비수에게 맞았다.

한 명이 많은데도 수비적으로 나오는 호주는 영 뚫기 어려운 팀이었다.
그리고 추가시간이 2분 40초 흘렀을 때, 토티가 이 경기 최고의 패스를 성공
시켰다. 중앙선에서 공을 받은 토티는 호주의 압박을 피하려 등을 지고 있다
가 왼쪽을 흘끗 봤다. 그로소가 은근슬쩍 측면 공격이 가능한 위치까지 올라
가 있었다. 다급한 상황에서 나오는 토티 특유의 왼발 롱 패스가 완벽한 궤
적을 그리며 연결됐다. 그로소는 공을 받자마자 브레시아노를 돌파했다. 페

**토티가 이탈리아 대표팀을 8강으로 인도할 페널티킥을 차고 있다**

널티 지역 안으로 들어간 그로소에게 루카스 닐이 섣부른 태클을 했다. 그로 소는 굳이 피하지 않았다. 닐의 다리에 자연스럽게 걸려 넘어지며 페널티킥 을 얻어 냈다. 필드에서 호주 선수들이 항의를 하는 동안 가투소는 물을 마 시며 히딩크와 담소를 나눴다.

페널티킥을 차기 위해 선 토티는 어느 때보다 진지한 표정으로 골대를 응 시했다. 6년 전 쿠키아이오를 하겠다고 예고할 때의 본능적인 모습은 없고, 푸른 눈을 빠르게 굴리며 어디로 차야 확실할지 고민하는 사람이 있었다. 토 티는 가장 자신 있는 왼쪽을 향해 냅다 킥을 날렸다. 마크 슈왈처 골키퍼가 방향을 눈치 채고 몸을 날렸지만 간발의 차로 늦었다. 그리 구석으로 간 것 도 아니었지만 워낙 빨라 골키퍼가 막을 수 없는 공이었다. 이 골은 추가시 간이 4분 넘게 흐른 뒤에야 들어갔고, 곧 경기가 끝났다. 토티는 대전에서부 터 꾼 악몽에서 이제야 깨어났다.

8강에 오른 이탈리아가 이번에 만난 상대는 밀란의 스타 공격수 셉첸코였다. 셉첸코를 중심으로 결집한 우크라이나는 사상 최초로 월드컵 8강에 진출하며 신이 난 상태였다. 그러나 함부르크에서 열린 이 경기는 이탈리아가 가장 수월하게 치른 승부였다.

토티는 이날도 화려한 플레이를 하지 않았지만, 그의 창의성이 대승을 이끈 요인이었다. 참브로타가 토티에게 공을 주고 오버래핑을 할 때, 토티는 기습적인 원터치 힐 패스를 시도했다. 토티를 견제하려고 달려오던 수비형 미드필더 안드리 후신이 당황하며 나자빠졌다. 뜻밖에 넓은 공간을 마주한 참브로타는 과감하게 왼발 중거리 슛을 날렸고, 이 슛이 골대 구석에 꽂혔다.

후반전에는 코너킥 키커를 맡은 토티가 그로소와 짧은 패스를 주고받은 뒤 정석적인 크로스를 올렸고, 토니가 정석적인 헤딩골로 마무리했다. 잠시 후 이탈리아의 역습을 토니가 마무리하면서 점수가 3-0으로 벌어졌다. 그 순간 사실상 경기가 끝났다. 이날 아주리는 후반전 운영과 체력 안배를 위해 카모라네시와 가투소를 빼고 시모네 바로네와 차카르도를 투입했다. 이로써 팔레르모 선수 4명이 동시에 월드컵 8강전을 누비는 특이한 상황이 만들어졌다.

4강전은 이 대회에서 가장 극적인 경기로 남아 있다. 도르트문트에 있는 베스트팔렌 슈타디온에서 개최국 독일과 이탈리아가 만났다. 아직 황금 세대가 등장하지 않은 독일은 미하엘 발락, 미로슬로프 클로제, 필립 람 정도를 제외하면 세계적인 수준에 오른 선수가 없는 팀이었다. 그러나 개최국이었고, 전력이 어찌 됐건 승리를 거두는 독일 축구의 오랜 전통이 곧 저력이었다. 이 대회에서 가장 아름다운 팀이었던 아르헨티나도 8강에서 독일에 덜미를 잡혔다.

이탈리아와 독일 모두 기회비용을 최소화하는 걸 전제로 소극적인 공격만 했기 때문에 확실한 득점 기회는 나지 않았다. 아주 길고 끈질긴 탐색전이었다. 후반전에 두 팀 모두 선수 교체를 통해 경기 양상을 바꾸려 했다. 이탈리아는 선발로 나온 토니 대신 질라르디노를 투입했다. 독일은 팀 보로프스키와 베른트 슈나이더를 차례로 빼고 차세대 천재 바스티안 슈바인슈타이거와 엄청난 스피드의 보유자였던 다비드 오돈코어에게 희망을 걸었다. 그러나 어느 쪽도 경기를 뒤집지 못했고, 결국 연장전이 시작됐다.

연장전에서 리피는 뜻밖에도 공격을 대폭 강화하는 선택을 했다. 연장전이 시작되자마자 카모라네시 대신 이아퀸타를 넣었다. 미드필더를 빼고 공격을 늘리는 조치였다. 연장 전반이 끝나갈 때쯤, 페로타를 빼고 델피에로를 넣는 것으로 파격이 완성됐다. 이탈리아는 오래 꿈꿔왔던 4-2-3-1로 돌아갔다. 토티가 중앙 공격형 미드필더, 델피에로가 왼쪽 윙어를 맡는 선수 배치였다. 부담이 늘어난 가투소는 부랴부랴 후방으로 내려가 빌드업에 관여하기 시작했다. 그러나 아주리의 과감한 카드는 그만큼 수비가 얇아졌다는 뜻이기도 했다. 델피에로가 미처 수비로 복귀하지 못한 사이 오돈코어가 크로스를 했고, 포돌스키의 헤딩이 골대를 빗나가는 아찔한 장면으로 연장 전반이 끝났다.

연장 후반의 첫 득점은 이 대회에서 나온 가장 절묘한 장면 중 하나였다. 델피에로의 코너킥이 제공권 싸움을 거쳐 한 발 뒤에 있던 피를로에게 연결됐다. 피를로는 딱 2초 동안 공을 키핑하며 독일 수비수들이 모두 자신을 쳐다보게 만들었다. 그리고 크리스토프 메첼더의 옆으로 짧은 스루 패스를 찔렀다. 그로소가 조용히 도사리고 있던 공간이었다. 그로소의 논스톱 슛이 골망을 가르며 승부가 흔들리기 시작했다.

그리고 경기 종료 직전, 토티를 비롯한 이탈리아의 핵심 멤버들이 조금 일찍 경기를 끝내 버렸다. 독일이 크로스로 공격하자 칸나바로가 엄청난 점 프로 공을 따내더니, 이 공을 주우려던 포돌스키에게 돌진해 다시 한 번 공 을 빼앗아 냈다. 공은 토티의 앞으로 굴러왔다. 토티가 재빨리 스루 패스를 했고, 질라르디노가 전방으로 돌진하며 수비수들과 대치했다. 이때 왼쪽으 로 달려간 델피에로가 질라르디노의 절묘한 패스를 받아 특유의 오른발 감 아차기로 골을 터뜨렸다. 즉시 이탈리아의 승리를 알리는 골이었다. 조금 자 란 머리를 다시 빡빡 밀고 경기에 임했던 델피에로는 칼초폴리가 주는 중압 감, 벤치 신세가 주는 욕구 불만을 이 한 순간에 모두 해소하며 짐승처럼 포 효했다. 토티를 비롯한 동료들이 웃으며 달려드는 순간에도 델피에로는 기 쁘다기보다 흥분한 표정이었다.

## ___ 지단과 벌인 마지막 대결

세리에 A 올스타를 하나씩 격파하고 개최국까지 꺾은 이탈리아는 유 벤투스 소속 선수가 세 명이나 되는 나라와 결승에서 조우했다. 바로 프랑스 였다. 결승에서 카모라네시는 파트리크 비에이라와, 델피에로는 릴리앙 튀 랑과, 칸나바로는 다비드 트레제게와 승부를 벌였다.

프랑스는 우승할 때마다 이탈리아를 꺾은 팀이다. 1998 프랑스 월드컵 8강전, 유로 2000 결승전에서 모두 프랑스가 승리해 대회 우승을 차지했다. 2002 한일 월드컵과 유로 2004에서 번갈아 조별 예선 탈락을 당하며 망신 을 겪었고, 2006년 부활의 길목에서 다시 만났다.

토티와 지단은 또 결승에서 대결을 벌였다. 짧은 시간 동안 칼초를 양분 했던 라이벌의 재회였다. 토티가 트레콰르티스타로 뛰기 시작한 건 1999년이었고, 지단이 세리에 A를 떠나 레알로 간 건 2001년이었다. 단 두 시즌 동안 세리에 A를 대표하는 이탈리아인과 외국인 트레콰르티스타의 경쟁이 벌어졌었다. 오스카에서는 2000년에 토티가, 2001년에 지단이 수상했다. 세리에 A에서는 오랫동안 지단의 유벤투스가 최강자 지위를 지키고 있다가, 토티가 AS 로마를 이끌고 2000/2001시즌을 우승했다. 이탈리아 남부와 북부를 대표하는 두 트레콰르티스타를 비교하는 논평이 유독 많이 나왔던 것도 이들이 일종의 라이벌이었다는 걸 보여 준다. 이제 상황은 변했다. 토티는 로마에서 최전방 공격수를 소화하며 새로운 시대를 열어 가고 있었고, 지단은 이 경기를 끝으로 은퇴할 선수였다.

프랑스는 이탈리아가 상대해 온 팀들 중에서 가장 껄끄러운 팀이었다. 이 대회에 참가한 모든 팀 중 가장 완성도가 높았다고 봐도 될 것이다. 나이는 많지만 세계적인 기량을 인정받은 선수들이 은퇴 전 마지막으로 대거 참가한 대회였기 때문이다. 단단한 포백 앞에 비에이라와 클로드 마켈렐르가 버티고 있었고, 지단의 좌우에는 플로랑 말루다와 프랑크 리베리가 섰다. 말루다는 측면 공격과 중원 장악을 동시에 할 수 있는 선수였고 당시 유망주였던 리베리는 대회에서 가장 뛰어난 드리블러였다. 최전방에는 앙리가 섰다. 빈틈 없는 4-2-3-1이었다.

아주리는 초반부터 거칠게 달려들었다. 칸나바로가 앙리와 몸싸움을 하며 정신 못 차리게 만들었다. 참브로타는 비에이라에게 거친 태클을 했다가 경고를 받았다. 그러나 아주리의 아슬아슬한 노선은 곧 대가를 치렀다. 말루다가 이탈리아 문전으로 파고들 때 마테라치가 위협적인 동작을 하다가 발을 쓱 빼려 했다. 약간의 접촉만으로도 말루다는 넘어졌고, 페널티킥이 선언됐다. 지단의 파넨카 킥은 크로스바에 맞고 골대 안에 떨어졌다가 다시 튀어나왔다. 아슬아슬하게 득점이 인정됐다.

대회 내내 좌충우돌하고 다녔던 마테라치는 잠시 후 동점골을 터뜨렸다. 피를로의 코너킥이 올라왔을 때, 마테라치가 엄청난 점프로 193cm나 되는 비에이라를 제압하고 헤딩골을 성공시켰다. 마테라치는 이어진 코너킥을 또 위협적인 헤딩슛으로 연결하는 등 경기 내내 뜬 공에 대해 엄청난 존재감을 보였다.

서로 압박이 강한 탓에 경기는 잘 풀리지 않았다. 특히 이탈리아 빌드업의 중요한 부품인 카모라네시가 말루다, 비에이라, 마켈렐르 사이에 갇혔기 때문에 토티와 피를로로서는 공을 배급할 통로가 없었다. 결국 리피는 후반 16분 토티 대신 데로시를, 페로타 대신 이아퀸타를 투입하며 더 단순한 공격 루트로 전환을 꾀했다. 데로시는 출장 정지가 풀린 뒤 첫 투입이었다. 준결승이 끝난 뒤 리피로부터 "결승전에서 뛰게 될 테니 준비하고 있어"라는 귀띔을 들은 뒤였다.

연장전에 나온 이 경기에서 가장 유명한 장면은 푸르보가 어떤 것인지 잘 보여 준다. 그로소가 공을 걷어 낼 때 지단을 밀착 마크하고 있던 마테라치는 태연한 표정으로 뭔가 간단한 말을 지껄였다. 지단은 마테라치를 흘끗 보고 무시하려 했고 마테라치 역시 할 말만 한 뒤 자기 길을 떠나고 있었다. 그런데 지단은 갑자기 멈춰서 몸을 돌리더니 마테라치의 가슴팍을 머리로 들이받았다. 중계 카메라가 다른 곳을 보여 주고 있었기 때문에 어리둥절하던 세계의 시청자들은 잔디 위에 쓰러진 마테라치, 호들갑을 떨며 들어온 이탈리아 의무팀, 당장 카드를 줘야 한다고 주장하는 부폰, 그리고 지단이 어떤 일을 저질렀는지 보여 주는 리플레이 영상을 확인하며 경악에 빠졌다. 지단은 퇴장당했다. 어느 쪽도 골을 넣을 수 없을 것처럼 보였던 결승전, 그나마 주도권을 잡아 가던 쪽은 프랑스였지만 더 강한 건 마테라치의 세 치 혀였다.

승부차기에서도 이탈리아는 냉정하게 승리를 가져갈 줄 알았다. 파비앙
바르테즈는 마테라치와 데로시가 킥을 할 때 방향을 읽었지만, 강하고 정확
한 슛에 손을 대지 못했다. 반면 부폰은 한 번도 프랑스 키커의 킥을 예측하
지 못했다. 그러나 프랑스의 2번 키커 트레제게의 킥이 크로스바에 맞고 도
로 튕겨 나왔다. 트레제게에게 월드컵은 4년 전에 이어 또 악몽 같은 대회가
됐다. 트레제게가 세 차례나 되는 월드컵에 참가해 넣은 골은 아무도 기억하
지 못하는 1998년 조별리그 득점 하나가 전부였다. 대신 2002년과 2006년
에 골대를 맞혀 대는 모습은 모두의 기억에 똑똑히 남아 있을 터였다.

세리에 A 선수로만 구성된 아주리는 자신들의 리그가 역대 가장 큰 위협
에 처했을 때 어떻게든 세계 정상에 올랐다. 칼초폴리가 일종의 생존 본능을
자극했고, 아주리는 캄피오니 델 몬도(Campioni Del Mondo, 세계 챔피언)가 됐다.

토티는 우려를 딛고 모든 경기에 다 출장했다. 어시스트에 대해 공식 수
상은 없지만, 1골 4도움을 기록한 토티가 이 부문 1위를 차지했다. 독일 월
드컵에서 토티가 도움왕이었다는 사실을 잘 모르는 사람이 많다. 토티는 하
이라이트 장면에 좀처럼 등장하지 않았고, 조용히 팀플레이로 동료들을 도
왔기 때문이다. 또한 세트플레이 획득, 기점 패스 등 간접적인 기여까지 더
하면 이탈리아의 12득점 중 7골이 토티의 발을 거쳐 나왔다고 볼 수 있다.
토티는 FIFA 기술 연구팀이 선정하는 대회 올스타에도 포함됐다.

토티는 훗날 인터뷰에서 "제 경기력이 100%가 아니었던 것에 대해 미안
한 마음을 갖고 있습니다. 그러나 돌이켜 보면, 만약 누군가가 '단 30% 컨디
션으로도 월드컵 우승을 달성할 수 있어요'라고 예고했다면 제 좋은 모습을
보여 드리지 못할지라도 기꺼이 받아들였을 거예요"라고 말했다.

세리에 A에서 적으로서 치열하게 싸워 왔던 토티와 리피는 월드컵이 끝
난 뒤 서로에 대한 감사와 치하를 주고받았다. 토티는 "리피에게 할 수 있는

**마침내 월드컵을 들어 올린 토티.**
**몸 상태가 좋지 않았음에도 대회 도움 1위를 기록하며 팀에 기여했다**

말은 고맙다는 것뿐이에요. 그는 제가 회복할 거라 믿어 준 첫 번째 사람이었습니다. 그 점에 대해 개인적으로 특히 고마워요. 이런 팀의 일원이 된다면, 결승전에서 벤치에 앉더라도 불평할 수가 없죠"라고 했다. 리피는 시간이 흐른 뒤 "프란체스코는 지난 20년간 가장 뛰어난 선수 중 하나이며, 누구나 갖고 싶어 하는 선수입니다. 운 좋게도 저는 딱 적당한 시기에 토티를 갖고 있었죠"라고 말했다.


## ___ 아주리를 벗어나 로마로

아주리는 2006년 월드컵에서 7경기를 치르는 동안 단 2실점만 했고, 그것도 차카르도의 자책골과 지단의 페널티킥에 의한 실점이었다. 필드골

실점은 단 하나도 없었다. 놀라운 수비력이었다. 득점력이 좋은 팀은 아니었지만 매 경기 최소한 한 개 이상의 골을 넣었다. 그 중심에는 역시 칸나바로가 있었다. 월드컵 골든볼(MVP)은 준우승팀의 지단이 가져가 논란을 낳았지만, 그해 발롱도르를 칸나바로가 수상했다. 이 발롱도르 덕분에 칸나바로는 아주리의 상징으로 오래 기억될 수 있었다. 수비수가 발롱도르를 탄 건 1990년 수상자인 독일의 로타어 마테우스 이후 처음이었고, 공격 가담 능력이 아니라 순수한 수비력으로 인정받은 선수들만 따로 추린다면 1963년 소련 골키퍼 레프 야신 이후 최초였다.

칸나바로와 토티는 이 대회에서 기대 이상의 조화와 호흡을 보여 줬다. 두 선수는 세리에 A에서 공격수와 수비수로 만나곤 했다. 가장 자주 부딪치는 포지션인 동시에, 한쪽이 불쾌한 짓을 하지만 않는다면 가장 친해지기 쉬운 포지션이기도 했다. 칸나바로는 은퇴 후 인터뷰에서 "토티가 공격수일 때부터 그를 상대로 뛰었어요. 우린 경기 중에 수다를 떨 기회가 많았죠. 만약에 우리 팀 골키퍼가 킥을 하면, 공이 다시 이쪽으로 넘어올 때까지 기다리게 되잖아요. 그때 이것저것 농담을 주고받곤 했어요. 우리에겐 일상적인 모습이었죠. 토티는 굉장히 웃긴 사람이에요"라고 회고하기도 했다.

캄피오네가 된 직후 토티는 국가대표에서 은퇴하고 싶다는 뜻을 내비쳤다. "너무 자주 훈련해야 하고, 너무 큰 스트레스를 받으니까요. 이젠 가족에게 좀 더 집중해야 할 때라고 생각해요. 그렇다고 지금 떠나는 것 역시 어려워요. 은퇴할 확률은 반반이라고 생각합니다."

그 뒤로 거의 1년 동안 확실한 은퇴 선언은 하지 않았지만 토티는 이미 아주리에 선발되지 않고 있었다. 마침내 2007년 7월, 토티는 기자들을 불러 모아 대표팀에 대한 입장을 밝히기로 했다. 장소는 그에게 가장 익숙한 트리고리아였다. 토티는 대표팀 생활을 계속 할 수 없다고 선언했다. 가장 큰 이유는 몸 관리를 위해 경기 수를 줄여야 한다는 것이었다.

"미안하지만 건강이 제일 중요해요. 무릎, 발목, 등에 모두 이상이 있습니다. 로마와 아주리 유니폼을 입고 모두 활약하는 건 불가능해졌어요. 뭔가 포기해야 할 때가 와 버렸고, 그렇다면 제가 포기할 것은 대표팀입니다. 왜냐하면 로마를 포기할 수는 없으니까요. 로마가 우선이에요."

토티의 아주리 경력은 8년이다. 그 정도로 뛰어난 선수라면 10년 이상, 심지어 20년 가까이 대표 생활을 하는 경우도 있다는 걸 감안하면 퍽 짧은 기간이었다. 첫 메이저 대회인 유로 2000을 통해 국제적인 스타가 된 토티는 한국과 포르투갈에서 두 차례 몰락을 경험했다. 마지막 대회에서 비록 주인공은 아니었지만 동료들과 힘을 합쳐 아주리의 영광을 이뤄 냈다.

토티의 시대는 아주리에 뛰어난 공격 재능이 잔뜩 쏟아진 황금기였다. 토티는 뛰어난 프리마 푼타인 인차기, 비에리, 토니와 차례로 호흡을 맞췄다. 그가 트레콰르티스타일 때는 세콘다 푼타 델피에로와 공존하기 위해 노력했으나 늘 노력은 수포로 돌아갔고, 두 천재는 번갈아 뛸 때 가장 경기력이 나왔다. 이탈리아는 1970년대 지안니 리베라, 알레산드로 마촐라 시절부터 두 천재를 번갈아 기용하는 독특한 선수 활용법을 시도했던 팀이었다. 독일 월드컵에서도 토티가 선발로 뛰고 후반에 델피에로가 가세했을 때 개최국을 꺾을 수 있었다.

마지막에 가서야 토티는 그를 상징하는 포지션인 트레콰르티스타 자리에서 성공을 거둘 수 있었다. 앞서 살펴본 것처럼 세리에 A의 위대한 트레콰르티스타 중엔 이탈리아인보다 외국인이 훨씬 많았다. 전술의 틀 안에서 생각해야 하는 이탈리아 선수들의 전통을 감안하면, 트레콰르티스타에게 필요한 의외성과 이질성은 외국에서 수입해 오는 편이 더 쉬웠다. 토티는 이탈리아의 엘리트 선수 중에서도 독특한 존재였고, 공격수도 미드필더도 아닌 위치에서 아주리의 영광에 기여할 수 있었다. 그리고 월드컵 우승 즈음, AS 로마의 토티는 세계 축구사에 영향을 미칠 만한 특이한 선수로 거듭나는 중이었다.

# 4-6-0

토티에게서 시작된 전술 혁명

## ___ 궁여지책

전설적인 선수가 시간이 흐른 뒤 감독으로 돌아오는 건 어느 팀에서나 흔한 일이다. 그러나 AS 로마는 쨀러, 콘티를 선임했다가 거푸 쓴맛을 봤다. 로마는 가장 실속 있고 전술 능력이 좋은 감독을 원했다. 그렇다면 답은 루치아노 스팔레티였다.

선수 시절 그저 그런 하부 리그 미드필더였던 스팔레티는 감독이 된 뒤 진정한 재능을 발휘하기 시작했다. 1995년 엠폴리에서 감독으로 데뷔했는데 단 두 시즌 만에 팀을 세리에 C1(3부 리그)에서 세리에 A로 승격시켰다. 그가 로마에 오기 직전 이끌었던 우디네세는 이탈리아 동북부 소도시 우디네를 연고로 하는 작은 팀이다. 역사는 길지만 영광을 누린 기억은 거의 없었다. 스팔레티는 2004/2005시즌 우디네세를 세리에 A 4위에 올려놓으며 구단 사상 첫 챔피언스리그에 진출시켰다. 이때 스팔레티의 지도를 받은 마렉 얀쿨로프스키, 설리 문타리, 스테파노 마우리, 다비드 피사로, 이아퀸타 등은 곧 스타로 성장해 밀라노와 로마, 토리노의 큰 구단으로 이적했다. 로마는 대머리 지략가에게

토티를 활용한 혁신적 전술을 고안하고 위기의 로마를 구해 낸 루치아노 스팔레티

2005/2006시즌을 맡기기로 결정했다. 단 하루 차이로 콘티와의 결별과 스팔레티의 선임이 연달아 발표됐다. 여전히 선수 영입은 제대로 되지 않았다. 스팔레티는 기존 선수들을 조립해 더 빈틈없는 퍼즐을 만들어야 했다.

첫 경기는 좋았다. 약체 레지나를 3-0으로 꺾었다. 토티를 중심으로 좌우에 만시니와 새로 영입된 호드리구 타데이가 서고, 최전방에서 몬텔라가 질주하는 것이 로마의 새 선수 배치였다. 세리에 A에서 좀처럼 쓰이지 않는 4-2-3-1, 조금 더 공수 균형을 고려할 때는 4-3-3이 스팔레티의 취향에 맞았다. 어느 쪽이든 꽤 공격적인 선수 배치였다. 그러나 6라운드에서 약체 시에나에 2-3으로 패배하며 수비가 너무 부실한 것 아니냐는 지적을 들었고, 7라운드에서 엠폴리를 상대로 약간 더 수비적인 4-4-2를 써 봤지만 오히려 공격이 안 풀리며 0-1로 패배했다. 그대로 시간이 지난다면 또 경질될 것이

뻔한 상황이었다.

다음 경기인 더비에서 패배했다면 그 순간 스팔레티는 실직자가 됐을지도 모른다. 토티가 스팔레티를 살렸다. 토티가 끈질기게 키핑한 공을 타데이가 이어받은 다음 딱 좋은 스루 패스를 내줬고, 토티가 문전으로 파고들며 마무리했다. 후반전에 톰마소 로키에게 실점해 이번에도 승리는 놓쳤지만 그래도 좋은 결과였다. 토티는 골을 넣었을 때 잘 늘어나는 디아도라의 유니폼 속에 공을 넣고 임산부가 된 것 같은 자세로 세리머니를 했다. 11월에 태어날 첫 아이 크리스티안을 위한 세리머니였다. 경기 막판에는 파올로 디카니오, 로키 등 라치오 선수들과 서로 밀치고 욕설을 주고받으며 거친 신경전을 벌이기도 했다.

곧바로 이어진 인테르 원정은 토티 인생에서 가장 아름다운 경기를 고를 때 늘 상위권에 들어가는 명승부였다. 10월 26일, 쥐세페 메아차(산 시로와 쥐세페 메아차는 같은 경기장의 두 가지 이름이다)에 모인 인테르 측 관중들은 로마 선수들을 향해 야유를 퍼부어 댔다. 로마가 바이에른에서 자유계약으로 영입한 가나 대표 수비수 쿠푸어에게 원숭이 울음소리가 쏟아지는 야만적인 경기장이었다. 스팔레티는 그런 부담스런 경기에서도 자신의 4-2-3-1을 유지하는 뚝심을 발휘했다. 좋은 선택이었다. 난타전의 승자가 로마였기 때문이다. 토티의 어시스트를 받은 몬텔라의 선제골, 이어 토티의 추가골이 나왔다. 후반전이 시작되자마자 몬텔라가 따낸 페널티킥을 토티가 차 넣었다. 인테르가 아드리아누의 무시무시한 왼발에 의존해 두 골을 따라잡았지만 로마가 결국 승리를 거뒀다. 분을 참지 못한 후안 베론은 경기 종료 직전 토티를 들이받아 퇴장당했고, 토티 역시 레드카드를 받고는 어리둥절한 표정을 지었다.

특히 토티가 전반 30분에 넣은 골은 그의 인생에서 가장 멋진 득점이었다. 토티는 중앙선에서 에스테반 캄비아소와 베론의 태클을 연속으로 피하며 전진했다. 두 개의 태클 모두 공을 살짝 건드리는 데 성공했지만 토티는 그때마다 소유권을 되찾은 뒤 본격적으로 골대를 향해 달리기 시작했다. 이번에 앞을 막아선 선수는 마테라치였다. 토티는 절묘한 드리블 템포로 마테라치가 달라붙지 못하게 만들었고, 옆에서 달려가는 만시니를 향해 패스하는 척 하며 마테라치의 균형을 무너뜨렸다.

미세한 속임 동작 끝에 골대와 약 20m 떨어진 위치까지 전진한 토티는 강력한 중거리 슛을 할 수도, 스루 패스를 할 수도 있었다. 이때 토티는 아무도 예측하지 못한 기술을 구사했다. 그의 특기인 쿠키아이오였다. 보통 골키퍼와 일대일로 대치한 상태에서 쓰는 쿠키아이오를 그렇게 복잡한 상황에서 성공시키는 건 토티와 데니스 베르캄프 정도에게만 가능한 플레이였다. 마테라치가 중거리 슛을 막으려고 몸을 날렸지만, 나뒹구는 그의 몸 위로 유유히 솟구친 공은 완만한 호를 그리며 골대를 향했다. 인테르의 골문을 지키던 선수는 스타 골키퍼인 줄리우 세자르였지만 그도 이 플레이는 전혀 예상하지 못했다. 황급히 뒷걸음질치며 손을 뻗은 세자르를 피해 공이 골대 안에 떨어졌다. 토티는 평소 하던 골 세리머니 대신 두 팔을 여유 있게 들고 '방금 내 플레이 잘 봤냐'고 묻는 듯한 표정을 지었다. 토티가 어떤 선수인지 이 골 장면에 모두 담겨 있었다.

그러나 로마는 정상 궤도로 돌아가지 못했다. 공격진의 줄 부상이 로마 전력에 계속 타격을 입혔다. 시즌 초부터 부상으로 빠져 있던 카사노가 돌아왔지만 이번엔 몬텔라가 이탈했다. 로마는 유벤투스에 1-4로 대패했고, 팔레르모에도 1-2로 졌다. 둘 다 홈 경기였다. 팔레르모를 상대로 오랜만에 토티와 카사노 투톱이 나왔고, 카사노는 골도 넣었다. 그러나 이때쯤부터 뭔가 이상한 기색을 보이던 카사노는 곧 레알 마드리드의 이적 제의를 받았다는 것이 밝혀지면서 로마의 분위기를 흔드는 주범이 됐다.

16라운드 삼프도리아 원정에서 스팔레티는 기용할 만한 프리마 푼타가 모두 없어진 선수단을 갖고 최선의 방책을 짜내야 했다. 몬텔라와 농다는 부상 중이었다. 카사노가 없기 때문에 토티와 카사노의 '더블 프리롤' 전략을 쓸 수도 없었다. 유소년 팀에서 올라온 스테파노 오카카를 기용하지 않는다면, 스팔레티에게 남은 방법이라곤 그나마 공격수에 가까운 토티를 프리마 푼타로 놓는 것뿐이었다. 그래서 토티가 최전방으로 올라갔다. 이때까지만 해도 임시방편에 불과한 전술이었고, 한 경기만 잘 버티면 다행인 선발 라인업이었다.

스팔레티가 좋아하는 4-2-3-1은 기본적으로 공격자원 네 명을 투입해야 의미가 있는 전술이다. 그런데 로마에는 공격수는 고사하고 2선 자원까지 탈탈 털어도 토티와 타데이 둘만 남았다는 것이 문제였다. 토티의 뒤에서 2선을 구성한 선수들은 타데이, 아퀼라니, 페로타였다. 셋 다 중앙 미드필더에 가까운 수비적인 스타일의 선수들이다.

그런데 경기력이 기대 이상이었다. 토티는 최전방에 머무르지 않고 원래 하던 대로 상대 수비와 미드필드 사이를 돌아다녔다. 토티가 내려오자 페로타가 최전방으로 침투하며 스루 패스를 받았고, 슛이 골대를 때렸다. 토티는 후방으로 내려갔다가 전방으로 달려가며 크로스를 받아먹었다. 후반전에 역시나 힘이 풀리며 페널티킥 실점을 하고 무승부에 그쳤지만, 경기력은 보기 좋았다. 코리에레는 '4-2-3-1이 작동했다'고 평했다. 스팔레티 스스로도 "좋은 경기였습니다"라고 했다. 더 중요한 말이 그 뒤에 따라왔다. "토티는 비범한 선수입니다."

스팔레티는 다음 경기인 키에보전에서도 같은 라인업을 써 봤다. 키에보는 당시 세리에 A 6위에 올라 있던 까다로운 상대였다. 로마의 순위는 10위에 불과했다. 경기가 시작되자 로마의 허술한 수비를 키에보가 연거푸 공략했다. 그러나 위기를 넘기자 로마를 위한 시간이 시작됐다. 다시 한 번 프리마 푼타인 토티가 나설 차례였다.

토티는 최전방에서 공을 받은 뒤 자신을 지나쳐 돌진하는 페로타에게 깔끔한 스루 패스를 줬고, 결정적인 득점 기회가 아슬아슬하게 무산됐다. 그러나 톰마시의 끈질긴 문전 쇄도로 얻어낸 페널티킥을 토티가 성공시켰다. 토티는 미리 준비해 둔 인형에게 젖병을 물리는 골 세리머니를 통해 갓난 아들 크리스티안에게 골을 바쳤다. 토티는 자신을 막는 수비수가 불분명한 상황에서 쉽게 드리블로 공을 운반한 뒤 왼발 중거리 슛으로 골을 추가했다. 키에보의 로렌초 단나가 퇴장당한 뒤 로마는 두 골을 더 추가했다. 페로타의 중거리슛 골, 크로스를 받은 타데이의 깔끔한 문전 마무리로 결과는 4-0이 됐다.

이제 스팔레티는 확신을 가질 수 있었다. 로마는 프리마 푼타가 한 명도 없는 멤버 구성으로 키에보의 탄탄한 수비를 네 번이나 무너뜨렸다. 이 경기는 12월 21일 열렸고, 로마의 2005년 마지막 경기였다. 스팔레티는 너무 늦지 않은 시점에 새로운 축구를 발견했다. 그들의 2006년은 2005년과 다를 것이었다.


## 가짜 9번

때로 역사는 탁월한 개인의 영감에 의해 진보한다. 흔히 말하는 가짜 9번의 경우, 이런 축구가 가능하다는 발상을 이끌어낸 건 토티라는 개인이었다. 많은 사람들은 축구 전술의 주도권을 쥔 건 감독이고 선수는 장기말일 뿐이라고 생각한다. 그러나 토티는 스팔레티 감독의 머릿속에 있는 전술의 개념 자체를 확장시켜 줬다. 전술가인 스팔레티는 토티의 플레이가 어떤 의미를 담고 있는지 빠르게 이해했고, 곧 이를 로마의 팀 콘셉트로 확장시켰다.

토티를 최전방에 뒀을 때 발생하는 효과는 파격적이었다. 토티는 로마의 원톱으로서 최전방에 늘 머무른다. 로마가 수비 중일 때, 토티의 위치는 상대 문전이 아니라 중앙선 근처가 되기 마련이다. 상대 센터백도 많이 전진해서 토티를 견제하고 있다. 그런데 팀 수비가 성공하고 공수전환 상황이 되면 토티는 독특한 플레이를 시작했다. 상대 최전방으로 뛰어가는 것이 일반적인 공격수의 플레이라면, 토티는 그 자리에 멈춰서 공을 달라는 손짓을 했다. 토티는 최전방이라기보다 2선에 가까운 지역에서 공을 잡은 다음 공격을 조립해 나가기 시작했다. 이때 상대 수비수들은 후방으로 내려간 토티를 견제해야 할지, 아니면 내버려 두고 자신들끼리 수비 조직을 유지해야 할지 분간하기 힘들었다. 토티를 자유롭게 두면 창의적인 패스나 강력한 중거리 슛이 날아올 터였다. 그렇다고 센터백 한 명이 토티를 막기 위해 전진할 경우에는 붕괴된 수비 라인 사이로 페로타나 만시니가 파고들었다. 토티는 침투하는 동료에게 완벽한 스루 패스를 제공할 줄 아는 선수였다.

로마 공격이 무서운 건 이 모든 과정이 굉장히 역동적으로 진행되었기 때문이다. 토티는 볼 키핑을 하며 시간을 끌기보다 원터치 패스로 속공을 전개하려는 본능이 있는 선수다. 토티가 상대 수비수를 등지고 공을 잡은 상태에서 페로타가 전방으로 달려가면, 토티는 어떻게든 수비의 허를 찌르고 빠른 타이밍에 스루 패스를 해냈다. 이런 상황에서 공을 끌다가 백 패스를 하기 마련인 여느 스트라이커들과는 공격의 템포가 달랐다. 상대 수비가 정비되기 전에 빈틈을 마구 열어 젖히는 플레이가 가능했다.

후방으로 자주 내려가는 공격수란 그리 드문 개념이 아니다. 가장 유명한

가짜 9번의 작동 원리

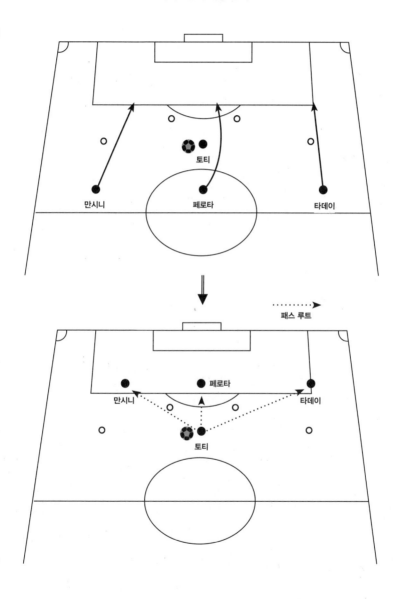

예로는 1970년대 아약스와 네덜란드의 토털풋볼을 이끌었던 요한 크루이프가 있다. 토티와 비슷한 시대에도 티에리 앙리와 라울 곤잘레스 같은 훌륭한 공격수들은 2선으로 자주 내려가 공격의 실마리를 풀었다.

그러나 토티는 다른 어떤 공격수와도 움직이는 방식이 달랐다. 보통 2선으로 잘 빠지는 공격수들은 공이 없을 때 2선으로 내려가고, 공을 잡으면 공격수의 플레이를 한다. 반대로 토티는 공이 없을 때 최전방 공격수의 움직임에 충실하다가, 공을 잡으면 그때부터 트레콰르티스타처럼 굴었다. 상대 수비수를 앞에 놓고 트레콰르티스타 같은 플레이를 할 수 있다는 건 전술적으로 상대 수비에 불균형을 야기했다.

즉 토티가 공을 잡는 순간, 로마는 4-2-3-1이 아니라 최전방에 아무도 없는 포메이션처럼 선수 구성이 바뀌었다. 그래서 이 전술의 별명은 4-6-0이 됐다. 가짜 9번이라는 표현도 토티의 플레이를 잘 표현하고 있다. 9번은 프리마 푼타의 번호다. 그러나 토티는 9번의 위치에 머물러 있되, 경기 중에는 10번처럼 뛰었다. 그러므로 로마에는 명목상의 9번인 토티가 있지만, 실제 경기 스타일을 보면 9번이 한 명도 없었다.

최전방이 비어 있다는 건 문제를 일으킬 수도 있다. 이 공간을 메우기 위해서는 적극적으로 문전을 노리는 미드필더가 필요했다. 즉 토티 바로 뒤에는 인쿠르소레의 플레이스타일을 가진 선수가 있어야 했다. 바로 페로타의 역할이었다. 페로타는 에너지가 넘치는 선수였고, 전방 침투를 할 때 전속력으로 달리면서 스루 패스를 찰떡같이 받아 내는 능력이 있었다. 토티 못지않게 큰 비중을 차지하는 것이 페로타의 끝없는 침투와 수비 교란이었다. 아울러 좌우 측면에도 문전 침투를 좋아하는 선수들이 배치돼 토티의 원터치 패스를 받을 수 있는 공간으로 침투했다.

만약 페로타가 프랭크 램파드만큼 결정력이 좋았거나, 좌우 윙어 중 크리스티아누 호날두 같은 득점 전문가가 있었다면 이 축구의 위력은 더욱 배가 됐을 것이다. 로마는 결정력이 평범한 페로타를 기용하고도 상대 수비를 파괴했기 때문이다.

로마가 수비 중일 때도 토티만큼은 늘 공격 상황을 생각하고 있어야 공격의 위력을 극대화할 수 있었다. 그래서 토티는 수비 임무에서 완전히 해방된 채, 동료들이 수비하는 동안 상대 진영의 빈틈을 돌아다녔다. 카사노와 투톱일 때 많이 해 본 플레이였다. 이제는 부담을 절반씩 나눠 줄 파트너가 없었다. 토티는 최전방에서 혼자였다. 하지만 그에게는 버거운 짐을 감당할 능력이 있었고, 나아가 이 상황을 즐기기도 했다.

로마의 시스템은 필연적으로 수비 문제에 봉착했다. 토티를 중심으로 2선 공격수 세 명이 끊임없이 전방 침투를 노린다는 건, 공격 상황에서 포지션을 벗어나 마음대로 움직이는 선수가 넷이나 된다는 뜻이다. 그러다 수비 상황으로 전환됐을 때 로마의 수비 대형은 깨져 있을 수밖에 없었다. 스팔레티는 수비형 미드필더 자리에 소극적인 선수를 배치하는 것조차 싫어하는, 극히 공격적인 선수 운용을 했다. 중원에 배치되는 선수는 활동 반경이 넓은 데로시 또는 기술이 좋은 아퀼라니, 나중에 영입될 테크니션 피사로였다. 2선의 세 명이 침투할 타이밍을 놓치면 데로시와 아퀼라니 중 한 명이 전진하며 공격의 흐름을 다시 살리는 역할을 했다. 게다가 좌우 윙어가 중앙으로 침투하면 양쪽 풀백까지 잔뜩 올라가 측면 공간을 점유했다. 그럴 때 후방 수비는 센터백 두 명의 몫으로 남겨지기도 했다.

그나마 수비 문제를 최소화할 수 있었던 건 타데이와 페로타의 에너지와 전방 압박 덕분이었다. 로마의 공격이 워낙 강력했기 때문에 어지간한 상대팀은 좋은 타이밍에 반격을 하지 못했다는 점도 큰 문제가 도드라지지 않은 이유였다. 그러나 종종 로마의 부실한 수비는 발목을 잡았다. 이 문제는 나중에 올드 트래포드에서 단적으로 드러나게 된다.

새로운 축구의 얼개를 완성한 로마는 키에보전을 시작으로 연전연승을 시작했다. 재계약을 하지 않고 말썽을 부리던 카사노는 2006년 첫 경기인 트레비소전이 열리기 전에 단 500만 유로만 남기고 레알로 이적했다. 이제 최전방을 맡을 선수는 정말 토티 한 명만 남았다. 그러나 토티가 지휘하는 공격은 트레비소, 밀란, 레지나, 우디네세, 리보르노, 파르마, 칼리아리, 시에나, 엠폴리까지 거침없이 파괴했다. 일단 공격진이 어떤 리듬으로 움직여야 하는지 이해한 뒤에는 토티가 빠졌을 때도 비슷한 경기력이 유지됐다. 그 사이에 열린 코파 8강에서는 토티를 빼고 유벤투스를 상대해 1승 1패로 4강 진출에 성공했다.

토티는 이 10경기에서 9골을 넣고 7도움을 올렸다. 로마가 레알이나 바르셀로나처럼 엄청난 스쿼드를 지닌 팀이면 모를까, 연승 행진을 시작하기 전까지만 해도 8위에 있었다는 점을 감안하면 믿기 힘들 정도로 폭발적인 공격력이었다. 그중 우디네세와의 경기는 토티가 결장했는데, 새로운 전술에 재미를 붙인 스팔레티는 토티의 공백을 오카카 대신 타데이로 메우는 실험을 했다. 그리고 이 경기에서도 로마는 4-1 대승을 거뒀다.

리보르노와의 경기를 통해 토티는 세리에 A 330경기 출장을 달성했다. 이로써 토티는 아우다이르의 기록을 뛰어넘어 AS 로마 역대 출장 기록 4위에 올랐다. 지역지 일 로마니스타는 '피오렐라와 엔초, 토티를 세상에 낳아 주셔서 감사합니다'라는 민망한 구절을 기사로 떡하니 적어 냈다. 그 정도로 토티에 대한 열광은 절대적이었다.

당시 로마의 공격 방식이 상대 팀 입장에서 얼마나 당혹스런 것이었는지 잘 보여 주는 경기가 19라운드에 열린 밀란과의 승부다. 이때 밀란은 센터백으로 네스타가 뛰고, 전세계 라이트백 중 가장 수비력이 좋은 야프 스탐도 있는 팀이었다. 그러나 후반 36분 토티가 골문에서 멀찍이 떨어진 자리에서 공을 받자 수비수 중 누구도 달라붙을 수 없었다. 대신 토티가 공을 터치하는 순간 만시니, 타데이, 페로타, 아퀼라니가 동시에 페널티 지역 안으로 침투했다. 스탐은 눈앞으로 파고드는 아퀼라니를 체크하느라 만시니를 놓쳤고, 토티는 문전 상황을 단번에 파악하고는 가장 자유로운 위치에 있던 만시니에게 공을 보냈다. 만시니가 여유 있게 날린 슛으로 승부가 갈렸다. 이즈음 상대방 수비수들의 기량이 얼마나 뛰어난지는 아무 의미가 없었다. 로마 선수들의 복잡한 동선을 도저히 예측할 수 없었기 때문이다.

그러나 토티는 엠폴리와의 경기 초반에 유명한 발목 부상으로 실려 나갔다. 토티의 시즌은 조금 일찍 끝났고, 이때부터 회복과 월드컵 출장을 위해 개인 훈련에 매진해야 하는 신세가 됐다. 토티가 24경기 만에 남긴 기록은 15골 9도움이었다.

토티 없이 로마 동료들은 조금 더 힘을 냈다. 엠폴리 다음 상대가 라치오였다. 선수들은 다 같이 토티를 상징하는 셔츠를 입고 킥오프를 준비하며 관중석에 있는 주장에 대한 예의를 다했다. 스팔레티는 부상에서 회복해 컨디션을 찾아가던 몬텔라를 선발로 투입했다. 가짜 9번 전술을 잠시 접어 둘 가치가 있었다. 코너킥을 받은 타데이가 절묘한 헤딩으로 한 골, 만시니가 현란한 드리블에 이어 내준 공을 아퀼라니가 정확하게 밀어 넣어 또 한 골을 터뜨렸다. 로마 팬들이 역대 더비 중에서도 가장 기분 좋은 승리로 기억하는 경기 중 하나다. 이 더비까지 로마는 11연승을 거뒀다. 74년 만에 깨진 세리에 A 연승 신기록이었다.

로마는 토티 없이 그럭저럭 5위로 시즌을 마무리했고, 칼초폴리의 영향으로 로마보다 위에 있던 유벤투스, 밀란, 피오렌티나가 징계를 받으면서 수정된 순위는 2위였다. 코파 역시 로마와 인테르의 결승전이 벌어졌고, 로마는

준우승에 그쳤다. 이때부터 지긋지긋한 2인자의 시대가 시작된다. 인테르의
그 어떤 선수보다 토티가 더 아름다웠다는 것이 그나마 그에게 남겨진 위안
이 될 터였다.


## ___ 아름다운 2위

토티가 팀의 꼭대기에서 마음껏 뛰놀 수 있도록 하고, 토티의 플레이에
따라 동료들이 조응하며 네트워크를 만들어 가는 팀이 만들어졌다. 스팔레
티와 센시는 새로운 로마가 어떤 모습이어야 하는지 잘 알고 있었다.

세리에 A의 세력 구도는 칼초폴리로 인해 재편됐다. 유벤투스는 즉시
강등됐다. 피오렌티나, 밀란, 라치오, 레지나는 승점 삭감 징계를 받았고
2006/2007시즌에도 징계가 유지됐다. 리그를 대표하는 강호들이 최소한
두 시즌 동안 순위표 최상위권에서 추방됐다는 건 징계에 연루되지 않은 팀
들에게 좋은 기회였다.

이런 스캔들에 주로 연루되는 남부 구단은 라치오다. AS 로마는 살아남았
다. 북부에선 인테르가 혐의를 피했다. 칼초폴리 사태의 주범인 모지는 "인
테르가 수사를 사주했고, 그들도 똑같은 부정을 저질렀으나 감췄을 뿐이다"
라며 맞대응을 시도했으나 이 주장은 호응을 얻지 못했다. 결국 북부의 인테
르와 남부의 로마가 대권을 두고 다툴 수 있는 팀으로 떠올랐다.

로마로선 슬프게도, 재력 측면에서 인테르는 로마를 아득히 따돌린 팀이
었다. 인테르는 강등된 유벤투스에서 비에이라와 이브라히모비치를 영입하
며 엄청난 선수단을 구축했다. 월드컵 우승 멤버 그로소가 합류했고 해외 리
그에서는 좌우 윙백인 막스웰과 마이콘이 영입됐다. 첼시에서 자리를 잃은

최고급 공격수 에르난 크레스포를 2시즌 임대라는 파격적인 조건으로 영입
하는 수완도 발휘했다. 심지어 로마와 계약을 마친 다쿠르는 이적료 없이 인
테르에 자유계약으로 입단했다.

이때 로마를 경영하던 인물은 고령인 프랑코 센시의 딸 로젤라였
다. 로젤라는 톰마시를 방출해 논란을 일으키기도 했다. 결국 톰마시는
2004/2005시즌 중 큰 부상을 당해 전력에서 완전히 제외된 상태였고, 로젤
라는 2005년 여름에 톰마시를 내보내려 했다. 톰마시는 유소년 수준 계약인
월급 1,500유로에 계약을 맺고 로마에 잔류했다. 로마에 대한 톰마시의 사
랑이 얼마나 깊었는지를 보여 주는 유명한 일화다. 그러나 결국 2006년 여
름 계약이 만료되자 로젤라는 톰마시에게 냉정하게 작별을 고했다.

로마가 영입한 선수 중 가장 큰 스타가 인테르에서 잉여 전력으로 취급된
피사로라는 점은 두 팀의 재력 차이를 극명하게 보여 준다. 스팔레티는 우디
네세에서 함께했던 피사로를 부활시킬 자신이 있었다. 그러나 로마는 피사
로를 완전 영입할 돈이 없어 당시 존재하던 공동 소유 제도를 활용해 소유
권 50%만 매입해야 했다.

어찌 됐든 피사로 영입은 영리한 선택이었다. 이때까진 몰랐지만, 곧 아
퀼라니가 지긋지긋한 부상의 나선으로 빠지기 때문이다. 아퀼라니는 데로
시보다 조금 덜 역동적이지만 훨씬 뛰어난 공격 재능을 갖고 있는 천재 미
드필더였다. 공수를 활발하게 오가는 에너지 넘치는 미드필더이면서 경기
중 라보나, 백 플립플랩 같은 기술을 구사할 수 있었다. 아퀼라니가 갖지
못한 건 건강뿐이었다. 로마는 데로시와 피사로를 중심으로 미드필드를
구성하게 된다.

강등팀 레체에서 영입한 공격수 미르코 부치니치와 라이트백 마르코 카
세티는 훌륭한 선택이었다. 다만 부치니치는 한 시즌 내내 무릎 부상과 씨름

했다. 삼프도리아와 계약을 마친 수준급 레프트백 막스 토네토 역시 자유계
약으로 영입해 주전으로 삼았다. 카세티와 토네토는 모두 측면 미드필더에
가까운 선수들이었지만 로마에 온 뒤로는 풀백 역할을 주로 소화했다. 스팔
레티의 풀백 사용법은 거의 제만 수준으로 공격적이었다.

로마와 인테르의 전력 격차는 시즌 첫 경기였던 수페르코파부터 드러나
기 시작했다. 지난 시즌 세리에 A와 코파 모두 준우승 팀이었던 로마는 새로
도입한 공격 축구를 바탕으로 자신감 넘치는 경기 운영을 했다. 만시니의 골
과 아퀼라니의 연속골로 로마가 세 골 치를 만들어 냈다. 모두 로마의 기존
선수들이었다. 인테르는 새로 영입된 비에이라의 두 골과 크레스포의 한 골
로 동점을 만들었다. 그리고 연장전이 시작되자마자 루이스 피구의 프리킥
으로 승부를 끝내 버렸다. 인테르 선수단의 개인 기량이 너무 강했다.

토티는 올림피코에서 열린 세리에 A 개막전에 크리스티안을 안고 나타났
다. 크리스티안은 아무것도 모르는 갓난아기였지만, 토티는 아들에게 '아버
지가 가진 또 다른 가족이 이들이란다'라고 가르쳐주는 듯 동전 던지기를 할
때까지 아들을 안고 있었다. 만시니가 얻어 낸 페널티킥을 토티가 멀리 날려
버렸고, 피사로는 새 팀에 적응하지 못하고 교체됐지만 괜찮았다. 로마는 데
로시의 중거리 슛, 아퀼라니의 중거리 슛이 재차 선방에 막히자 다시 밀어넣
은 만시니의 골로 승리하며 시즌을 시작했다.

시즌 초, 로마는 대진운 덕분에 대승을 거듭하고 있었지만 지난 시즌 부
상을 당한 이후 토티의 컨디션은 아직 온전히 올라오지 않았다. 강자와의 정
면 승부를 할 때는 토티의 영향력이 필요했다. 로마는 3라운드에서 인테르
를 만났고, 장소가 올림피코였음에도 불구하고 0-1로 패배했다. 경기 후 스
팔레티는 기자들에게 토티를 옹호해 줘야 했다. 토티 특유의 볼 키핑 능력이
나오지 않았다는 게 문제였다. 토티는 상대 수비가 걷어찰 때 힘없이 넘어졌

## 2006/2007시즌 AS 로마 베스트 라인업

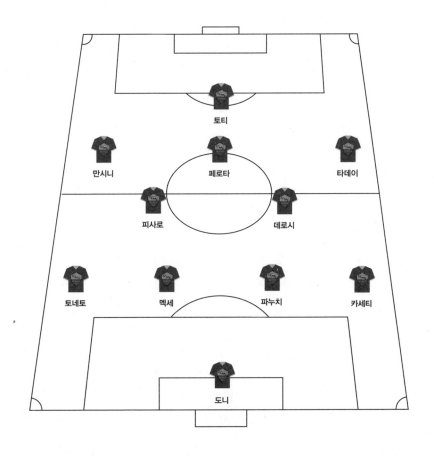

고, 수비를 피해 도망 다니는 듯한 인상을 줬다. 챔피언스리그 발렌시아 원정에서 페널티킥 골을 넣어 로마 역사상 유럽대항전 최다골인 18호골을 기록하긴 했지만 영향력은 미미했다. 경기 막판 당시 유망주였던 다비드 비야가 결승골을 넣어 결국 로마를 무너뜨렸다.

토티는 엠폴리와의 5라운드에서 지난 시즌 자신에게 부상을 입힌 바닐리와 유니폼을 교환했다. 일종의 씻김굿 같은 행위였다. 이날 몬텔라 뒤에서 세콘다 푼타로 뛴 토티는 한결 압박이 적은 환경에서 좋은 모습을 보이는 듯했다. 그러나 이어진 레지나와의 경기에서 로마는 0-1로 패배했고, 비판은 더 거세졌다. 토티의 경기력은 회복되고 있었지만 눈에 띄는 실책이 너무 많았다. 아스콜리를 상대로는 토티가 아름다운 프리킥으로 한 골을 넣고 멕세의 동점골의 계기도 만들어 냈지만, 경기 막판 페널티킥을 정면으로 차 버리는 바람에 역전의 기회를 날려 버렸다. 이어진 올림피아코스와의 홈경기에서도 토티의 페널티킥은 상대 골키퍼에게 읽혔다. 토티가 1-1을 만드는 동점골을 넣어 자신의 실수를 만회하긴 했지만 자꾸 페널티킥을 놓치는 건 확실히 토티답지 않은 모습이었다. 여전히 스팔레티는 "토티는 하나뿐인 존재다"라며 감싸는 발언을 해야 했다.

토티가 처음으로 기대에 부응한 경기는 11라운드 밀란 원정이었다. 로마 공격진은 배구를 하듯이 공을 공중에서 연결했다. 타데이가 공을 띄워 주자 문전에 있던 토티가 몸을 솟구쳐 난이도 높은 시저스 킥으로 골을 터뜨렸다. 밀란의 크리스티안 브로키가 중거리 슛으로 동점골을 넣은 뒤 두 팀 모두 결승골 기회를 여러 번 놓쳤다. 그러던 중 토티가 후반 막판에 헤딩 골을 터뜨렸다. 로마는 산 시로 원정에서 20년 만에 승리했다. 밀라노까지 간 원정 팬 5,000명에게 큰 선물이 된 경기였다. 공격 리듬이 한결 나아진 로마는 상위권 진입을 노리고 있던 카타니아를 무려 7-0으로 박살내 버렸다. 일찌감

토티가 삼프도리아전에서 인생 최고의 골로 꼽힐 만한 발리 슛을 날리고 있다

치 카타니아의 공격수 쥐세페 마스카라가 퇴장을 당했고, 로마는 주머니에서 물건을 꺼내듯 쏙쏙 득점했다. 토티는 공격을 능숙하게 지휘했고, 마지막 골도 넣었다.

감각을 되찾은 토티는 축구계를 깜짝 놀라게 한 골을 하나 더 만들어 냈다. 지난 시즌 인테르를 상대로 넣었던 골과 함께 토티 인생 최고의 골을 다투는 명장면이다. 11월 26일 삼프도리아 원정에서 카세티가 측면으로 빠져 들어가는 토티를 발견하고 공을 찍어 찼다. 토티가 공을 받은 낙하 지점은 페널티 지역에서 왼쪽으로 완전히 치우친 위치였다. 골대와의 거리는 약 15m였고, 대부분의 선수가 슛이 아니라 크로스를 생각할 위치였다. 토티는 그 자리에서 왼발 발리 슛을 날리는 황당한 플레이를 했다.

오른발도 아니고 왼발로, 골대가 보이는 각도가 기껏해야 10도에 불과한 사각에서 시도한 발리였다. 골대가 엄청나게 좁아 보였을 위치였지만 토티의 몸은 그 순간 영감으로 번뜩였다. 토티의 발을 떠난 공은 먼 쪽 골포스트와 단 몇 센티미터 떨어진, 그야말로 완벽한 위치의 그물을 때렸다. 루이지 페라리스의 삼프도리아 측 관중들이 자기도 모르게 벌떡 일어나 환호성을 지를 정도로 엄청난 플레이였다. 토티는 골의 예술성만으로 상대 관중들에게서 기립 박수를 이끌어 냈다. 토티는 후반전에 아까와 거울처럼 대칭되는 위치에서 이번엔 오른발 슛을 넣어 4-2 승리를 이끌었다.

토티는 영원히 기억될 경기 후 "한 골은 마타레세에게, 다른 한 골은 플라티니에게 바칩니다"라고 빈정거렸다. 정치인 안토니오 마테레세는 당시 리가 칼초(프로축구연맹) 회장이었다. 마테레세와 플라티니는 이탈리아 대표팀 복귀를 거부하는 토티를 비난하는 입장이었다. 토티는 "와서 내 경기를 좀 보고, 쓸데없는 이야기는 그만뒀으면 좋겠네요"라고 말했다.

다음 경기에서 아탈란타를 상대로 페널티킥만 두 골을 넣은 토티는 리그 9골로 득점 공동 1위가 됐다. 앞선 경기들에서 페널티킥을 모두 실패했던 토티는 페로타와 자신이 얻은 두 차례 기회를 모두 살렸다. 가운데로 차는 심리전 따위는 잊고, 골키퍼가 읽어도 막을 수 없는 왼쪽으로 강슛을 날렸다. 가장 자신 있는 코스였다.

로마는 가장 신나는 축구를 하는 팀이었지만, 이탈리아에서 정상에 오르기에는 냉정함이 부족했다. 라치오와 가진 더비에서 골 결정력 난조를 겪으며 0-3으로 대패를 당하더니, 바로 다음 경기에서는 3위 팔레르모를 4-0으로 대파했다. 이즈음 로마에서 가장 기세등등한 선수는 만시니였다. 토티는 만시니의 탁월한 스피드가 최대한 발휘될 수 있도록 멀찍이 스루 패스를 떨어뜨렸고, 그만큼 넓어진 공간을 토티가 직접 이용하기도 했다. 두 선수의 투맨 게임은 로마가 기복 속에서도 좋은 성적을 이어 간 비결이었다. 만시니는 "토티와 함께라면 어떤 문제라도 쉽게 풀 수 있죠"라고 말하기도 했다.

스팔레티는 카펠로보다 더 진지한 자세로 코파를 대했다. 2006년이 지나가고 2007년이 시작되면서 코파는 8강에 접어들었다. 이때부터 만시니와 토티를 비롯한 주전 선수들이 코파에서도 활약하기 시작했다. 역시나 만시니와 토티가 한 골씩 넣어 파르마를 2-1로 꺾었다. 2차전에서 토티 등 일부 주전에게 휴식을 준 로마는 한결 어려운 경기를 했지만 2-2 무승부를 거두며 4강에 오를 수 있었다.

4강 상대는 밀란이었다. 칼초폴리의 타격에도 불구하고 이 시즌 챔피언스 리그 정상에 오를 팀이 밀란이었다. 로마는 산 시로 원정에서 히카르두 올리베이라와 인차기에게 두 골을 얻어맞고 일찌감치 끌려가기 시작했다. 그러나 특유의 공격적인 태도로 엄청난 기세의 반격을 가한 로마는 전반전이 끝나기 전에 페로타와 피사로의 골로 동점을 만들 수 있었다. 중거리 슛이 밀란 골문으로 무수히 날아들었고, 그중 피사로의 슛을 디다가 옆구리 틈으로 흘린 것이 동점골로 이어졌다.

올림피코로 온 로마는 밀란을 3-1로 꺾었다. 토티는 골을 넣지는 않았지만, 경기 장면을 보면 그의 자유분방한 움직임이 밀란을 얼마나 당황시켰는지 알 수 있다. 경기 초반부터 토티 특유의 전진 패스를 받아 로마의 2선 선수들이 밀란 수비진 사이로 파고들었다. 전반 8분, 토티가 공을 잠깐 키핑한 뒤 만시니에게 스루 패스를 했다. 수비가 제대로 끊지 못한 공을 만시니가 다시 주워 골을 터뜨렸다. 전반 23분에는 파누치의 스루 패스를 받아 토티가 문전으로 침투했고, 그외 슛이 선방에 막혔지만 옆으로 굴러가는 공을 페로타가 차 넣었다. 토티는 경기 내내 밀란 수비수와 미드필더들 사이에서 공을 키핑하고 패스를 연결하며 상대를 현혹했다. 그러다 벌어진 공간 사이로 피사로가 중거리 슛을 날려서 한 골을 더 만들어 냈다. 밀란은 질라르디노의 한 골에 만족해야 했다. 이로써 로마가 결승에 진출했다.

이즈음 인테르와 로마의 승점 차는 이미 10점을 넘어갔고, 로마는 사실상 스쿠데토를 딸 수 없는 상황에 이르렀다. 로마가 세리에 A보다 코파에 더 힘을 싣는 것이 당연한 상황이었다. 로마는 여전히 대승과 어이없는 패배 사이에서 춤을 췄다. 골은 절반 이상이 토티의 발을 거쳤다. 23라운드에 파르마를 3-0으로 대파할 때 토티가 1골 1도움을 기록했다. 키에보와 2-2 무승부를 거둘 때는 토티가 두 골을 모두 터뜨렸다.

로마는 20라운드부터 30라운드까지 10경기 동안 4승 5무 1패에 그쳤고, 이 시기에 인테르와 승점 차가 무려 20점으로 벌어지며 우승 이야기를 하기 민망한 지경이 됐다. 11경기가 아니라 10경기인 이유는 주중 경기였던 2월 2일 시칠리아 더비에서 일어난 사망 사건으로 22라운드 전체가 연기됐기 때문이었다.

카타니아와 팔레르모는 모두 장화 모양 이탈리아 반도의 발끝 너머에 매달려 있는 시칠리아 섬을 연고지로 하는 구단이다. 시칠리아는 1200년대 전 세계에서 가장 문명이 발달한 지역이었다. 시칠리아 왕은 신성로마제국 황제를 겸했고, 당시 시칠리아는 세계 최초로 근대 문명이라 부를 만한 수준까지 문화가 발전한 곳이었다. 그러나 시간이 흐른 뒤 1900년대에는 마피아의 온상이라는 오명이 더 커져 있었다.

두 팀의 경기는 2007년이라고 믿어지지 않을 정도로 심각한 폭력성을 띠었다. 판정에 불만을 가진 관중들은 경기장 안에 최루탄을 터뜨렸다. 한국의 1980년대 시위 현장에서나 맡아 볼 법한 매운 연기가 경기장을 채웠고, 선수들은 서둘러 실내로 대피했다. 곧 경기장은 울트라스의 난동이 벌어지는 아수라장이 됐다. 어디서 끌고 들어왔는지 모를 큰 개까지 그라운드 위를 뛰어다녔다.

경기장에서 사제 폭탄까지 터졌다. 그 충격을 얼굴에 고스란히 입은 필리포 라치타 경관이 피투성이가 된 채 병원으로 후송됐으나 결국 사망했다. 관중 난동이 흔히 그렇듯, 이 사태를 주동한 울트라스는 응원보다 폭력 자체가 목적인 폭도에 가까웠다. 울트라스 관련 수사를 하던 라치타 경관을 노린 계획적 살인이라는 이야기도 있었다. 그의 장례는 범국민적 추모 속에 치러졌다. 늦게까지 폭력성이 남아 있던 이탈리아 응원 문화에 경종을 울린 사건이다.

사건의 여파로 이탈리아의 여러 경기장은 무관중 상태로 다음 주말 경기를 치러야 했다. 로마와 파르마의 경기는 관전이 허용된 것이 로마 시민들에겐 다행이었다. 토티가 모든 대회를 통틀어 452번째 경기를 치르며 구단 역사상 최다 출장 선수가 되는 날을 함께할 수 있었기 때문이다. 기존 기록은 로마에서 14시즌에 걸쳐 뛴 수비수 자코모 로시가 1969년에 세운 451경기였다.


## ___ 7실점 하고 패배하기, 6득점하고 승리하기

로마에 남은 건 챔피언스리그와 코파라는 두 대회였다. 로마의 16강 상대는 올랭피크 리옹이었다. 엄청난 강자는 아니지만, 그렇다고 만만하게 볼 상대도 결코 아니었다. 이때 리옹은 프랑스 1부 리그 7시즌 연속 우승 중 6번째 우승을 향해 달려가는 팀이었다. 무회전 프리킥을 기술로서 정립시킨 위대한 프리키커 주니뉴 페르남부카누가 있었고, 프랑스 대표인 시드니 고

부, 제레미 툴랄랑, 플로랑 말루다, 에릭 아비달이 뛰는 팀이었다. 레알을 만나도 번번이 이기는 게 리옹이었다.

홈에서 1차전을 가진 로마는 생각보다 더 고전했다. 올림피코의 6만 관중이 로마를 응원했지만 공격의 리듬이 살아나지 않았다. 타데이의 절묘한 헤딩숏이 골대에 맞고 빗나간 뒤, 로마는 주도권을 잃고 끌려다니기 바빴다. 무승부라는 결과가 다행이었다. 로마 선수들은 무려 8명이 경고를 받았다. 그나마 경고를 두 장 받은 선수가 없다는 건 어떤 면에서 절묘한 카드 관리 능력이었다. 토티와 주니뉴는 각각 대포알 같은 직신 프리킥, 궤적을 알 수 없게 만드는 무회전 프리킥으로 상대 문전을 노렸으나 모두 선방에 막혔다.

3월 6일, 토티는 리옹의 스타드 드 제를랑으로 원정을 떠났다. 전반 22분 키부의 스루 패스가 왼쪽 측면을 타고 재빨리 파고든 토네토에게 연결됐다. 토네토가 왼발로 크로스를 올렸고, 토티가 수비수들 사이에서 헤딩 골을 터뜨렸다. 일류 공격수의 움직임이었다. 로마는 한결 여유 있게 경기를 운영하기 시작했다.

잠시 후 이 경기의 명장면이 나왔다. 로마의 속공이 이번엔 만시니에게 연결됐다. 앙토니 레베이예르가 앞을 막아섰다. 완전한 일대일 대결 상황에서, 만시니가 브라질 선수다운 스텝오버 드리블로 승부를 걸었다. 만시니는 현란한 발놀림으로 레베이예르의 무게 중심을 쏠리게 만든 뒤 반대쪽인 왼쪽으로 빠져나갔다. 그리고 강력한 숏으로 골을 터뜨렸다. 아직 후반전이 통째로 남아 있었다. 로마는 그들답지 않은 끈질긴 수비로 리옹의 모든 공격을 받아 냈다.

경기가 끝난 뒤 로마 선수들은 우승이라도 한 것처럼 펄쩍펄쩍 뛰었다. 그럴 만한 것이, 로마가 챔피언스리그 8강에 진출한 건 1992년 이 대회가 출범한 뒤 처음이었다. 전신인 유러피언컵 시절까지 거슬러 올라가 보면,

챔피언스리그 16강전인 리옹 원정경기에서
1, 2차전 합산 첫 골이 토티의 머리로 들어가고 있다

1982/1983시즌 세리에 A 우승팀 자격으로 참가한 다음 시즌 유러피언컵에서 준우승을 차지한 것이 역대 유일한 8강 이상 성적이었다. 유럽의 빅 클럽들에게 챔피언스리그 8강은 별 것 아닌 성적이지만, 토티가 뼈를 묻기로 한 로마에 있어 8강은 특별한 성과였다.

8강 상대는 잉글랜드 정상의 지위를 회복하는 중이었던 맨체스터 유나이티드였다. 올림피코에서 로마의 경기는 술술 풀렸다. 맨유의 스콜스는 토티에게 서툴게 발을 내밀었다가 전반 34분 만에 두 번째 경고를 받고 퇴장당했다. 맨유 수비진 사이에는 큰 공간이 생겼고, 로마는 완벽한 우위 속에서 경기를 진행할 수 있었다. 전반 44분 타데이가 골을 넣는 장면을 보면 토티가 2선에서 만시니에게 패스를 내주고 만시니가 크로스를 할 때, 문전에 무려 5명의 로마 선수가 들어가 있는 걸 볼 수 있다. 그중 타데이가 골을 터뜨렸다. 로마는 올레 구나 솔샤르의 크로스와 루니의 하프 발리 슛에 동점골을 내줬지만, 부치니치의 결승골로 결국 승리했다. 다만 이 경기에서 경고를 받은 페로타가 2차전에 뛸 수 없게 됐다. 사실 맨유의 스콜스보다 로마의 페로타가 훨씬 중요한 선수였다는 게 올드 트래퍼드에서 드러나게 된다.

이어진 2차전에서 로마는 1-7이라는 기록적인 점수 차로 국제적인 창피를 당했다. 최악의 패배였다. 딱히 퇴장당한 로마 선수가 있는 것도 아니었다. 변명할 거리는 몇 가지 있었다. 맨유는 마이클 캐릭이 전반 11분에 넣은 선제골을 시작으로 기세를 타기 시작했고, 캐릭은 후반전에도 한 골을 추가했다. 캐릭의 약 560경기 정도 되는 선수 경력을 통틀어 유일하게 두 골을 넣은 경기였다. 캐릭이 로마 수비진 앞으로 뛰어들어 중거리 슛을 때려넣을 거라고는 아무도 예상하지 못했을 것이다. 심지어 맨유의 마지막 골은 레프트백으로만 알고 있던 파트리스 에브라가 갑자기 오른쪽에 나타나 왼발로 넣은 중거리 슛이었다. 로마에 불리한 돌발 변수가 너무 많았다.

그러나 불운보다 중요한 건 로마의 시스템이 품고 있던 단점들이 일제히 드러났다는 점이었다. 로마는 공격할 때 많은 선수들이 과감하게 포지션을 벗어나 맨유 문전으로 올라갔고, 일단 공격이 무산된 뒤에는 역습을 당할 위험에 노출돼 있었다. 당시 세계에서 가장 역습이 빠른 팀이었던 맨유의 크리스티아누 호날두와 웨인 루니를 막을 대책이 전혀 없었다. 로마가 주도권을 잃은 상태에서 좌우의 카세티와 파누치에게 과부하가 걸렸다는 점도 문제였다. 이탈리아 내에서는 맨유처럼 빠르고 넓게 측면을 활용하는 상대가 없기 때문에 그동안 드러나지 않던 약점이었다. 로마의 7실점 모두가 측면에서 중앙으로 투입하는 패스에 의해 나왔고, 로마는 매번 당황했다.

토티는 로마의 모든 선수가 그랬듯 경기 내내 아무런 영향력도 발휘하지 못했다. 데로시가 묘기에 가까운 발리로 골을 넣었지만 의미가 없었다. 토티가 할 수 있는 일이라곤 경기 후 "제 인생에 가장 슬픈 패배입니다. 챔피언스리그에서 7실점은 상상도 못 했어요"라는 쓸쓸한 인정 후 "우린 다시 일어서야 합니다"라는 말로 동료들을 독려하는 것이 고작이었다. 이 패배 이후 한동안 로마는 영국인들에게 평가절하 당했고, 토티도 그리 인상적이지 못한 선수로 인식되는 경향이 생겼다.

대중들의 인식과 달리 알렉스 퍼거슨은 로마가 특이한 축구를 한다는 걸 꿰뚫어보고, 거기서 배울 점이 있는지 탐구했다. 맨유는 2007년 여름 카를로스 테베스를 영입했다. 그리고 루니와 테베스가 최전방에서 마치 토티처럼 2선으로 빠지면, 왼쪽 미드필더인 호날두가 최전방으로 쇄도해 골을 넣는 공격 방식을 구상했다. 맨유 선수들에게 맞게 재해석한 가짜 9번이었다. 호날두는 이 전술 속에서 시즌 31골을 넣고 득점왕을 차지하며 세계 최고 선수로 발돋움하게 된다.

역대 최고 성적을 거뒀음에도 불구하고 챔피언스리그는 비극으로 마무리됐다. 로마로 돌아온 토티는 분풀이를 하듯 이탈리아 팀들을 두들겨 패고 다녔다. 삼프도리아에 2골 1도움을 기록하며 4-0 대승을 이끌어 냈다. 쥐세페 메아차 원정에서는 운이 따른 프리킥 골을 넣으며 인테르 격파에 앞장섰다. 이날 로마가 패배했다면 팀당 여섯 경기씩 남은 시점에 우승이 확정될 수도 있었다. 로마는 우승 세리머니의 엑스트라 신세가 되는 수모만큼은 피하며 마지막 자존심을 살렸다. 다음 경기에서 로마가 아탈란타에 패배하면서 우승팀이 인테르로 결정됐다. 이어진 더비에서 로마와 라치오는 0-0으로 비겼다. 이 경기는 두 팀에서 모두 뛴 안젤로 페루치 골키퍼의 은퇴 경기였고, 토티와 데로시를 비롯한 로마 선수들도 페루치에게 덕담을 전했다.

시즌은 막바지를 향해 달려갔고, 로마에 가장 중요한 경기가 다가왔다. 5월 7일 올림피코에서 코파 결승 1차전이 열렸다. 로마는 최상의 라인업으로 경기에 임했다. 토네토와 카세티 대신 키부와 파누치에게 좌우 수비를 맡기며 약간 수비를 고려한 라인업이었다. 인테르는 압도적인 캄피오네답게 엄청난 멤버를 경기장에 들여보냈다. 이브라히모비치는 빠졌지만 크레스포와 아드리아누가 공격을 맡고 피구, 사네티, 캄비아소와 같은 선수들이 미드필드를 채우고 있었다. 비에라, 레코바, 그로소가 교체 투입돼야 할 정도로 화려한 멤버였다.

그러나 경기가 시작되자, 인테르의 화려한 선수들이 한 일이라곤 로마의 패스워크를 한 발 늦게 따라다니는 것뿐이었다. 킥오프한 지 단 51초 만에 토티가 인테르 문전에서 침착하게 공을 잡아 놓은 다음 선제골을 디뜨렸다. 그 다음에는 코너킥을 받은 데로시가 시원한 발리로 골을 추가했다. 페로타도 특기인 문전 침투로 세 번째 골을 넣었다. 크레스포가 기민한 문전 침투에 이어 도니까지 돌파하고 만회골을 넣었지만, 로마는 만시니의 골로 또 달아났다. 전반전이 끝날 때 이미 점수는 4-1이었다. 후반에는 파누치의 헤딩골, 크레스포의 헤딩골, 프리킥 상황에서 밀어넣은 파누치의 쐐기골이 나왔다. 점수는 6-2였다. 파누치는 경기가 끝난 뒤 기세등등하게 "목요일(2차전이 열리는 5월 17일)은 언제 옵니까?"라고 외쳤다가 너무 교만했다 싶었는지 "그러나 우리는 우승이 확정될 때까지 집중해야 합니다"라고 마음에 없는 소리를 했다.

쥐세페 메아차에서 인테르는 열심히 반격했다. 크레스포와 훌리오 크루스의 연속골이 나왔을 땐 조금이나마 역전의 가능성이 생겼다. 그러나 로마는 더 흔들리지 않았고, 후반 39분 페로타가 만회골을 넣으며 사실상 경기를 끝냈다. 우승을 축하하기 위해 밀라노까지 먼 길을 떠난 로마 서포터들은 그들의 찬가인 '로마 로마 로마'를 불렀다. 쥐세페 메아차를 충분히 메울 만큼 큰 소리였다.

로마가 코파 이탈리아에서 우승한 건 토티가 아직 프리마베라 소속이었

2006/2007시즌 코파 이탈리아에서 로마는 16년 만에 우승을 차지했다

던 1991년 이후 16년 만이었다. 1991년은 로마가 UEFA컵 결승에서 인테르와 만나 패배한 해이기도 했다. 토티가 볼보이를 했던 바로 그 경기다. 16년 전이나 지금이나 인테르는 로마보다 더 화려한 팀이었지만, 이번엔 로마가 이겼다. 토티는 승리한 뒤 디노 비올라를 떠올렸다. 토티의 유년 시절에 로마 회장이었다가 1991년 사망한 비올라는 소년 토티에게 "너는 16세에 데뷔하게 될 거야"라는 응원을 해 준 적이 있었다.

토티의 축구 인생에서 스쿠데토, 수페르코파에 이은 세 번째 우승이기도 했다. 로마는 코파 우승자에게 주어지는 코카르다 트리콜로레(Coccarda Tricolore, 삼색 꽃 모양 장식이라는 뜻) 패치를 달 수 있게 됐다. 토티는 "산 시로에서 우리의 찬가를 듣는 건 정말 기분 좋은 일이네요"라고 이야기했다. 당시 인테르 이적설이 돌았던 멕세가 화제에 오르자, 토티는 갑자기 영상편지를 찍었다. "멕세 너, 이제 좀 로마인이 된 기분이 드냐? 그럼 빨리 재계약해라."

아직 토티의 시즌은 끝나지 않았다. 토티는 칼리아리와 메시나를 상대로 각각 두 골씩 더 터뜨렸다. 시즌이 끝났을 때 토티의 득점은 26골이었다. 그리고 세리에 A에 이어 라리가까지 시즌을 마쳤을 때, 유럽 빅 리그에서 토티보다 많은 골을 넣은 선수는 한 명도 없었다. 라리가 득점왕 뤼트 판니스텔로이가 25골, 프리미어리그 득점왕 디디에 드로그바가 20골, 분데스리가 득점왕 테오파니스 게카스가 20골을 넣었다. 토티는 유러피언 스포츠 미디어가 유럽 전체 득점왕에게 수여하는 유러피언 골든 부트의 주인공이 됐다. 골 넣기 힘들기로 악명 높은 세리에 A에서 수상자가 나온 건 바로 전 시즌의 토니에 이어 토티가 두 번째였다. 이탈리아인 수상자 역시 이들 둘뿐이었다. 로마 선수로서는 당연히 처음이었다. 로마 선수가 세리에 A 득점왕이 된 것은 프루초 이후 21년 만이었다.

토티가 이때 세계에서 가장 뛰어난 선수였다는 걸 뒷받침하는 몇 가지 수상 실적이 더 있다. 토티가 삼프도리아를 상대로 넣은 왼발 발리는 오스카델 칼초에서 시즌 최고 골 장면으로 선정됐다. 토티는 앞선 시즌의 쿠키아이오에 이어 두 시즌 연속으로 이 상을 받아 갔다. 그리고 올해의 이탈리아인 선수 부문 역시 수상했다. 2000, 2001, 2003, 2004년에 이어 다섯 번째이자 토티 개인으로서는 마지막 수상이었다. 이 부문은 1997년부터 2010년까지 14시즌 동안 존속된 뒤 폐지됐는데, 그중 5회를 토티가 독식한 것이다. 그러나 올해의 선수를 뽑는 결선 투표에서 토티는 밀란의 챔피언스리그 우승을 이끈 카카에게 밀렸다.

## ___ 스쿠데토만 빼고

　두 달 뒤, 쥐세페 메아차에서 로마 찬가가 다시 울려 퍼졌다. 2007/2008시즌 첫 경기인 수페르코파에서 토티는 인테르의 스타 수비수들을 마음껏 농락했다. 토티는 끝없이 파울을 얻어 내며 로마의 공격을 이끌었다. 인테르의 반격은 도니가 모조리 쳐냈다. 후반 33분 왼쪽 측면으로 빠졌다가 중앙으로 돌입하려는 토티를 니콜라스 부르디소가 막아섰다. 토티가 재빨리 몸을 흔들고 오른쪽으로 빠져나갈 때 뒤늦게 발을 내민 부르디소가 파울을 저질렀다. 지난 시즌 페널티킥을 많이 흘린 토티 대신 데로시가 깔끔하게 골을 터뜨렸다. 기분 좋은 승리였다.

　이날 인테르의 왼쪽 수비수는 키부였다. 로마는 다쿠르에 이어 2년 연속으로 주전급 선수를 인테르에 내줬다. 그 공백을 메우기 위해 센터백 주앙, 라이트백 시시뉴를 데려왔다. 오랜만에 로마에 합류한 브라질 출신 수비수였고, 아우다이르와 카푸만큼은 아니지만 로마에서 뛰는 동안 나름대로 자기 몫을 한 선수들이었다. 침투와 팀플레이가 뛰어나 로마 시스템에 잘 어울리는 뤼도비크 지울리도 바르셀로나에서 영입됐다. 성실한 미드필더 마테오 브리기로 소소한 전력 보강까지 했다.

　토티는 1라운드에서 팔레르모를 2-0으로 꺾은 뒤 이번 시즌에는 스쿠데토를 가져올 수 있겠냐는 질문을 받았다. 그는 "글쎄, 운이 좋다면요"라고 말했다. 로마는 2라운드에서 시에나를 3-0으로 꺾었다. 이날 골든 부츠 트로피 수여식이 있었다. 황금 축구화를 든 토티와 그에게 안겨 있는 한 살배기 크리스티안, 지팡이를 짚고 나와 토티의 옆에 선 81세 센시의 모습은 로마의 과거와 미래를 관통하는 토티의 존재를 잘 보여 줬다. 이어 로마는 레지나를 2-0으로 꺾었다. 리그 초반 세 경기 전승은 스쿠데토 시즌 이후 처음이었다. 아퀼라니는 중거리 슛으로만 두 골을 터뜨리며 탁월한 재능을 다시 한 번 선보였다.

4라운드에서 유벤투스를 상대로 토티가 넣은 골은 왜 가짜 9번을 막는 것이 어려운지를 단적으로 보여 주었다. 유벤투스의 센터백 도메니코 크리시토는 토티를 막으려다 페널티 지역 바깥까지 끌려 나왔다. 토티는 골대와 멀리 떨어진 곳에서 절묘한 터닝 기술로 크리시토를 돌파했고, 짧은 드리블로 조금 전진한 뒤 바로 골을 터뜨렸다. 농구에서 센터를 외곽으로 끌어내면 미스 매치가 일어나고 가드의 돌파가 쉬워지는 것처럼, 토티는 골대와 먼 곳에서 상대 센터백을 상대할 때 큰 자신감을 보였다. 이 경기의 결과는 2-2 무승부였다.

그러나 로마는 운이 없었다. 곧 토티에게 부상이 찾아왔다. 토티가 자주 이탈하면서 최전방은 부치니치가 도맡아야 했고, 윙어가 다치면 카세티나 시시뉴가 자주 기용될 정도로 전력에 타격이 심했다. 어찌 됐든 부치니치도 좋은 공격수였고, 2선 플레이를 좋아하는 플레이스타일을 가졌기 때문에 토티의 역할을 그럭저럭 대체할 수 있었다. 시시뉴의 크로스를 부치니치가 헤딩으로 마무리해 밀란 원정을 잡아냈고, 더비 역시 토티가 관중석에서 지켜보는 가운데 3-2로 극적인 승리를 따냈다. 반면 엠폴리, 스포르팅 CP, 제노아 등을 상대로 승점을 흘리기도 했다. 토티가 복귀와 부상을 반복하자 부치니치는 "토티와 함께라면 모든 것이 더 쉬워진다"라며 주장의 복귀를 응원했다. 토티와 자리가 겹치는 부치니치였지만, 그와 공존할 수 있다는 자신감이 내포된 표현이기도 했다.

2007년 말, 토티가 얼마나 필요한지 단적으로 드러났다. 로마는 토티 없이 치른 코파 16강 토리노 원정에서 1-3으로 대패를 당했다. 이후 선발로 복귀한 토티는 세리에 A 삼프도리아전에서 두 골을 넣었고, 아탈란타를 상

**토리노와의 코파 이탈리아 16강 2차전에서 토티는 통산 200골을 달성했다**

대로도 한 골을 터뜨려 팀의 2연승을 이끌었다. 그리고 올림피코에서 토리노와의 리턴 매치가 열렸다. 1차전 패배를 뒤집으려면 갈 길이 멀었음에도 좀처럼 골이 터지지 않자, 스팔레티는 후반 14분 토티를 투입했다. 그때부터 로마는 무려 4골을 터뜨렸다. 토티 스스로 페널티킥을 포함해 2골을 넣었음은 물론이고 로마 공격 전반에 엄청난 영향을 미쳤다.

토리노전을 통해 토티는 로마 소속 200골에 도달했다. 토티는 "목표는 이제 300골입니다"라고 선언했다. 데로시는 "토티는 로마의 역사 그 자체죠. 그런 사람은 아무도 없어요. 토티의 활약이 언젠가 끝난다는 건 상상조차 안 돼요"라고 말했다.

8강에서도 같은 양상이 반복됐다. 로마는 토티가 부상으로 빠진 상태에서 삼프도리아 원정을 떠났고, 1-1 무승부에 그쳤다. 홈에서는 토티가 선발로 뛰었다. 토티가 스스로 날린 슛은 없었지만 상대 수비가 신경 써야 할 것들이 많아졌고, 그 틈에 만시니가 골을 터뜨려 로마가 1-0으로 승리했다. 반면에 세리에 A는 지난 시즌과 마찬가지로 인테르와 로마의 승점 차가 조금씩 벌어지면서 싱겁게 흘러갔다.

한편 로마는 챔피언스리그 16강에서 레알 마드리드와 오랜만에 재회했다. 레알을 상대로 유독 강하다는 로마의 전통은 이때도 유효했다. 라울에게 실점을 먼저 내줬지만 언제나처럼 활기차게 반격한 로마는 곧 토티를 중심으로 역전에 나섰다. 토티에게서 시작된 역습이 혼전을 거쳐 피사로의 동점골로 이어졌다. 후반전, 수비가 길게 걷어낸 공을 깔끔하게 받은 토티는 레알 문전으로 돌진하는 만시니에게 스루 패스를 제공했고, 여기서 역전골이 나왔다. 로마는 레알 원정에서도 페페의 퇴장에 힘입어 승리를 거뒀다. 이어진 8강 상대는 지난 시즌과 마찬가지로 맨유였다. 조별리그에서도 만났던 맨유와 지긋지긋한 악연이 되풀이되었다. 로마는 원정에서 0-2, 홈에서 0-1로 패배하며 결국 작은 차이를 넘지 못했다.

시즌 막판이 되면서 로마의 적수는 다시 인테르 한 팀으로 좁혀졌다. 세리에 A에서 인테르가 지난 시즌만 못한 반면, 로마는 한결 실속 있는 대회 운영을 하면서 승점 차가 꾸준히 5점 이내로 유지됐다. 그러다 막판 36, 37라운드에서 로마가 2연승을 거두는 동안 인테르가 승점을 흘렸기 때문에 승점차가 단 1점으로 줄어들었다.

5월 18일 일제히 열린 시즌 최종전에서 로마가 카타니아를 잡고, 인테르가 파르마에 무승부나 패배를 당한다면 우승팀이 바뀔 수 있는 상황이었다. 그러나 토티는 이미 4월 중순부터 오른쪽 무릎에 심각한 부상을 입은 상태였다. 동료들이 팔레르모 원정을 떠났을 때, 토티는 가족과 함께 TV 앞에 앉아 승리를 기원하는 것 외엔 할 수 있는 게 없었다. 부치니치가 기습적인 돌파로 골을 만들어 냈지만, 후반전에 호르헤 마르티네스에게 동점골을 내주고 말았다. 동시에 인테르가 승리하면서 로마의 시즌은 승점 3점 차 준우승으로 마무리됐다.

시즌의 마무리는 다시 코파였다. 지난 4월, 토티는 카타니아를 상대한 코파 준결승 1차전에서 강력한 중거리 슛으로 골을 터뜨려 1-0 승리를 이끌었다. 로마 동료들은 준결승 2차전에서 무승부를 거두며 결승 진출을 이뤘다. 그리고 시즌의 진정한 최종전인 5월 24일 코파 결승전에서 로마가 다시 승리했다. 이번 장소는 올림피코, 상대는 또 인테르였다. 멕세와 페로타가 골을 터뜨리며 2-1 승리의 주인공 역할을 했다. 토티는 유니폼을 입고 시상대에 올라 트로피를 번쩍 들어 보였다. 시즌의 처음과 마지막에 우승컵을 하나씩 차지했다는 것이 토티와 로마 선수들에게 위안이었다. 스쿠데토만 빼고 모든 영광을 로마가 누렸다.

이때 토티는 짧은 출장 시간 탓에 리그 14골에 그쳤다. 대신 로마 소속으로 5골 이상 넣은 선수가 9명이나 됐다. 토티만큼 결정력 좋은 선수가 없다 보니 선수들의 슛감이 유독 나쁜 날에는 경기를 그르치기도 했지만, 총 득점은 72골로 로마가 가장 많았다.

용감하고 아름다운 로마의 이미지는 스팔레티와 토티의 합작품이었다. 스팔레티는 훗날 인터뷰에서 "제가 가야 할 길을 토티가 보여 줬던 거죠. 그런 종류의 선수들은 자기 손으로 자신을 주조해 냅니다. 프란체스코의 위치를 페널티 지역 근처로 이동시킨 건 늑대를 닭장 옆에 풀어놓은 거나 마찬가지라고 보시면 돼요. 그는 언제나 테러를 저지를 공간을 찾아내곤 했죠"라는 근사한 비유법으로 토티 활용법을 설명했다. 또한 펠레의 말을 인용하며 "펠레가 저보다 잘 아는 것 같은데요? 맞아요. 토티에게 공을 주는 건 은행에 돈을 넣는 것과 같죠"라는 명언도 남겼다.

토티는 스팔레티와의 만남이 자신의 축구 인생에 대전환을 가져왔다고 본다. "스팔레티와 함께, 저의 포지션은 궁극적으로 바뀌었어요. 저는 마음대로 돌아다닐 자유를 갖게 됐죠. 제 경력을 통틀어 최고 포지션이었다고 생각해요."

토티가 로마에서 어떤 존재였는지 엿볼 수 있는 일화가 있다. 2008년 4월, 토티는 중도 우파 연합의 리더인 베를루스코니에게 정치적인 공격을 받았다. 이때는 총선 유세가 한창 진행 중이었다. 토티는 로마 시장 선거에서 중도 좌파 성향인 프란체스코 루텔리 후보를 지지하고 있었다. 베를루스코니는 좌파 인사들과 설전을 벌이던 중 "토티는 머리를 쓰지 않는다. 새너티 테스트(컴퓨터 프로그램의 버그 테스트)를 받아 보라고 권하고 싶다"라고 조롱했다. 토티가 루텔리를 지지하는 것이 모종의 청탁이나 압력 때문이라는 암시를 늘어놓기도 했다. "만약 내가 밀란 선수들에게 날 지지하라고 한다면 많이들 기꺼이 해줄 거다. 그들 중에는 자청한 선수도 있었지만 내가 금지했다. 그게 나와 벨트로니(좌파 성향인 전 로마 시장), 루텔리의 차이다."

로마 유권자들은 토티와 뜻을 함께하지 않았다. 로마의 한 투표장에서는 "베를루스코니여, 우리를 구원하소서"라고 소리를 지르는 사람도 있었다. 결국 로마 시장 당선자는 우파 연합의 잔니 알레만노였다. 로마를 보면 전체 판세를 알 수 있을 거라는 분석대로, 우파의 전국적 압승을 통해 베를루스코니 4기 정부가 출범했다. 당시 이탈리아는 광풍에 가까운 우파 바람이 불고 있었기 때문에 토티의 발언 정도로 대세를 바꿀 수는 없었다.

당시 좌파 정권은 시민 결합에 법적 효력을 부여해 사실상 동성혼을 인정하겠다는 정책을 내놓았으나 카톨릭 신자가 많은 이탈리아인들의 보수적인 결혼 관념에 비하면 너무 급진적인 정책이었다. 또한 2007년 로마 외곽에서 이탈리아 여성이 살해당하고 집시가 용의자로 체포되면서 '좌파는 이탈리아인들을 보호하지 않는다', '더 강경한 이민 정책이 필요하다'는 여론도 생긴 상태였다. 언어의 마술사 베를루스코니는 선거전 내내 이민자들을 범죄자와 동일시하는 수사를 쓰며 대중의 적개심을 자극했다.

　물론 이런 일을 겪었다고 해서 토티가 베를루스코니 집안과 척을 진 건 아니었다. 좌우 진영 모두 각별하게 신경 쓴 로마 시장 선거가 과열 양상으로 치달으면서 로마의 상징인 토티에게도 불똥이 튀었을 뿐이다. 실비오의 아들이자 방송사 메디아세트의 사장인 피에르 베를루스코니는 훗날 토티를 해설위원으로 초빙하고 싶다는 공개 발언을 하기도 했다.

## 토티 인사이드 8
## 가짜 9번의 선구자와 변형들

토티가 현대적인 개념으로 재정립한 가짜 9번은 '명목상 공격수 포지션에 있는 선수가 후방으로 내려가면서 수비수들을 현혹시킬 때 이 공격수의 역할을 부르는 말'이라고 정리할 수 있다. 이 개념은 '공격형 미드필더와 윙어 등 2선에 있는 선수가 가짜 9번이 만들어 준 최전방 공간으로 침투하며 득점 기회를 잡는 움직임'과 동시에 작동해야 그 의미가 있다.

이 역할의 선구자라고 할 수 있는 선수들은 1930년대부터 존재했다. 1930년대 세계 최강이었던 오스트리아 대표팀은 일명 '분더팀(wunder team, 경이적인 팀이라는 뜻)'으로 불렸다. 이 팀의 공격수 마티아스 진델라는 '종이 인간'이라는 별명으로 유명했다. 최전방 공격수는 상대 문전에서 패스를 기다려야 한다는 고정 관념이 심했던 시대인데, 진델라는 일종의 프리롤로서 자유롭게 움직이며 상대 수비수들을 피해 다녔기 때문이다.

1950년대 최강이었던 '매직 마자르' 헝가리 역시 프리롤에 가까운 공격수로 상대 수비를 골탕 먹이는 팀이었다. 최전방에 있던 난도르 히데쿠티는 경기가 시작되면 미드필드 지역으로 내려가 활동하며 자신을 대인 방어하던 수비수를 끌어냈다. 그러면 텅 비어 버린 상대 문전으로 페렌치 푸슈카쉬, 코시치 샨도르가 침투해 골을 터뜨렸다. 로마로 치면 히데쿠티가 토티, 퓨슈카쉬와 샨도르가 페로타 같은 역할이었다. 수비는 무조건 대인 방어라고 생각했던 나라들은 헝가리를 어떻게 막아야 하는지 알지 못했다. 특히 잉글랜드는 해외 구단과 교류하기 시작한 지 얼마 안 됐을 때 헝가리를 만나 엄청난 충격을 받았다.

토티 이후에는 바르셀로나의 메시, 스페인의 세스크 파브레가스가 이 역할을 소화한 것으로 잘 알려져 있다. 그러나 이들 중 토티처럼 포지션의 개념 자체를 뒤흔들어

버린 선수는 없었다. 메시가 2010/2011시즌 바르셀로나에서 소화한 역할을 흔히 가짜 9번이라고 부르지만, 사실 메시는 최전방으로 올라가 활동하지 않았다. 메시는 늘 1선이 아닌 2선에서 공격형 미드필더로서 뛰었다. 메시보다 앞에 배치된 페드로 로드리게스, 다비드 비야 투톱이 좌우로 넓게 벌려 윙어 역할을 겸했다. 그러므로 이 조합에서 최전방 공격수에 가까운 선수는 메시가 아니라 비야와 페드로였다. 메시는 토티처럼 1선에 있는 척하다가 2선으로 내려오는 동선을 보이지 않았다. 이는 토티와 메시의 캐릭터가 다르다는 걸 감안하면 자연스런 일이었다. 토티는 최전방에서 상대 수비를 등진 채 공을 지킬 수 있는 선수고, 메시는 좀 더 후방에서 상대 수비를 바라보며 드리블을 시작해야 위력이 나는 선수이기 때문이다.

로마가 '스트라이커인 척하는 선수가 사실은 미드필더'인 팀이라면, 바르셀로나는 '스트라이커 자리를 텅 비워 놓은 팀'이었다. 가짜 9번의 일본식 표현인 '제로톱'이라는 말이 당시 바르셀로나에 더 잘 어울리는 표현이다. 바르셀로나를 막는 상대방 수비수들은 마크해야 할 공격수가 한 명도 없기 때문에 누굴 견제해야 하는지 모르는 상황에 처했다. 그러다가 저 멀리서부터 속도를 붙여 돌파해 오는 메시를 막는 건 엄청나게 어려운 일이었다. 어설프게 메시를 막으러 나가면, 비야와 페드로가 그 배후로 침투했다.

파브레가스의 경우에는 더더욱 가짜 9번과 거리가 멀었다. 파브레가스는 유로 2012에서 스페인의 주전 공격수로 기용돼 우승에 일조하며 이 역할의 대표적인 선수처럼 알려졌다. 그러나 본업은 미드필더일지라도 파브레가스가 최전방에 배치됐을 때의 동선은 여느 스트라이커들과 다를 바가 없었다. 파브레가스는 주로 최전방에 머물며 동료의 패스를 기다리고, 2선에 있는 동료들과 공을 주고받으며 공격을 전개해 나갔다. 평범한 단신 원톱의 플레이였다. 특히나 파브레가스가 상대 수비수를 끌어내는 모습이 대회 내내 거의 없었기 때문에, 이 역할을 가짜 9번이라고 부르는 데에는 어폐가 있다. 이처럼 가짜 9번을 쓰는 팀의 공격 방식은 스트라이커의 개인적인 플레이스타일에 큰 영향을 받게 된다.

전술의 세부사항은 팀마다 다르지만, 최전방에 골잡이가 아니라 미드필더적인 선수를 배치할 때 오히려 팀 공격이 더 강해진다는 역설을 사람들에게 일깨워 준 건 분명 토티의 공이다. 토티 이전까지 유러피언 골든 부츠(현재는 골든 슈) 수상자는 대부분 전형적인 골잡이였다. 이안 러시, 마르코 판바스턴, 우구 산체스, 호나우두, 마리우 자르데우, 케빈 필립스, 헨리크 라르손, 로이 마카이, 티에리 앙리, 디에고 포를란, 루카 토니 등이다. 그런데 토티 이후 10년 동안의 수상자를 보면, 그중 전형적인 스트라이커라고 할 수 있는 수상자는 포를란(1회)과 루이스 수아레스(2회, 한 번은 공동수상)뿐이다. 나머지 모든 상을 쓸어간 메시, 호날두는 모두 2선에서 뛰는 선수들이다.

이들 중 메시는 가짜 9번이라는 점에서 토티의 전술적 후배라고 할 수 있다. 호날두의 역할은 로마에서 만시니와 페로타가 먼저 보여 준 역할이다. 2000년대 후반부터 세계 정상급 팀들의 전술은 토티의 영향을 받아 조금씩 변했다. 토티가 최초의 가짜 9번은 아니지만, 현대적인 가짜 9번의 상을 정립했다고 말할 수 있는 이유다.

## 가짜 9번을 쓴 팀들

2007/2008시즌 맨체스터 유나이티드

2010/2011시즌 바로셀로나

2012 스페인 대표팀

## 토티 인사이드 9
### 이탈리아의 최불암 혹은 심영

토티는 10년 넘는 현역 생활 동안 점점 멍청한 이미지가 강해졌다. 2000년대 후반에는 아예 바보 개그의 소재로 쓰였다. 이탈리아 사람들은 인터넷 등의 공간에서 토티가 등장하는 바보 개그를 경쟁적으로 만들어 댔다. 토티는 당시 이탈리아 온라인 공간의 대표적인 '필수 요소'였다. 한국으로 치면 드라마 〈야인시대〉의 캐릭터 심영처럼 인터넷 농담에 꼭 필요한 존재가 된 것이다. 시간이 지나자, 마치 한국에 '최불암 시리즈'가 있었던 것처럼 이탈리아에는 '토티 시리즈'가 탄생했다. 두 시리즈의 차이점은 토티가 실제로 어벙한 면이 있다는 점이다. 한 기자가 토티에게 '카르페 디엠(carpe diem, 지금 살고 있는 순간에 충실하라는 뜻의 라틴어)'이 들어가는 질문을 했다. 토티는 이렇게 대답했다. "미안한데요, 저 영어 못해요."

토티는 멍청한 이미지에서 벗어나기 위해 노력하지 않았다. 오히려 자신에 대한 농담을 수집하고 집대성해 책으로 묶었다. 국내에도 출간돼 있는 《토티는 못말려》다. 실제 자신이 한 바보 같은 말과 사람들이 덧붙인 이미지를 싹 긁어모은 이 유머집은 2008년 6월 출간돼 두 달도 지나기 전에 약 50만 부가 팔렸다. 엄청난 판매고였다. 유니세프 홍보 대사였던 토티는 판매 수익 전액을 기부했다.

토티와 축구계 동료들이 등장하는 바보 개그가 책의 주요 내용이다. 이런 식이다. 어느 날 신문에 끔찍한 기사가 실렸다. '두 권의 책을 소장하고 있던 토티 도서관이 불에 타버렸습니다.' 토티는 절규했다. "안돼! 아직 두 번째 책에 색칠을 못 끝냈단 말이야!"

축구에 대한 유머들도 있다. 로마와 라치오의 치열한 라이벌 관계를 비꼰 유머의 예를 들자면 다음과 같다. 센시는 내년 라치오의 부상 선수 숫자를 대략 예측할 수 있다. 토티는 부상을 입을 선수가 누구인지 정확히 알고 있다.

책이 인기를 끌자, 토티와 선수들은 이 내용을 토대로 만든 TV 쇼에 직접 출연하기도 했다. 토티는 이탈리아의 인기 프로그램 중 하나인 몰래카메라에 휘발유를 펌프질하는 사람으로 출연한 적도 있다. 그를 알아보는 사람에게 토티는 천연덕스럽게 말했다. "내가 토티라면 여기서 이러고 있을 것 같아요? 진짜로?"

대중으로부터 놀림거리가 된 선수가 보일 수 있는 반응 중에서 가장 현명하면서도 강한 정신력이 필요한 방식이다. 당시 유니세프 관계자인 도나타 로디는 "토티가 자신에 대한 농담에 이런 식으로 반응할 줄은 아무도 몰랐을 것이다. 모든 사람들이 토티의 부정적인 반응을 기대했다. 실제로 일어난 일은, 토티가 농담들을 수집해 자신의 것으로 만들고 엄청나게 잘 소화해 냈다는 것이다. 토티라는 개인에 대한 대중의 관점은 달라질 것이다"라고 말했다. 바보라는 이미지를 이용하는 방식은 누구보다 현명했다는 것이 토티의 역설이었다.

토티에게 이 아이디어를 제공한 방송인 마우리치오 코스탄초는 책에 실린 추천사에서 "토티 시리즈는 지난 몇 달간 엄청난 속도로 쏟아져 나왔다. 토티는 웃음거리가 되어 화가 많이 났을 것이다. 이 책을 출판함으로써 프란체스코는 꽤 껄끄러운 상황에서 우아한 방법으로 몸을 뺄 수 있었고, 이 시리즈에 대해 몰랐던 사람들에게까지 자신이 그들보다 우월하다는 것을 보여 줬다. 또한 재치 있는 방법으로 거만한 선수들과 자신이 다르다는 것을 보여 줬다"고 했다. 상당수의 유머에는 일라리가 등장하고, 그중엔 성적인 내용도 많았다는 걸 감안하면 확실히 토티의 행보는 과감한 면이 있다. 당시 로마 시장이었던 벨트로니, 조반니 미칼리 유니세프 이탈리아 회장도 서문에 한마디씩 보탰다.

이처럼 쿨한 태도를 보이자, 사람들은 토티를 깔보는 것이 아니라 친근하게 생각하기 시작했다. 출간 당시 BBC가 인터뷰한 한 로마 시민은 토티에 대한 사람들의 감정을 잘 대변했다. "한번은 식당에서 토티를 만난 적이 있는데, 굉장히 특별했던 점은 그가 그냥 실없는 사람처럼 보였다는 거였죠. 그러나 나는 그가 실제로는 훌륭한 사람이라고 생각해요. 타인을 위해 많이 베풀어 왔잖아요."

바보 이미지는 로마라는 도시 자체에서 나온 것이기도 하다. 로마어는 이탈리아 표준어에 비해 억세다. 로마 남자들이 무식하다는 이미지도 토티의 유머집에 많이 반영돼 있다. 그래서 토티가 바보 같은 행동을 하는 구절들은 흔히 로마어로 쓰였다. 토티는 2002년 인터뷰에서 북부 사람들에게 무시 받고 있다는 피해 의식을 드러낸 바 있다. "저는 로마인이라서 대가를 치렀어요. 사람들은 저의 억양과 별명 때문에 저를 놀려 댔죠. 아마 로마에도 위대한 선수가 있다는 게 마음에 안 들었던 것 같아요. 그들이 보기에 우리 로마인들은 버림받았고, 게으르고, 노골적이고, 섬세히고, 뚱뚱하죠. 마음대로 생각하라고 해요. 저는 로마인으로 태어났고 로마인으로 죽을 거니까."

베스트셀러 작가가 된 토티는 그 뒤에도 저술 활동을 계속했다. 2012년작 《그리고 내가 여러분에게 로마에 대해 설명해 주겠다(E mo' te spiego Roma)》는 로마의 여러 명소에 대한 이야기가 축구 이야기와 섞인 책이다. 2014년에 나온 《로마 10》은 토티가 로마의 택시 운전사로 변신해 가상의 손님들과 나누는 대화를 모은 책이다. 토티는 마르코 페라디니, 피타고라스, 아르키메데스, 갈릴레오 갈릴레이 등과 이야기를 나눈다. 갈릴레이와 이야기할 때는 제만의 축구 혁명이 코페르니쿠스 혁명보다 더 중요하다고 설득하려 시도하고, 셰익스피어를 만나 로미오와 줄리엣만큼 운명적으로 앙숙 집안에서 태어난 라치오 팬과 로마 팬의 사랑 이야기를 들려주기도 한다. 다 유머가 가미된 책이다.

토티는 복합적인 이미지를 가진 남자다. 축구장에서의 포지션도, 플레이스타일도, 유명인으로서 형성해 온 이미지도, 아마 자연인 토티의 성격도 복합적일 것이다. 토티는 한 가지 정체성에 국한되지 않고 다양한 정체성을 오가며 모험하는 삶을 살았다. 그는 2013년 로마 데뷔 20주년 인터뷰에서 이렇게 말했다. "약간 자기모순적인 면이 있으면 그게 삶의 기반이 된다."

7

반 디 에 라

# BANDIERA

로마의 상징이자 전설이 되어 가는 토티

## __ 스팔레티 체제의 몰락

토티와 뗄 수 없는 관계였던 프랑코 센시가 2008년 8월 17일 사망했다. 가까운 사람들이 직접 운구하는 이탈리아 관습대로, 토티가 파누치와 함께 맨 앞에 서서 관을 어깨에 짊어지고 센시를 떠나 보냈다. 많은 서포터가 장례식장 주위를 둘러싸고 추모에 동참했다.

일부 조문객들은 축구장과 장례식장을 구분하지 못했다. 밀란을 대표해서 장례식장을 찾은 아드리아노 갈리아니 단장은 로마 팬으로 추정되는 사람이 뿌린 물을 맞았고, 마시모 모라티 인테르 회장은 야유를 들었다.

일주일 뒤 시즌이 시작됐다. 3년 연속으로 인테르와 치르는 수페르코파였다. 토티는 지난 시즌 당한 부상에서 완벽하게 회복하지 못했기 때문에 벤치에서 경기를 시작했다. 두 골씩 주고받은 뒤 승부차기가 시작됐다. 로마의 네 번째 키커였던 토티가 크로스바를 때리며 우승할 기회를 날려 버렸다. 7번 키커의 차례까지 가서 주앙의 킥이 실패하면서 로마는 우승을 놓쳤다. 센시에게 트로피를 바치려던 토티의 생각은 이룰 수 없게 됐다.

**로마의 찬란한 시대를 열었던 프랑코 센시 회장의 관을 토티가 맨 앞에서 운구하고 있다**

이번에도 인테르는 로마 선수를 데려갔다. 우승을 위해 인테르에 부임한 주제 무리뉴가 만시니를 영입해 갔다. 지울리는 확고한 주전으로 뛸 수 있는 팀을 찾는다며 파리생제르맹으로 이적했다. 페라리는 계약이 만료됐다. 대신 로마는 레프트백 욘아르네 리세, 윙어 제레미 메네즈, 공격형 미드필더 줄리우 밥티스타를 영입했다.

이론적으로는 모두 기대할 만한 선수들이었다. 리세, 그리고 겨울 이적시장에 합류한 모타는 로마의 공격적인 풀백 운용에 잘 어울렸다. 둘 다 활동량이 많고 90분 내내 공수를 오갈 수 있는 체력을 지녔다는 점도 고무적이었다. 메네즈는 당시 카림 벤제마, 사미르 나스리, 아템 벤아르파와 함께 프랑스의 1987년생 천재 사인방으로 불렸다. 하지만 결국 사인방 중 가장 기대에 못 미친 선수가 메네즈였다. 밥티스타는 원래 수비형 미드필더 출신이고, 공격형 미드필더 포지션에서 전방으로 침투하며 골을 넣는 것이 특기인 선수였다. 레알과 아스널에서 실패를 맛보긴 했지만 이론상 페로타의 역할을 완벽하게 수행할 것으로 기대됐다.

그러나 새로 영입된 선수들이 자신의 장점을 보여 주기에 앞서 AS 로마 전체가 위기에 빠졌다. 토티뿐 아니라 미드필드와 수비까지 부상자가 속출했다. 파누치가 주전 센터백으로 자리를 옮겼고, 후보 센터백 시모네 로리아는 나올 때마다 무더기 실점을 당했다. 미드필드에도 구멍이 자주 생겼다. 지난 시즌까지 후보였던 브리기가 가장 많은 출장 시간을 소화할 정도였다. 투지와 왼발 킥력이 뛰어난 리세는 수비 지능이 부족한 선수였다. 아퀼라니는 세리에 A 개막전에서 골을 넣으며 활약했지만, 언제나 그랬듯 곧 부상을 입고 전력에서 이탈했다. 10라운드 유벤투스 원정에서 0-2로 패배했을 때, 로마의 순위는 17위였다. 이미 선두 밀란과 승점 15점이 벌어졌다. 우승이 문제가 아니고 강등을 걱정해야 하는 시즌이었다.

이 시점에 열린 첼시와의 챔피언스리그 경기에서 로마가 3-1로 승리할 거라고 예상하는 사람은 드물었다. 토티가 돌아오자마자 로마는 거짓말처럼 저력이 급상승했다. 부치니치는 왼쪽 윙어로 배치돼 만시니의 공백을 메웠다. 토티는 골도 도움도 기록하지 못했지만 로마의 플레이는 확실히 매끄러워져 있었다. 로마는 강호 첼시, 당시 전성기였던 프랑스의 보르도를 모두 앞지르고 조 1위로 16강에 진출했다. 이어진 볼로냐 원정은 토티의 400번째 세리에 A 경기였고, 무릎 부상에서 돌아온 뒤 그의 첫 골이 나왔다. 그 다음 경기는 더비였다. 토티는 밥티스타의 골을 어시스트해 더비전 승리를 이끌었다. 토티가 얼마나 큰 존재였는지 보여 주는 시즌이었다.

로마는 그동안 코파로 자존심을 지켜 왔지만 이번엔 8강에서 인테르를 만났고, 토티 없이 1-2로 패배하며 탈락했다. 챔피언스리그 16강에서도 아스널과 1승 1패를 거둔 뒤 승부차기 접전 끝에 탈락했다. 밥티스타가 수많은 득점 기회를 무산시켰다. 토티의 복귀 이후 정신을 차린 로마는 3월에야 리그 6위까지 순위를 상승시키며 어느 정도 자존심을 지킬 수 있었다.

4월 19일, 로마는 레체를 3-2로 아슬아슬하게 꺾었다. 토티는 레체 문전으로 흐르는 공을 잘 밀어 넣었고, 후반전에 밥티스타가 얻은 페널티킥을 성공시키며 도합 두 골을 터뜨렸다. 이로써 세리에 A 통산 175골을 기록한 토티는 로마 대선배인 아메데오 아마데이의 기록을 뛰어넘어 세리에 A 통산 득점 10위가 됐다. 토티는 이후 1년 동안 잠피에로 보니페르티의 178골, 가브리엘 바티스투타의 184골, 쥐세페 시뇨리의 188골, 쿠르트 함린의 190골 등 역대 기록들을 돌파해 6위까지 도달하게 된다.

로마는 리그 막판 세 경기 모두 난타전 끝에 한 골 차 승리로 장식했다. 그중 37라운드 밀란 원정은 명승부였다. 리세가 엄청난 위력의 프리킥으로 선제골을 넣은 뒤 로마가 아슬아슬한 리드를 지켜 나갔다. 이후 경기 막판 15분 동안 골이 몰아쳤다. 밀란의 집요한 공격 끝에 마시모 암브로시니의 동점골이 나왔다. 이때 메네즈가 부치니치 대신 교체 투입되더니 밀란 수비진을 사정없이 흔들며 경기 양상을 바꾸기 시작했다. 메네즈는 속공을 주도하며 골을 터뜨렸지만, 밀란은 암브로시니의 두 번째 동점골로 추격했다. 결국 승부는 후반 막판 프리킥 상황에서 토티가 날린 강력한 중거리 슛을 통해 갈렸다.

이 경기는 토티보다 한 팀에서 오래 뛰고 있던 유일한 현역 선수 말디니의 홈 고별전이기도 했다. 말디니는 24시즌 동안 밀란에서만 활약했고, 경기가 끝난 뒤 관중석을 돌며 팬들과 교감을 나눴다. 말디니가 떠나는 길에 로마 선수들이 등장해 꽃가루 대신 재를 잔뜩 뿌린 꼴이었다.

이 경기는 로마에 희망을 보여 줬다. 리세가 1골 1도움을 기록했다. 메네즈는 이미 떠나고 없는 만시니보다 더 강력한 윙어가 되어 장기적으로 토티의 후계자까지 노릴 수 있을 거란 희망을 주는 선수였다.

이제 토티보다 일찍 데뷔한 현역 선수는 전 세계를 통틀어 과테말라 구단 무니시팔의 후안 카를로스 플라타(2010년 은퇴), 북아일랜드 구단 린필드의 노엘 베일리, 코스타리카 구단 데포르티보 사프리사의 빅토르 코르데로, 몰타 구단 실레마 원더러스의 노엘 터너, 체코 구단 FK 테플리체의 파벨 페르비르(이상 2011년 은퇴), 맨유의 라이언 긱스(2014년 은퇴)만 남아 있었다. 이들 중 유럽 최고 리그에서 여전히 득점왕을 다툴 정도로 영향력을 발휘하는 선수는 오로지 토티뿐이었다. 토티는 이미 매 시즌 최디, 최고령 등 세월이 쌓여야만 경신할 수 있는 기록을 하나씩 깨고 있었다.

토티는 이어진 토리노와의 최종전에서도 골을 터뜨리며 13골로 팀내 최다 골을 기록했다. 밥티스타는 답답한 경기를 할 때도 많았지만 어쨌거나 페로타가 한 번도 기록하지 못한 리그 9득점을 통해 가능성을 보여 줬다. 이 승리로 로마는 6위를 확정하며 2009/2010시즌 유로파리그에 나갈 수 있게 됐다. 이름이 UEFA컵에서 유로파리그로 바뀐 뒤 첫 참가였다.

그러나 스팔레티 체제로 다시 일어날 수 있을 거라는 기대는 금세 깨졌다. 로마는 아퀼라니를 리버풀로 팔았다. 리버풀도, 이후 경력이 완전히 망가진 아퀼라니도 모두 손해를 본 이적이었다. 이미 노장이었던 36세 파누치는 파르마로 떠나 말년을 준비했고, 임대를 전전하던 35세 몬텔라는 은퇴를 선언하고 로마 유소년 팀 감독으로 부임했다. 당시 센시 일가는 로마를 경영할 능력을 거의 상실한 상태였다. 제대로 된 선수 영입이 아예 없는 상태에서 유로파리그 예선을 시작한 로마는 2009/2010시즌 세리에 A 개막 직전에 니콜라스 부르디소를 인테르에서 임대하며 최소한의 전력 보강을 했다.

유로파리그 예선은 노처럼 경험하는 신나는 경기였다. 벨기에 구단 겐트는 로마의 상대가 되지 못했다. 로마는 홈에서 3-1 승리를 거둔 뒤, 원정에서 7골이나 쏟아부었다. 토티는 홈에서 2골, 원정에서 3골을 직접 터뜨렸다. 이 7-1 승리는 로마 역사상 유럽대항전 원정 최다 골 차 승리다. 예선의 마지막 단계인 플레이오프에서 더욱 약한 팀인 슬로바키아의 코시체를 만났다. 로마는 원정에서 3-3으로 비긴 뒤 홈에서 또 7-1로 승리했다. 토티는 이 두 경기에서도 총 5골을 넣었다.

그러나 세리에 A 초반 성적은 지난 시즌만 못했다. 로마는 제노아 원정에서 2-3으로 졌다. 유벤투스와 가진 홈경기는 1-3으로 졌다. 로마의 세 브라질 출신 골키퍼 중 원래 주전이었던 도니, 지난 시즌 주전 자리를 빼앗은 아르투르 모두 밀려나고 만년 후보였던 줄리우 세르지우가 선발로 뛰기 시작했다. 약해진 선수단 때문에 팀은 점점 더 혼란스러워졌다. 토티와 데로시가 중심을 잡고 있지 않았다면 로마는 이즈음 완전히 몰락했을지도 모른다.

두 경기 후 로마는 20팀 중 20위에 있었다. 스팔레티가 사임했다. 대신 부임한 인물은 클라우디오 라니에리였다. "우리 팀엔 충격이 필요합니다. 당장 반등해야 하니까요. 선수들이 신념을 잃은 것 같더군요." 첫마디부터 비장했던 라니에리는 자신의 로마 데뷔전에서 시에나를 상대로 2-1 승리를 거뒀다.


## ___ 땜질 전문가

라니에리는 독특한 감독이다. 영국 사람들은 그에게 '틴커맨(tinkerman)', 즉 '땜질하는 남자'라는 별명을 붙였다. 라니에리는 위기에 처했거나 변화가 필요한 팀에 급히 부임해 필요한 조치를 다 해 주는 훌륭한 지략가였다. 라니에리는 감독 생활 초창기 피오렌티나, 발렌시아를 리그 4위로 올려놓

위기에 처한 로마의 '땜질'을 위해 급히 영입된 클라우디오 라니에리

은 바 있었다. 첼시가 러시아 재벌 아브라모비치에게 인수된 직후에는 스타 선수들을 잘 조립해 프리미어리그 2위를 기록했다. 칼초폴리 이후 갓 승격한 유벤투스를 세리에 A 3위에 올려놓았고, 나중에는 갑부 구단으로 거듭난 AS 모나코를 2부 우승, 1부 준우승으로 인도하기도 했다.

그러나 급한 불을 끈 뒤에 오랫동안 팀을 이끄는 능력은 한 번도 보이지 못했다. 뛰어난 땜질 실력을 보인 뒤에는 뭔가 문제가 생겨 팀을 떠나는 일이 감독 경력 내내 반복됐다. 유럽 축구의 주류에서 20년 넘게 활동하면서 한 번도 1부 우승을 하지 못했던 그는 2015/2016시즌 레스터시티를 프리미어리그 정상에 올려놓는 대이변을 통해 마침내 명장으로 인정받았다. 그 전까지 라니에리에 대한 평가는 '뛰어난 2류' 정도였다.

어쨌거나 로마에 필요한 건 바로 땜질이었고, 라니에리는 더없이 적절한 인물이었다. 그의 고향은 로마의 산 사바였고, 프로 선수로서 처음 데뷔했던 팀도 AS 로마였다. "23세에 로마를 떠났는데 쉰여덟 번째 생일을 앞두고 이

곳에 돌아왔네요. 로젤라 센시가 제게 훌륭한 생일 선물을 준 것 같아요. 로마 감독은 오랜 꿈이었습니다. 이 팀으로 올 줄은 몰랐어요. 유벤투스를 떠난 뒤 해외로 갈 생각이었거든요."

지난 시즌부터 이어진 심각한 수비 문제를 해결하기 위해 라니에리는 일단 수비진부터 땜질을 시작했다. 당장 승점을 따낼 수 있는 방법은 수비 숫자를 늘리고, 공격 숫자는 줄이는 것이었다. 카세티, 멕세, 주앙, 부르디소 등 센터백을 소화할 수 있는 선수 네 명으로 포백을 꽉 채워 수비에 먼저 전념하게 했다. 공격적인 옵션은 토티 한 명만 남기고 미드필더 5명 모두 수비력이 좋은 선수를 배치했다. 첫 상대가 약체 시에나였는데도 그랬다.

응급 처치가 효과를 보려면 토티가 혼자 힘으로 어떻게든 득점 기회를 만들어야 했다. 로마 수비진은 그 많은 숫자로도 마시모 마카로네에게 선제골을 내줄 정도로 한심한 상태였다. 후반전 들어 피사로의 크로스와 토티의 어시스트를 거쳐 기습적으로 공격에 가담한 멕세의 동점골이 나왔다. 그리고 토티가 시에나 수비진에게 걸어차이며 얻어낸 프리킥을 리세가 강하게 차넣어 로마가 역전승을 거뒀다.

수비 축구의 틀 안에서 로마는 여러 전술을 모색했다. 중심은 늘 토티였다. 토티의 두 골에 힘입어 피오렌티나를 3-1로 꺾었지만 그 뒤로 팔레르모, 카타니아와 연속 무승부에 그쳤다. 어찌 됐든 패배의 고리를 끊는 데 성공한 라니에리는 7라운드 나폴리전부터 스팔레티식 4-2-3-1과 비슷한 포진을 다시 도입했다. 로마는 이번에도 지긋지긋한 선제골을 내줬지만 확실히 저력이 돌아와 있었다. 페로타의 슛을 토티가 살짝 건드려 동점을 만들었고, 후반에 토티의 기습적인 중거리 슛이 역전으로 이어졌다. 7경기 6골로 토티는 리그 득점 공동 선두에 올랐다.

그러나 이날 토티는 무릎 부상을 입었다. 토티가 빠지자마자 로마는 3연패를 당했다. 우디네세에 패배했을 때 라니에리는 부치니치와 데로시를 공개적으로 비판했다. 3연패를 끊은 뒤에는 무패 행진이 시작됐고, 토티가 합류하며 그 기간이 늘어났다. 24경기 동안 18승 6무라는 매우 훌륭한 성적이 이어졌다. 24경기는 2001/2002시즌과 더불어 로마 자체 최다 무패 기록이었다.

토티는 바리와의 13라운드에서 복귀하자마자 해트트릭을 했다. 부치니치가 만들어 준 페널티킥을 깔끔하게 성공시켰고, 이어 프리킥 패스를 받아 언제나 보여 주는 중거리 슛으로 한 골을 추가했다.

두 번째 골도 멋졌지만, 이날의 명장면은 세 번째 득점이었다. 오른쪽 측면에서 공을 잡은 토티는 수비수를 등진 채 버티다가 특기인 힐 패스로 문전에 공을 투입했다. 이 공격은 무산됐지만 바리 수비가 측면으로 차낸 공이 마침 토티 앞으로 굴러왔다. 토티는 골문과의 각도가 거의 없는 상황에서 그대로 왼발 강슛을 날려 골을 터뜨렸다. 전반 28분 만에 세 골로 할 일을 마친 뒤에도 토티는 계속 바리 수비를 위협했고, 경기는 3-1 승리로 끝났다.

겨울 이적시장에서 토티의 월드컵 우승 동료인 토니가 영입됐다. 바이에른에서 두 시즌 동안 주전 공격수로 활약한 토니는 이즈음 루이스 판할 감독과 싸우고 전력 외 취급을 받다가 로마로 임대됐다. 토니는 2010년의 첫 경기였던 칼리아리 원정에서 데뷔했다. 그리고 결국 카푸가 되지 못한 시시뉴는 이때 상파울루로 임대되며 결별 수순을 밟기 시작했다.

1월 23일 열린 21라운드 유벤투스 원정은 무패 행진의 하이라이트였다. 전반 초반부터 유벤투스가 로마를 일방적으로 압도했다. 토니가 일찌감치 부상을 당하면서 원래 벤치에 있던 토티가 교체 투입됐다. 후반전 초반에 델 피에로가 깔끔한 왼발 빌리 슛으로 로마 골문을 먼저 뚫었다. 이때부터 로마의 본격적인 반격이 시작됐다. 타데이가 모처럼 절묘한 양발 드리블을 통해 그로소를 속이고 페널티킥을 얻어 냈다. 토티가 부폰을 상대로 킥을 성공시키자 유벤투스 서포터들은 짧은 침묵에 빠졌다. 이후 리세가 역습을 할 때 달려나와 다리를 걸어 버린 부폰이 퇴장당했고, 토티가 그라운드를 빠져나가는 친구의 머리를 툭툭 치며 인사를 건넸다. 그리고 후반 추가시간에 리세가 헤딩골로 역전승을 완성했다.

이날 득점으로 토티는 리그 통산 188골을 기록해 시뇨리를 뛰어넘었고, 2위 밀란과의 승점 차를 2점으로 좁혔다. 토티는 "토리노에서 운명적인 승리를 거뒀으니 밀란과 인테르를 상대로도 똑같이 하면 됩니다"하며 우승에 대한 열망을 숨기지 않았다. 매번 우승에 실패하면서도 토티가 지치지 않고 반복해 온 메시지였다. 당시 1위 인테르와의 승점 차는 11점이었다.

이즈음 인테르가 조금씩 승점을 흘리면서 로마가 서서히 추격을 해 나갔다. 인테르는 바리, 파르마, 제노아 등 한 수 아래 팀들과 나폴리, 삼프도리아, 팔레르모 등 상위권 팀들을 상대로 모두 무승부에 그쳤다. 카타니아에 패배하기도 했다. 인테르가 20라운드부터 30라운드까지 4승 6무 1패에 그친 반면, 로마는 8승 3무를 거뒀다. 31라운드는 두 팀의 맞대결이었다. 이 경기를 앞두고 승점 차는 4점까지 좁혀져 있었다. 라니에리는 익숙한 4-2-3-1 포메이션에서 토티만 빼고 최전방에 토니를 세웠다. 로마는 토니의 결승골을 통해 아슬아슬한 2-1 승리를 거뒀다. 토티는 후반 막판에 교체 투입돼 승리를 지키는 마지막 보루 역할을 했다. 후반 추가시간 디에고 밀리토의 슛이 로마 골대를 강타했다. 토티는 "밀리토의 슛이 골대에 맞았을 때 살이 10kg 정도 빠진 것 같았어요."라고 이야기했다.

이즈음 토티의 역할은 경기마다 다채롭게 바뀌었다. 주로 맡은 역할은 세콘다 푼타였다. 부치니치 혹은 토니의 파트너로 주로 뛰며 공격 흐름을 살려주는 역할을 했다. 토티의 득점이 멈춘 대신 살아난 흐름을 타고 부치니치가

**토티의 좋은 조력자, 혹은 대체자가 되어 준 미르코 부치니치**

많은 골을 기록했다.

 그밖에 토티는 트레콰르티스타로 뛸 때도 있었고, 변칙적으로 윙어와 같은 역할을 할 때도 있었다. 33라운드에 로마가 아탈란타를 2-1로 꺾었고, 이날도 토티는 어시스트를 기록했다. 동시에 인테르가 피오렌티나와 무승부에 그치면서 마침내 로마가 선두로 올라갔다. 로마는 이어진 더비에서 라치오까지 잡고 선두를 지켰다. 남은 경기는 4경기에 불과했다.

 삼프도리아를 상대한 35라운드는 많은 로마 선수들에게 잊지 못할 경기로 남았다. 토티는 오랜만에 가짜 9번으로서 최전방을 맡았다. 왼쪽 윙어 부치니치가 내준 공을 깔끔한 왼발 슛으로 마무리해 선제골을 넣을 때까지 토티는 자기 임무를 완벽하게 수행하고 있었다. 잠시 후 토티의 절묘한 왼발 슛이 골대에 맞았다. 빈 골대에 날린 슛이 빗나간 것이었지만 불안해 할 필요는 없어 보였다.

로마의 재앙은 후반 7분, 99번을 달고 있는 삼프도리아의 카사노에게서 시작됐다. 로마를 떠난 뒤 괴팍한 성격에 발목 잡힌 카사노는 레알에서 큰 실패를 맛본 뒤 삼프도리아로 건너왔다. 2008/2009시즌부터 완전히 부활해 이즈음 삼프도리아 공격의 핵심 역할을 맡고 있었다. 카사노는 시즌 최고의 수비수였던 부르디소를 간단한 페인팅으로 속인 다음 수비수들의 시선을 충분히 끌고 크로스를 올렸다. 카사노의 단짝 잠파올로 파치니가 문전으로 솟구쳐 헤딩골을 터뜨렸다.

로마가 페로타 대신 토니를 투입하고 더 강력한 공격을 퍼부어 댔지만 골은 아슬아슬하게 터지지 않았다. 후반 40분, 이번엔 다니엘레 만니니가 부르디소를 드리블로 굴복시킨 뒤 패스를 해 파치니의 역전골을 어시스트했다. 로마는 다시 2위로 떨어졌다.

남은 세 경기에서 토티는 명성에 걸맞은 활약을 하며 팀의 3연승을 이끌었다. 파르마를 상대로 1골 1도움을 기록했고, 칼리아리를 상대로 두 골을 더 터뜨렸다. 특히 파르마전 골은 모처럼 토티다운 궤적을 그린 쿠키아이오였다. 마지막까지 책임감과 영향력을 발휘했지만 인테르 역시 세 경기 모두 승리했다. 결국 로마는 승점 2점 차로 우승을 놓쳤다. 토티는 활약상보다 삼프도리아에서 골대를 맞힌 슛의 악몽으로 이 시즌을 기억해야 했다.

데로시는 훗날 인터뷰에서 생애 가장 후회되는 두 경기 중 하나로 그 삼프도리아전을 꼽았다. 그는 "우린 인테르의 엄청난 선수단을 앞질러 순위표 꼭대기에 있었어요. 그리고 삼프도리아를 1-0으로 이기고 있었죠. 20번 플레이하면 19번은 이길 상황이었어요. 하지만 그날만큼은 1-2로 패배했죠. 인테르가 우릴 앞질렀고요"라고 이야기했다.

로마는 시즌 최종전보다 앞서 열린 코파 결승전에서도 인테르를 넘지 못했다. 세리에 A 36라운드와 37라운드 사이, 올림피코에서 열린 경기였다. 로마는 홈경기임에도 불구하고 열세에 몰렸고, 전반 39분 디에고 밀리토에게 일찌감치 실점하면서 더 초조한 경기를 했다. 토티의 프리킥을 줄리우 세자르가 겨우 쳐내자 주앙이 빈 골대에 헤딩슛을 날렸지만 공은 크로스바 위로 넘어갔다. 로마가 어떻게든 추격해 보려 하던 후반 43분, 토티가 마리오 발로텔리의 다리를 뒤에서 걸어찼다. 퇴장 판정이 내려졌다. 인테르는 올림피코에서 코파 우승 세리머니를 했고 토티는 멀찍이 앉아 그 모습을 노려보아야 했다.

로마는 수많은 준우승 중에서도 가장 우승 가능성이 높았던 시즌을 보냈지만 결과는 무관이었다. 승부처에 약한 로마인들 특유의 모습이 나오고 만 시즌이었다. 어쩌면 라니에리의 경력이 수많은 준우승으로 점철돼 있는 것 또한 그가 로마인이라서일지도 모른다.

그들을 위한 변명을 더하자면 이 당시 인테르는 너무 강했다. 이브라히모비치 중심으로는 유럽대항전에서 우승할 수 없다는 걸 깨닫고 밀리토, 베슬러이 스네이더르 중심의 공격진을 편성한데다 사뮈엘 에토오, 거기에 고란 판데프까지 추가한 공격진은 공수 양면에서 빈틈이 없었다. 마이콘은 여전히 매 경기마다 두 명, 심지어 세 명으로 분신술을 펼치는 것처럼 보였다. 인테르는 이탈리아 안에서 로마를 두 번 넘어 우승했고, 챔피언스리그에서는 가장 강력한 상대였던 바르셀로나를 4강에서 넘어 우승했다. 이탈리아 구단 사상 최초, 유럽을 통틀어도 역사상 6번째였던 3관왕이었다.

토티는 세리에 A에서 14골, 유로파리그에서 11골을 넣으며 시즌 총 득점으로 치면 데뷔 이래 두 번째로 많은 골을 기록했다. 토티가 건재하다는 걸 매주 확인시켜 주는 사이 아주리는 휘청거렸다. 로베르토 도나도니가 이끈 유로 2008은 조별리그를 통과하자마자 스페인에 패배했다. 대회 우승팀인 스페인을 무득점으로 틀어막아 승부차기로 끌고 간 건 괜찮은 수비력이었지만 조별리그에서 네덜란드에 0-3으로 패배하는 등 답답한 대회를 보냈다는 점에서 혹평을 받았다. 마르첼로 리피가 돌아와 지휘한 2010년 남아공 월드컵은 조별리그를 통과하지도 못했다. 파라과이, 슬로바키아, 뉴질랜드 등 역대 월드컵에서 거둔 승수를 모두 합쳐도 이탈리아 한 팀보다 적은 나라들과 경쟁했지만 조 최하위에 그치는 굴욕을 당했다. 그때마다 토티의 대표팀 복귀를 주장하는 목소리가 나왔다. 리피가 대표팀에 두 번째로 부임한 직후에 특히 심했다. 남아공 대회가 끝난 직후 마라도나는 "토티와 델피에로 같은 선수의 부재가 문제"라는 촌평을 남겼다. 그러나 토티는 응답하지 않았다.

2010년 여름에도 자금줄이 극도로 경색돼 있던 로마는 부르디소를 완전 영입하느라 인테르에 지불한 800만 유로 외엔 거의 돈을 쓰지 않았다. 없는 살림에 보강을 하려니 무리수를 두게 됐다. 인테르에서 온갖 말썽을 부린 뒤 도망치듯 브라질 구단 플라멩구로 가 있던 아드리아누가 로마 유니폼을 입었다. 이적료가 한 푼도 들지 않는다는 점과 기량만 보면 좋은 영입이겠지만 라니에리는 아드리아누의 통제에 실패했고, 결국 반 시즌 만에 그는 브라질로 돌아갔다. 밀란에서 임대해 온 마르코 보리엘로가 그나마 괜찮은 경기를 하며 토티의 파트너 노릇을 했다.

라니에리는 다른 팀에서도 스타 선수들을 다룰 때 어려움을 겪곤 했다. 로마에서 맞은 두 번째 시즌, 라니에리는 토티와 권력 다툼을 벌이는 듯 보였다. 갈등은 전술 문제에서 먼저 시작됐다. 로마는 시즌 초반부터 심각한 부진을 보였다. 수페르코파에서 인테르에 1-3으로 진 건 납득할 수 있었지만 세리에 A 2라운드에서 칼리아리에 1-5로 대패하는 건 상식 밖이었다. 토티는 "아직 시작에 불과하잖아요. 감독은 다가오는 바이에른 뮌헨 원정을 준비하려 했던 거예요"라고 라니에리를 옹호했다. 그러나 전술에 대한 질문이 이어지자 "우리가 한 건 축구라고 볼 수 없죠. 슛 하나 없이 그저 수비만 생각했어요. 이런 식으로는 이기기 힘든 법이죠"라고 솔직한 생각을 털어놓았다. 그렇다고 바이에른 원정에서 패배를 면하지도 못했다. 볼로냐와 비기고, 브레시아에 지는 등 심각한 부진이 계속 이어졌다.

그러나 곧 반등한 로마는 인테르, 라치오 등 어려운 상대를 잡아내며 서서히 경기력을 회복했다. 11월 23일 바이에른을 홈으로 불러들였을 때는 마리오 고메스에게 두 골을 내준 뒤 후반에만 3골을 몰아쳐 환상적인 역전승을 거두고 어느 정도 복수에 성공했다. 토티는 벤치에서 경기를 시작했고, 후반 30분 투입돼 두 골에 간접적으로 기여했다.

그럭저럭 챔피언스리그 16강에 진출하고, 리그 21라운드가 됐을 때 순위를 3위까지 끌어올린 로마는 다시 한 번 성공적인 시즌을 꿈꾸고 있었다. 보리엘로가 기대 이상의 득점력으로 주전 노릇을 해 줬다. 그러나 그 뒤로 3연패가 이어졌고, 로마의 순위는 거짓말처럼 8위까지 수직 하락했다. 그중 마지막 패배였던 제노아 원정은 가관이었다. 로마가 세 골을 넣고 앞서간 뒤 로드리고 팔라시오, 알베르토 팔로스키에게 두 골씩을 내줘 3-4로 역전당했다. 경기 직후 라니에리가 사의를 표명했다. 얼마 지나지 않아 유소년 팀을 맡고 있던 몬텔라가 임시 감독으로 선임됐다. 토티의 친한 형이나 친구 정도 되는 사람들이 감독으로 부임하는 세대가 찾아온 것이다.

몬텔라는 로마 선수들에게 가장 익숙한 전술을 다시 꺼냈다. 포메이션은 4-2-3-1로 회귀했다. 최전방에 종종 보리엘로가 배치됐지만, 그보다는 보리엘로가 벤치로 가고 토티가 최전방을 맡는 날이 더 많았다. 결국 위기에 몰렸을 때 로마가 쓸 수 있는 방법은 가짜 9번이었다. 토티는 막판 13경기에서 11골 2도움을 몰아쳤다.

3월 17일은 이탈리아 건국 150주년 기념일이라 로마를 비롯한 이탈리아 곳곳이 떠들썩한 축제의 장이 됐다. 토티는 명절 앞뒤로 맹활약했죠. 13일 열린 더비에서 두 골을 터뜨려 승리를 이끌었다. 더비 역사의 산증인이라 할 수 있는 토티에게도 두 골 득점은 처음이었다. 이어서 20일 열린 피오렌티나 원정 경기는 토티의 2골 덕분에 간신히 2-2 무승부를 거뒀다.

35라운드 바리 원정 역시 토티의 극적인 활약이 로마를 구했다. 토티는 프리킥을 낮고 빠른 땅볼 강슛으로 처리해 첫 골을 넣었다. 이즈음 토티는 점점 슛을 할 때 힘을 들이지 않고 어정쩡한 자세로 차는 경우가 많아졌다. 하지만 킥의 위력은 여전했다. 힘이 떨어지는 대신 축구의 도사가 되어 가던 시절이었다.

후반전, 토티는 페널티킥으로 한 골을 추가했다. 이 골은 토티의 세리에 A 통산 206호 골이었다. 바조의 205골을 넘어 토티는 통산 득점 5위가 됐다. 이제 토티의 머리 위에는 1950년대까지 활동한 실비오 피올라, 1970년대까지 활동한 주제 알타피니 등 고대의 전설적인 존재들뿐이었다. 토티는 스스로 역사가 되어 역사책 속의 인물들과 위상을 겨루기 시작했다.

그러나 로마는 시스템을 부활시킨 것이 아니라 토티의 역량을 극대화했을 뿐이었고, 이 조치만으로 매 경기 승리할 순 없었다. 로마는 막판 10경기에서 3패나 당했다. 특히 36라운드에 밀란과 거둔 무승부, 37라운드에 카타니아에 당한 패배가 치명적이었다. 로마는 다음 시즌 챔피언스리그 진출을 위해 4위에 오르고 싶었지만 딱 승점 3점이 부족해 6위에 머물렀다. 토티만은 세리에 A 15골을 기록하며 분투했다.

라니에리는 훗날 인터뷰에서 "토티는 월요일부터 토요일까지 필요한 리듬으로 훈련을 하지 않을 때가 있었어요. 그래서 그를 벤치로 보냈죠. 게으르냐고 묻는다면, 제가 보기엔 그랬습니다. 그러나 그는 제가 지도해 본 선수 중 최고였어요"라고 말했다. 반면 몬텔라는 "토티는 가장 상징적인 이탈리아 선수죠. 다른 사람보다 한참 먼저 상황을 읽을 줄 알아요. 토티를 막을 수 있느냐 없느냐는 수비수가 아니라 토티 자신에게 달렸죠"라고 말했다.


## ___ 이상주의자들


이탈리아처럼 구단주와 단장이 모두 존재하는 축구 문화에서 가장 수명이 짧은 존재는 감독이고, 가장 긴 존재는 보통 구단주다. 2000년대 로마에서 가장 오래 근속한 건 토티였다. 2011년 여름, 토티는 로마 1군에서 19시즌을 보낸 존재가 됐다. 그는 로마의 소유 구조가 바뀌는 과정을 모두 지켜봤고, 혼란기에 팀이 흔들리지 않도록 붙잡는 역할까지 맡기 시작했다.

센시 일가는 이미 구단을 운영할 능력을 상실한 지 오래였다. 선수 영입이라고는 공짜 선수를 주워 오거나 다른 팀이 내놓은 선수를 꿔 와서 토티 옆에 덧붙이는 정도가 고작이었다. 서포터들은 로젤라가 아버지 프랑코만큼 구단에 신경을 쓰지 않는다고 비난했다. 사실 구단이 아니라 센시가 파산 직전이었다. 이미 2010년부터 은행의 법정 관리를 받은 센시는 로마에 어떻게 돈을 쓸지 마음대로 결정할 수조차 없는 처지였다. 그래서 로마는 자유계약 대상자 위주로 근근이 전력을 보강해 왔고, 선수단이 약해졌을 뿐 아니라 전체 연봉이 상승하면서 선수 구성까지 엉망이 됐다. 선수들의 통장에 월급이 들어오지 않는 달도 종종 있었다.

2011년 4월, 로마를 인수한 새 구단주는 미국인 스포츠 사업가 토마스 디베네디토와 제임스 팔로타가 중심이 된 지주회사였다. 이름이 암시하듯 디베네디토와 팔로타 모두 이탈리아계였다. 첫 시즌은 디베네디토가 회장에

취임했고, 1년 뒤부터 팔로타가 자리를 물려받았다. 이들이 경영에 뛰어들면서 로마는 새 시대를 맞았다. 이미 35세인 토티는 로마의 전통과 현재를 잇는 가교 역할을 맡아야 했다.

마국 구단주들은 로마를 더 합리적인 팀으로 만들고 싶어 했다. 이를 위해 축구단 경영 전문가 왈테르 사바티니를 단장으로 선임했다. 사바티니는 라치오, 팔레르모 등의 단장을 거쳤고 특히 팔레르모가 하비에르 파스토레, 조십 일리치치, 마테오 다르미안 등 훗날 스타가 될 선수들을 영입할 때 책임자였던 인물이다.

로마는 첼시나 맨체스터 시티처럼 돈을 무한정 쓸 수 있는 환경이 아니었기 때문에 리빌딩은 한 명을 영입할 때마다 현명하게 진행해야 했다. 로마는 에릭 라멜라, 다니엘 오스발도, 보얀 크르키치, 미랄렘 퍄니치를 영입하는 데 각각 1,000만 유로가 넘는 돈을 썼다. 장차 성장 가능성이 높고, 구단에 이적료 수익을 안겨줄 수 있는 유망주에 많은 투자를 했다. 반면 연봉이 비싸고 성장 가능성이 낮은 부치니치, 메네즈, 리세, 멕세 등이 모두 정리됐다.

로마가 본 새로운 비전은 '바르셀로나 모델'이었다. 펩 과르디올라가 바르셀로나 B(2군) 출신이라는 점에 착안했다. 스타 플레이어 출신이자 당시 바르셀로나 B를 과르디올라보다 잘 이끌어 주목받았던 루이스 엔리케가 로마의 새 감독으로 선임됐다. 로마가 46년 만에 만난 역대 두 번째 스페인 출신 감독이었다.

그러나 엔리케는 설익은 감독이었다. 훗날 셀타비고, 바르셀로나를 이끌고 좋은 평가를 받게 되지만 그건 로마에서 실패를 경험한 뒤였다. 엔리케는 자신이 바르셀로나에서 습득한 전술을 로마에 거칠게 이식하려 들었다. 바로 메시가 흔히 가짜 9번이라고 불리면서 사실상 트레콰르티스타 자리에서 뛰던 4-3-1-2였다. 이론상 토티는 가짜 9번과 트레콰르티스타 두 가지를

**훗날 바르셀로나에서 준수한 지도력을 보이지만 아직은 설익은 감독이었던 루이스 엔리케**

모두 완벽하게 소화하는 선수였으므로 메시의 역할을 맡기 충분해 보였다. 바르셀로나의 페드로와 비야가 하던 역할은 오스발도, 라멜라, 보얀, 파비오 보리니 등이 번갈아가며 맡았다. 세르히오 부스케츠 대신 데로시 또는 페르난도 가고, 차비 에르난데스 대신 퍄니치가 배치된 셈이었다. 매우 공격적인 풀백을 원했던 엔리케는 타데이와 페로타를 측면 수비에 배치하는 실험도 단행했다.

그러나 메시의 압도적인 드리블을 활용해 매 공격마다 상대 수비를 엉망으로 만들 수 있었던 바르셀로나와 달리, 토티의 특기는 전진하면서 드리블하는 것이 아니었다. 스페인과 이탈리아 수비수들의 수비 방식도 달랐다. 무엇보다 토티는 이미 35세였다. 엔리케의 시즌은 8월 중순 슬로반 브라티슬

라바와 가진 유로파리그 플레이오프에서 어이없이 탈락하며 이미 망가지기 시작했다. 세리에 A 첫 경기는 올림피코에서 열렸는데, 칼리아리에 두 골을 내주고 끌려간 끝에 1-2 패배를 당했다. 로마가 개막전에서 진 건 무려 18시즌 만에 벌어진 일이었다.

로마는 시즌 내내 심각할 정도로 오락가락했다. 2연승은 네 번 했지만 3연승은 한 번도 없을 정도였다. 로마 못지않게 헤매고 있던 인테르와의 홈 경기는 무려 4-0 대승이었다. 반면 우승팀 유벤투스와 치른 원정 경기 결과는 0-4 패배였다. 로마는 유럽대항전에 나갈 수 없는 7위로 시즌을 마쳤다. 6위 인테르에 승점 2점이 뒤쳐졌다. 토티는 세리에 A에서 8골과 7도움을 기록했다. 컵 대회 득점은 없었다. 토티의 세리에 A 연속 두 자릿수 득점이 9시즌에서 끝났다.

그래도 19라운드 체세나전에서 두 골을 넣은 건 특별한 기록이었다. 통산 211골로 이탈리아 단일 구단 최다득점자가 됐다. 군나르 노르달이 밀란에서 기록한 210골이 기존 기록이었다. 토티는 "언제나 이 기록을 깨고 싶었어요. 우리 팬들 앞에서라면 모든 게 더 멋지니까"라고 말했다. 이 경기는 코스타 콩코르디아 사고로부터 8일 뒤에 열렸다. 최고급 유람선인 코스타 콩코르디아가 토스카나 제도 근처에서 침몰해 생긴 비극이었다. 이날까지 알려진 사망자는 11명이었고 나중에 32명으로 늘었다. 토티는 두 골 중 하나를 사고 희생자들에게 바쳤다. 나머지 하나는 이틀 전 출산한 누이에게 바쳤다.

엔리케는 토티와의 불화설 속에 물러났다. 부진한 감독들이 흔히 겪는 일이었다. 엔리케는 "토티와 나는 특별한 관계를 맺고 있었어요. 그런데도 불화에 대한 소문이 퍼지니까 무섭더군요. 제가 로마를 떠난다고 발표한 날 마지막까지 배웅해 준 선수 중 한 명이 토티였어요. 저는 일 카피타노와 좋은 사이였습니다"라고 강하게 반박했다.

## 2011/2012시즌 AS 로마 베스트 라인업

보얀   라멜라

토티

파니치   가고

데로시

호세 앙헬   에인세   키에르   타데이

스테켈렌부르흐

엔리케가 한 시즌 만에 물러난 뒤 로마는 파격적인 감독 선임을 한 번 더 시도했다. 제만이 무려 12년 만에 돌아온 것이다. 제만은 바로 전 시즌 페스카라를 세리에 B에서 압도적인 우승으로 이끌며 큰 화제를 모았다. 매력적인 공격 축구가 2012년에도 통한다면 기대를 걸어 볼 만했다. 제만이 유망주 육성에 탁월한 능력이 있다는 점 역시 젊은 팀으로 거듭나려는 미국계 경영자들에겐 매력적인 요소였다. 제만은 아직 65세로 축구 감독으로서 아주 많은 나이는 아니었지만, 유독 고랑이 깊게 패인 얼굴에는 배우 토미 리 존스를 연상시키는 완고함이 있었다.

제만과 재회한 건 토티의 30대 후반에 큰 영향을 미쳤다. 제만의 철학은 12년 전 그대로였고, 공격과 압박을 수행하려면 강인한 체력이 필요하다는 점도 똑같았다. 선수들은 이탈리아 북부 리스코네에서 시작된 하계 전지훈련에서 물이 가득 든 주머니를 어깨에 이고 런지 비슷한 동작을 하며 하체 근력을 강화해야 했다. 제만은 선수들에게 케이크와 커피 섭취를 금지하고 많은 채소와 감자를 먹이며 훈련을 소화할 수 있는 영양 상태를 유지하려 했다. 선수들을 혹사시킨다는 기사가 훈련이 시작된 당일 나왔을 정도였다.

토티는 타고난 강골이었다. 땀을 비 오듯 흘리며 여름을 보낸 토티는 시즌이 시작될 즈음 10살 넘게 차이 나는 후배들 못지않게 훌륭한 체력을 갖추게 됐다. 제만은 일찌감치 토티를 핵심 선수로 쓰겠다고 예고해 둔 상태였다. 지난 시즌 실패한 영입으로 판명된 보얀과 보리니가 모두 떠나고, 공격수 마티아 데스트로, 수비수 마르퀴뇨스, 미드필더 마이클 브래들리 등 더 젊은 선수들이 합류했다.

제만은 역시 제만이었다. 로마는 2012/2013시즌 초반 3경기에서 8골을 넣으며 세간의 예상대로 공격적인 축구를 시작했다. 뛰어난 득점력에도 불구하고 결과는 1승 1무 1패에 불과했다. 상위권이라기에는 너무 많은 5실점을 내줬기 때문이다. 제만은 여전히 공을 빼앗자마자 전방으로 투입하라는 요구를 멈추지 않았다. 지난 시즌 비슷한 포메이션으로 엔리케가 추구했던 높은 점유율은 "헛짓거리"라고 단언했다.

토티의 포지션은 다시 왼쪽 윙어로 바뀌었다. 제만식 축구의 정수를 담은 포지션은 윙어이므로, 제만이 "내가 만난 선수 중 가장 뛰어난 건 당연히 토티"라고 말하는 상황에서 토티의 자리가 12년 전으로 돌아가는 건 당연한 일일 수도 있었다. 그러나 일반적으로 윙어들은 측면을 따라 장거리 질주를 할 일이 많다. 수년 동안 최전방에서 어슬렁거리는 축구를 해 온 토티가 느려진 발을 끌고 왼쪽에서 어떤 플레이를 할지 미지수라는 반응이 많았다.

물론 쓸데없는 걱정이었다. 어차피 제만의 윙어는 측면 돌파를 할 일이 드물었다. 토티는 왼쪽에서 약간 중앙으로 이동하면서 상대 수비진 사이에 생긴 균열을 이용했다. 또는 균열을 더욱 넓혀서 동료에게 득점 기회를 만들어 줬다. 토티는 이 역할을 어떻게 소화해야 하는지 누구보다 잘 이해했다.

토티가 즐겨 이용한 이 공간은 요즘 들어서야 전술적으로 중요하게 다뤄지고 있다. 경기장을 세로로 길게 오등분 했을 때 양쪽 측면과 중앙이 아니라 좌중간, 우중간에 해당하는 지역이다. 윙어가 공을 몰고 중앙으로 조금 이동했을 때 자연스럽게 위치하게 되는 곳이다. 최근 이 공간을 하프 스페이스라고 부르며 전술적인 요충지로 취급하는 이론가들이 늘어났다. 주로 독일 감독들이 의도적으로 이 공간을 활용한다. 토티의 경우 하프 스페이스인 좌중간으로 들어가면, 상대 골문을 비스듬히 바라보며 측면, 중앙, 문전, 후방 등 어느 쪽으로든 쉽게 패스를 보낼 수 있기 때문에 플레이의 선택지가 다양해진다. 상대 센터백을 끌어낼 경우에는 동료에게 좋은 득점 기회를 만들어 줄 수도 있다. 제만은 하프 스페이스 활용의 선구자였고, 그 지시를 가장 잘 수행한 선수가 토티였다.

'포스트 토티'의 길을 준비하게 될 알레산드로 플로렌치가 1군 무대에 등장했다

제만은 이번에도 젊은 선수들에게 주목했고, 그중엔 토티보다 15살 어린 까마득한 후배 알레산드로 플로렌치도 있었다. 플로렌치 역시 로마 토박이였고, 앞선 시즌 크로토네로 임대를 다녀온 것만 빼면 사실상 원 클럽 맨이될 준비를 하고 있었다. 플로렌치는 공을 갖고 있을 때 평범해 보였지만, 축구 IQ가 탁월했다. 감독이 지시한 대로 완벽한 움직임을 보여 줄 지능과 체력을 겸비한 선수였다. 토티와 데로시의 뒤를 이어 등장한 로마의 왕세손이자, 아퀼라니가 남긴 아쉬움을 풀어 줄 선수였다. 제만은 플로렌치가 메찰라로서 공격과 수비, 측면과 중앙을 종횡무진 누비도록 했다. 플로렌치는 비상한 판단력으로 꼭 가야 할 곳을 찾아갔다.

　두 번째 경기였던 인테르 원정에서 로마는 깔끔한 3-1 승리를 거뒀다. 로마는 롱 패스로 공격 방향을 크게 바꿔 가며 인테르 수비를 흔들었다. 토티가 가볍게 올린 크로스를 플로렌치가 헤딩골로 마무리했다. 환호성을 지르며 달려온 플로렌치가 펄쩍 뛰어 토티에게 안겼다. 토티는 이날 플로렌치의 머리를 두들겨 주며 "이제 꿈꾸는 건 그만해. 이게 너의 현실이야"라고 말해 줬다. 후반전, 토티는 순간적으로 중앙 공격형 미드필더 위치로 이동하더니 정확한 스루 패스로 오스발도의 골을 어시스트했다. 토티는 자신이 어떤 플레이를 해야 하는지 완벽하게 이해하고 있었다.

토티는 신체적, 정신적으로 완벽하게 부활한 듯했다. 라니에리 아래서 팀 내 입지가 축소되고, 엔리케 아래서 불편한 역할을 하던 토티는 선수 생활의 끝을 준비하는 것처럼 보일 때도 있었다. 그러나 제만은 토티에게 젊고 활기 찬 플레이를 돌려줬다. 시즌 초 토티가 맹활약하자 제만은 "토티는 중요한 선수라고 했죠? 15년 동안 캄피오네였던 선수잖아요. 토티의 좋은 경기력, 거기 따라오는 좋은 결과에 행복합니다"라고 말했다.

토티의 득점은 순조롭게 이어졌다. 8라운드에서 제노아를 4-2로 꺾을 때 토티가 선제골을 터뜨렸다. 세리에 A 통산 217골이었다. 이로써 알타피니와 쥐세페 메아차를 끌어내리고 토티가 통산 득점 3위에 올랐다.

16라운드에서 피오렌티나를 상대한 토티는 자신의 능력을 다채롭게 펼쳐 보였다. 토티는 공격의 기점 역할부터 마무리까지 모두 책임졌다. 자신의 디딤발에 맞고 공이 떠오르자 재치 있게 오른발 아웃프런트 슛으로 골을 넣어 '셀프 발리 슛'도 보여 줬다. 모처럼 토티다운 중거리 슛 골까지 나왔다. 후반 막판에는 맨 앞에서 달려 나가며 역습을 주도하다가, 앞을 막아선 곤살로 로드리게스의 다리 사이로 절묘한 스루 패스를 흘려 보내서 오스발도의 마지막 골까지 어시스트했다. 제만의 공격 시스템이 잘 작동한 대표적인 경기였다.

토티를 중심으로 로마의 젊은 선수들은 빠르게 성장했다. 토티의 반대쪽 측면에 배치된 라멜라는 탁월한 감각으로 재치 있는 골을 연달아 터뜨리며 대형 유망주로 주목받았다. 미드필드에서는 플로렌치와 함께 미국인 미드필

## 2012/2013시즌 전반기 AS 로마 베스트 라인업

더 마이클 브래들리가 빠르게 성장하고 있었다. 영입되자마자 핵심 수비수로 올라선 센터백 마르퀴뇨스는 시즌이 끝날 때 19세에 불과한 유망주였는데도 그해 세리에 A에서 가장 뛰어났던 수비수 중 한 명으로 거론됐다.

그러나 수비 불안은 생각보다 더 큰 문제를 야기했다. 피오렌티나를 꺾었을 때만 해도 로마는 4위 진입을 위한 치열한 경쟁을 벌이는 중이었다. 그러나 그 뒤로 6경기 동안 로마의 성적은 1승 2무 3패로 최악에 가까웠다. 밀란을 4-2로 대파하는가 하면 나폴리에 1-4로 지고, 키에보와 카타니아에 패배하는 등 여전히 경기력이 불안정했다. 1월의 마지막 경기였던 27라운드 볼로냐 원정에서는 3-3으로 비겼다. 토티는 이날도 어시스트를 두 개 기록하며 공격을 이끌었지만 수비가 심각하게 허술했다. 사바티니는 이 경기 이후 제만의 경질 가능성을 시사했다.

2월이 됐고, 제만은 자신의 목이 걸린 경기를 올림피코에서 치렀다. 상대는 강등을 걱정하는 칼리아리였다. 이번에도 제만의 수비 불안은 여지없었다. 라자 나잉골란에게 선제골을 내주고, 토티가 동점골을 넣는 대목까지는 나쁘지 않았다. 후반전이 시작되자마자 골키퍼 마우로 고이코체아가 공을 손에서 빠뜨리며 자책골을 내줘 경기가 본격적으로 꼬였다. 고이코체아는 공중볼 처리 능력이 부족하다는 지적에도 불구하고 역습을 이끄는 패스가 좋아 제만의 선택을 받은 선수였다. 제만식 축구의 위험 부담이 얼마나 큰지 보여주는 상징적인 장면이었다. 경기는 2-4 패배로 끝났고, 로마는 8위로 떨어졌다. 제만은 경질됐다. 순수주의자의 퇴장이었다.

토티는 "우리 모두 제만의 경질에 책임이 있어요"라고 말했다. 훗날 토티는 가장 뜻이 잘 맞았던 감독으로 제만을 꼽기도 했다. 구단은 "지금은 제만을 경질해야 하지만 성적 부진의 책임이 그 한 사람에게만 있는 건 아니다"라고 품위 있는 해임의 변을 내놓았다. 제만은 부진 끝에 해임되는 감독치고는 훈훈한 분위기 속에서 팀을 떠났다. 늘 꼿꼿했던 그가 "팬들의 사랑에 감사드립니다. 전혀 예상하지 못했어요"라고 말할 정도였다.

남은 시즌을 수습하는 건 아우렐리오 안드레아촐리 코치의 몫이었다. 그는 한결 수비적인 축구로 로마를 회생시켜 보려 했다. 토티는 제만이 떠난 뒤에도 변함없는 활약을 했다. 2월, 토티의 강력한 슛이 부폰을 뚫었다. 파니치의 프리킥이 수비벽에 맞고 나오자 토티가 짧고 빠른 스텝으로 타이밍을 맞춘 뒤 골문 구석으로 떠오르며 날아가는 강력한 슛을 날렸다. 이 골로 로마가 유벤투스에 1-0 승리를 거뒀다. 유벤투스는 앞선 2011/2012시즌을 시작으로 세리에 A 연속 우승을 시작한 팀이었다. 이때 델피에로는 없었다. 2012년 유벤투스를 떠난 델피에로는 호주의 시드니 FC로 이적해 선수 생활 말년을 보내기로 했다. 대신 유벤투스를 표상하는 선수는 부폰이 되었다.

3월 제노아를 홈으로 불러들인 로마는 3-1로 승리했다. 토티는 페널티킥 골을 넣고 언제나처럼 엄지손가락을 빨며 공갈젖꼭지 세리머니를 했다. 코너킥 어시스트도 추가했다. 경기가 끝난 뒤 두 아이 크리스티안과 샤넬이 그라운드 안으로 뛰어 들어가 땀에 젖은 아빠를 끌어안았다. 올림피코가 그들에겐 집이나 마찬가지였다.

파르마를 상대한 29라운드 역시 시즌의 하이라이트 중 하나로 기억될 가치가 있다. 모처럼 원톱을 맡은 토티는 또 낮고 강력한 프리킥으로 골을 터뜨리며 2-0 승리를 이끌었다. 골에 근접한 오른발 킥이 두 차례 더 나왔지만 선방에 막혔다. 그리 힘들이지 않고 차는 토티 특유의 킥 방식은 이즈음 완전히 자리를 잡은 상태였다.

토티가 이날 넣은 골은 세리에 A 통산 226호 골이었다. 1950년대 세계 최고 공격수 중 하나였던 군나르 노르달의 기록을 뛰어넘어 토티가 마침내 통산 득점 2위에 올랐다. 이제 토티 위에는 리그 역사상 최고 공격수인 실비오 피올라만 남아 있었다. 피올라는 1920년대부터 1950년대까지 활동하며 리그 득점왕을 5차례 수상한 전설적 인물이었다.

한편 파르마전에는 기억해야 할 장면이 하나 더 있었다. 토티만 할 수 있는 괴상한 패스가 또 나왔다. 속공을 위해 달리던 토티는 자신의 전진 속도보다 한 발 늦게 온 패스를 어떻게든 받아내야만 했다. 그때 토티는 몸을 360도 돌리며 급제동을 하는 동시에 공을 향해 자연스럽게 접근했다. 몸이 180도 회전했을 때, 토티의 완벽한 힐 패스가 측면으로 질주하는 동료에게 전달됐다. 말하자면 '360도 회전 원터치 백힐 패스'였다.

그러나 로마의 순위에 극적인 반전 따위는 없었다. 로마는 안드레아촐리 아래서 8승 4무 3패로 제만 때보다 훨씬 좋은 성적을 냈지만 이 정도로는 충분하지 않았다. 챔피언스리그 진출권인 3위 밀란과는 승점 차가 10점이었다. 로마는 코파 결승에 모처럼 진출했지만, 라이벌 라치오에 패배하며 마지막 트로피에 대한 희망까지 잃었다. 이로써 유로파리그 참가도 무산됐다. 미국인 경영자들의 두 번째 시즌 역시 가혹한 시행착오였다.

그래도 토티는 회춘했고, 젊고 재능 넘치는 선수들이 성장 중이었다. 제만은 다시 한 번 로마에서 실패했으나 이번에도 유산을 남기고 떠났다. 토티는 이 시즌 로마 선수 중 가장 긴 2,821분을 소화하며 12골 12도움을 기록했다. 골과 도움 모두 10개를 넘긴 선수는 나폴리의 젊은 전설 마렉 함식과 토티뿐이었다. 그리고 되살아난 토티는 다음 시즌부터 또 정상에 도전하기 시작했다.

## ___ 2위 전문팀

로마는 실패한 시즌이 끝나기도 전에 해외의 명망 있는 감독과 접촉했다. 그리고 6월에 일찌감치 뤼디 가르시아를 선임했다. 가르시아는 프랑스에서 중상위권 구단 정도였던 릴을 2010/2011시즌 우승으로 이끌며 명장으로 막 떠오르고 있던 인물이었다. 에덴 아자르와 제르비뉴를 좌우 윙어로 배치하는 4-3-3 포메이션은 당시 유럽 전체에서도 높이 칠 정도로 위력적이었다. 그러나 새 경영진의 모험적인 감독 선임에 두 번이나 실망한 로마 서포터들은 가르시아에 대한 의심을 품고 시즌을 시작했다. 코리에레의 설문 조사에서 '가르시아가 적절한 선택이라고 생각하는가'라는 질문에 부정적인 대답을 한 사람이 과반수였다.

그래도 센시 시절의 지역 구단에서 글로벌 구단으로 거듭나고 있던 로마엔 해외 감독이 어울렸다. 가르시아 선임은 유튜브를 통해 발표됐다. 그때 팔로타 회장은 보스턴의 집무실에 있었다. 로마는 미국 기업인 나이키의 후원을 유치하며 더 안정적인 경영의 시대로 접어들기 직전이었지만 계약이 2014년 여름부터 시작됐기 때문에 2013/2014시즌은 자체 제작 유니폼을 입고 뛰어야 했다. 아무런 스포츠 브랜드의 로고가 박혀 있지 않은 토티의 가슴팍은 로마의 과도기가 아직 끝나지 않았다는 신호나 다름없었다.

가르시아의 주도 아래 선수단 재편이 활발하게 진행됐다. 가르시아의 포메이션 또한 세만과 비슷한 4-3-3이었지만 작동 방식은 딴판이었다. 토티는 아자르나 제르비뉴처럼 공을 고속으로 몰고 다니는 선수는 아니었다. 가르시아는 토티를 기본적으로 최전방에 배치했다. 다시 가짜 9번의 시대가 시작된 것이다. 토티라는 기둥을 남겨 둔 채 선수단은 또 큰 폭으로 뒤집혔다. 마르퀴뇨스, 라멜라, 오스발도, 보얀 등이 떠나며 총 1억 유로가 넘는 수

익울 안겨줬다. 토티와 호흡을 맞출 윙어로는 가르시아의 애제자이자 아스널에서 침체기를 보내고 있던 제르비뉴가 영입됐다. 미드필더 케빈 스트로트만, 센터백 메드히 베나티아, 골키퍼 모르간 데산치스가 영입 즉시 주전을 차지했다. 하향세로 접어들고 있던 마이콘도 합류했다.

가르시아는 토티가 만났던 어떤 감독과도 다른 방식으로 4-3-3을 활용했다. 기본적으로 포백 위에 수비력을 갖춘 중앙 미드필더 세 명을 기용할 수 있다는 점에서 4-3-3은 안정적인 수비진 구성에 적합한 포메이션이다. 좌우 윙어는 돌파와 침투를 통해 상대 수비를 흔들고, 기회가 생기면 직접 공격을 마무리했다. 매우 단순하지만 단단하고 효과적인 축구였다. 무엇보다 수비를 안정시킬 수 있다는 점이 매력적이었다.

토티는 다시 축구에 통달한 남자로 돌아왔다. 스팔레티 시절보다 스피드가 느려진 대신 쉽게 공격하는 법을 깨친 그는 간단한 동작으로 상대 수비의 빈틈을 찔렀다. 로마는 초반 10연승을 달리며 세리에 A 개막 연승 신기록을 세웠다. 이 기간 동안 딱 1실점만 내줬을 정도로 엄청난 수비가 가르시아의 작품이었다. 데산치스 앞에서 베나티아와 카스탄이 지키는 수비는 빈틈이 없었다. 다만 공격 조합은 완성되지 않은 상태였는데, 토티가 문제를 해결했다. 토티는 초반 7경기에서 모두 공격 포인트를 기록했다. 단 7경기만에 3골 6도움을 올린 토티 덕분에 로마는 연승을 이어 갈 수 있었다. 일곱 경기 중 유일하게 토티가 선발에서 빠진 5라운드 삼프도리아 원정은 답답하게 흘러가다가 토티가 교체 투입된 뒤 2골이 나오기도 했다.

시즌 첫 경기는 특히 상징적이었다. 토티의 패스를 받은 데로시가 중거리 슛으로 리보르노 골문을 열었다. 중앙 미드필더로서 에너지가 감퇴해 가던 데로시는 제만의 전술에서 종종 배제되기도 했다. 가르시아는 그런 데로시를 아예 레지스타로 바꿨고, 이 포지션 전환이 성공을 거뒀다. 잠시 후 플로

2013/2014시즌 AS 로마 베스트 라인업

렌치가 쐐기골을 넣었다. 로마 3대가 이끈 승리였다.

2라운드부터 로마 공격은 토티와 제르비뉴가 벌이는 투맨 게임에 가까웠다. 가르시아의 릴과 달리 로마에는 뛰어난 윙어가 제르비뉴 한 명이었다. 제르비뉴가 상대 수비를 헤집고 다니면 그 공간을 토티가 활용하는 식으로 공격이 전개됐다. 반대쪽 윙어를 주로 맡은 플로렌치는 적절한 수비 가담과 문전 침투 등 지능적인 플레이로 제 역할을 다했다. 토티는 4라운드 더비에서 깔끔한 크로스로 페데리코 발차레티의 득점을 도왔고, 드리블 돌파로 라치오 수비수 안드레 디아스의 퇴장을 유도했다. 로마의 시즌 첫 대승이었던 6라운드 홈경기에서는 제르비뉴가 돌파를 할 수 있도록 상황을 만들어 주는 패스, 베나티아에게 연결된 정확한 코너킥으로 2도움을 올렸다.

연승 중에서도 가장 기분 좋은 경기는 7라운드 인테르 원정이었다. 쥐세페 메아차로 떠난 로마는 단단한 수비에 이은 속공으로 경기를 압도했다. 플로렌치, 제르비뉴, 토티까지 한 호흡으로 이어지는 매끄러운 공격이 토티의 강력한 중거리 슛으로 마무리됐다. 이어 제르비뉴가 인테르 수비 두 명을 동시에 돌파하며 얻어 낸 페널티킥을 토티가 차 넣었다. 토티의 긴 프로 경력 동안 과학 기술이 많이 발전했고, 이제 관중들은 야유에 그치지 않고 토티의 얼굴에 레이저를 쏴 댔다. 그러나 토티는 흔들림이 없었다. 오히려 두 골을 넣은 뒤에도 멈추지 않았다. 공을 살짝 띄우며 돌아서는 터닝 기술로 알바로 페레이라의 압박을 벗어난 뒤 속공의 기점 패스를 했고, 스트로트만을 거쳐 플로렌치의 쐐기골이 터졌다. 토티는 인테르를 대파한 뒤 "우리의 목표는 여전히 챔피언스리그 진출일 뿐입니다. 그러나 지금 같은 플레이가 계속 이어진다면, 우승 이야기를 꺼릴 필요는 없겠죠"라고 말했다.

승승장구하던 로마는 8라운드 나폴리전 초반에 토티가 부상을 입고 빠지면서 흔들리기 시작했다. 그 상태에서도 세 경기는 잡아내 10연승을 완성했지만, 11라운드 토리노 원정에서 1-1로 비기며 문제가 시작됐다. 세 차례의 1-1, 한 차례의 0-0 무승부 경기가 따라왔다. 여느 시즌이라면 10승 4무 역시 압도적인 성적이었다. 다만 유벤투스는 카를로스 테베스까지 영입해 로마 못지않은 엄청난 성적을 내고 있었고, 로마는 13라운드부터 선두를 빼앗겼다. 로마는 토티가 복귀할 즈음 경기력을 회복했다. 그러나 18라운드 유벤투스 원정에서 데로시와 레안드로 카스탄이 퇴장당하는 형편없는 경기 끝에 0-3으로 패배했다. 이 시점에서 이미 유벤투스와 승점 차가 8점으로 벌어졌다. 토티는 다음 경기인 제노아전에서 깔끔한 득점으로 4-0 승리를 이끈 뒤 "유벤투스는 실수하지 않을 거예요. 저는 그저 좋은 플레이로 사람들에게 즐거움을 주는 것부터 생각하겠습니다"라고 말했다.

이때가 겨울 이적시장이었다. 로마는 미국으로 돌아가고 싶다고 밝힌 브래들리를 토론토로 보내 줬다. 대신 지난 시즌부터 칼리아리 소속으로 로마를 많이 괴롭혔던 라자 나잉골란을 영입했다. 오히려 전력에 보탬이 되는 좋은 영입이었다.

로마는 토티가 엉덩이 부상으로 빠진 상태에서 난적 인테르와 나폴리를 만나 1무 1패에 그쳤다. 토티는 우디네세전에서 복귀하자마자 다시 1골 1도움으로 3-2 승리를 이끌었다. 후반기에 로마는 토티의 영향력에서 벗어나려 노력했다. 상대에 따라서는 전형적인 프리마 푼타 데스트로를 전방에 배치하고 토티를 벤치 에이스로 취급했다. 데스트로는 32라운드에서 칼리아리를 상대로 생애 첫 해트트릭을 달성하며 뛰어난 득점원의 자질을 보여 줬다. 토티는 후배를 위해 순순히 자리를 비켜 줬다.

시즌 막판 3연패를 당했음에도 불구하고 26승 7무 5패를 기록한 로마의 승점은 85점이었다. 절묘하게도 로마가 85번째로 세리에 A에서 보낸 시즌이었다. 이 승점은 로마의 최다 승점 신기록이자, 세리에 A 역대 준우승팀 중 최고 승점이었다. 이 정도면 충분히 우승을 할 수 있는 성적이지만, 유벤투스가 역대 세리에 A 신기록인 102점을 달성하며 우승하는 바람에 로마는 큰 격차를 절감해야 했다. 어쨌든 지난 세 시즌 동안 유럽대항전 본선도 못 밟아 본 로마로서는 혼란기를 최소화하고 우승 도전이 가능한 팀으로 거듭 났다는 점에서 의미가 있는 시즌이었다. 토티의 출장 시간은 리그 1,673분으로 줄었지만 8골 10도움을 기록했고, 제르비뉴와 더불어 리그 도움 1위를 기록했다.

토티는 세월이 흐를수록 존재감이 희미해지기는커녕 더 확실하게 로마를 대표하는 이미지로 굳어져 가고 있었다. 시즌 중 한 경제지가 로마에서 연 '올해의 캡틴' 행사에서 '캡틴 중의 캡틴'이라는 부문의 수상자로 선정되기도 했다.

이어진 2014/2015시즌 역시 가르시아가 고수해 온 4-3-3 시스템에 따라 팀이 구성됐다. 토티의 경기력은 다소 하락세를 보였지만 팀 내 비중은 오히려 늘었다. 제르비뉴, 토티와 함께 공격진을 꾸려야 할 후안 이투르베와 빅토르 이바르보가 모두 기대만큼 성장하지 못하면서 로마의 공격 전술은 점점 한계에 부딪쳤다.

로마는 앞선 시즌에 비해 전진하지 못하고 오히려 후퇴했지만 가르시아를 탓하는 건 가혹한 일이었다. 새 시대 미드필드의 중심이 되어야 할 스트로트만이 계속된 무릎 부상으로 시즌 대부분을 걸렀다. 지속적인 부상에 시달려 온 페데리코 발차레티는 2014/2015시즌을 통째로 날린 뒤 아예 은퇴를 선언했다. 가장 기막힌 건 카스탄이었다. 카스탄은 단 한 경기를 뛴 뒤 11월까지 자취를 감췄다. 암에 걸린 것 같다는 등 온갖 소문이 돌았다. 마침내 로마가 밝힌 그의 결장 사유는 혈관 기형으로 인한 뇌종양의 일종인 해면종이었다. 카스탄은 머리 수술을 받고 시즌 내내 이탈했음은 물론 선수 생활 자체가 위기에 처했다. 로마는 세이두 케이타, 애슐리 콜 등 나이 많은 선수들로 부상자들의 자리를 급히 메웠다. 플로렌치가 윙어, 미드필더, 풀백을 모두 소화하며 헌신적인 시즌을 보냈다.

토티에게 시즌 첫 하이라이트는 9월 30일 맨체스터에서 찾아왔다. 프리미어리그 우승자 자격으로 챔피언스리그에 참가한 맨체스터 시티와 가진 원정경기였다. 올드 트래포드는 아니지만 로마 입장에서 맨체스터는 기분 나쁜 땅이었다. 마이콘의 석연찮은 반칙 판정으로 페널티킥을 내주고, 세르히오 아구에로에게 실점할 때까지만 해도 로마가 밀리고 있었다.

토티는 전반 23분 최전방에서 기민하게 움직였다. 수비진에서 빌드업이 시작될 때, 나잉골란이 수비 배후로 침투하는 토티에게 절묘한 원터치 패스를 전달했다. 토티는 느려진 발로 열심히 공을 쫓아간 뒤, 달려오는 조 하트 골키퍼의 옆으로 살짝 지나가도록 공을 찍어 찼다. 역시 토티의 명장면에 어울리는 골은 쿠키아이오였다.

38번째 생일을 사흘 전에 축하했던 선수의, 챔피언스리그 사상 최고령 골이었다. 토티와 비슷한 평가를 받았던 라울이 대회 사상 가장 위대한 선수 중 한 명으로 이름을 남긴 것과 달리, 토티는 아무런 족적을 남기지 못하고 있었다. 유럽 최강팀이 아닌 로마에서 선수 생활을 마치기로 결심한 뒤 감수해야 했던 대가였다. 그러나 토티는 다른 어느 선수보다 오랫동안 높은 수준의 기량을 유지했다. 챔피언스리그와 인연이 없던 선수에게 주어질 수 있는 단 한 가지 기록이 최고령 득점이었다. 유럽 전체가 주목하는 막강한 팀과의 경기였기에 토티의 영광은 더욱 밝게 빛났다. 그는 11월 25일 CSKA 모스크바 원정에서 프리킥으로 한 골을 추가해 자신의 기록을 38세 59일로 더 늘렸다.

그러나 오랜만의 챔피언스리그는 안정감이 부족한 로마 선수들에게 버거

**전 세계인이 지켜보는 챔피언스리그 경기에서
토티는 맨체스터 시티를 상대로 대회 최고령 득점을 기록했다**

왔다. 로마는 3차전 바이에른과의 홈경기에서 무려 1-7로 대패했다. 과르디
올라의 축구를 전혀 통제하지 못하고 이리저리 휘둘린 결과였다. 이로써 로
마 역사상 국제대회 홈경기 최다 골 차 패배 기록이 경신됐다. 로마의 원정
최다 골 차 승, 최다 골 차 패배 기록 또한 모두 7-1이었다. 토티와 데로시에
겐 좋은 쪽으로나 나쁜 쪽으로나 인연이 많은 점수였다. 로마는 그 뒤로 1무
2패를 추가하는 데 그쳤고, 조 3위로 유로파리그에 떨어졌다.

　토티의 두 번째 하이라이트는 더비에서 나왔다. 1월 11일 열린 리그 18라
운드 경기였다. 당시 로마는 생각보다 치열한 선두 싸움을 벌이고 있었다.
로마가 유벤투스를 승점 1점 차로 추격했고, 차이는 좀 벌어졌지만 3위에
라치오가 있었다. 더비에는 자존심 이상의 의미가 달려 있었다. 그러나 라치
오의 전방 압박에 로마 수비진의 빌드업은 번번이 끊겼다. 스테파노 마우리
와 펠리페 안데르손의 연속골로 로마는 궁지에 몰렸다.

전반 내내 잠잠했던 토티는 후반전을 뒤집어 놓았다. 라치오 수비진의 시야 밖에 숨어 있던 토티가 문전에 툭 튀어나오며 크로스를 받아먹어 점수 차를 좁혔다. 그리고 후반 19분, 호세 홀레바스의 크로스가 날아올 때 다시 한 번 파포스트 쪽으로 돌아 들어간 토티가 공중으로 몸을 날렸다. 슬라이딩 태클을 하는 듯한 동작으로 발리 슛을 성공시킨 토티는 그대로 전광판을 뛰어넘어 쿠르바 수드의 서포터들에게 다가갔다.

토티는 평소처럼 환호하는 데서 그치지 않았다. 옆에 있는 스태프에게 전화를 잠깐 빌린 토티는 환호하는 팬들을 배경으로 셀카를 찍었다. 오른손으로 아이폰을 들고, 왼손으로 엄지를 들어 '따봉' 포즈를 취한 다음 바보 같아 보이는 웃음과 함께 입을 쭉 내밀었다. 이즈음 골 세리머니 중 가장 큰 화제를 모은 일명 셀카 세리머니였다.

이날의 셀카는 그저 특이하고 재미있기만 한 것이 아니라, 토티와 티포지들이 함께해 온 역사가 담겨 있었다. 이 세리머니가 세계적인 화제를 모았다는 건 토티와 로마 시민들의 유대가 전 세계에 알려졌다는 의미나 마찬가지였다. 나이를 먹을수록 점점 구수해지고 바보 같아 보일 때가 많아진 토티의 얼굴 역시 전 세계로 퍼졌다. "평소에는 셀카를 안 찍어요. 사생활은 사적으로 남겨 두고 싶으니까. 그렇지만 이번엔 특별한 상황이었잖아요. 오랫동안 기억해야 할 것 같아 사진을 찍었어요."

토티의 더비 11호 득점이었다. 공식전만 따졌을 때는 역대 최다 골이기도 했다. 토티의 동료였던 델베키오가 9골, 몬텔라가 8골 기록을 갖고 있었다. 한때 그들의 조력자였던 토티는 더비 사상 가장 위대한 골잡이로 자신의 위상을 끌어올렸다.

토티는 2월 22일 베로나를 상대로 또 한 번 강력한 중거리 슛을 성공시켰다. 그러나 이후 동점골을 내주고 1-1 상황에서 오히려 패배 위기에 몰리자,

가르시아는 후반 21분 토티를 빼고 영입한 지 얼마 안 된 세이두 둠비아를 투입했다. 둠비아의 경기력은 엉망이었고 로마는 무승부에 그쳤다. 경기 후 토티를 뺀 게 잘못된 결정이었다는 비판이 쏟아졌다. 가르시아의 구상 속에서 토티는 온전한 주전이 아님을 보여 주는 경기였다.

유로파리그에서도 토티와 로마가 딱히 보여 준 건 없었다. 2월 열린 페예노르트와의 토너먼트 첫 경기에서, 로마를 찾은 페예노르트 원정팬들이 시내 스페인 광장에서 난동을 부리다 명물인 바르카차 분수를 부숴 버렸다. 축구를 넘어 로마 전체가 분노할 만한 상황이었다. 로마는 홈에서 무승부에 그쳤지만, 원정에서 토티를 중심으로 2-1 승리를 거두고 최소한의 정의를 구현했다. 그리고 16강에서 피오렌티나를 만나 탈락했다.

로마는 준우승이 걸린 리그 37라운드 더비에서 2-1로 승리해 2위를 확정했다. 그리고 팔레르모와 가진 시즌 최종전에서 1-2로 패배했다. 토티는 나잉골란의 스루 패스를 받아 원터치 슈팅으로 로마의 시즌 마지막 골을 터뜨렸다. 상대 골키퍼 스테파노 소렌티노가 각도를 좁히기 위해 다가오자, 토티는 습관적으로 쿠키아이오를 구사했다. 이 골이 통산 299호인지 300호인지를 두고 논란이 벌어졌다. 지난 2004년 레버쿠젠을 상대로 토티가 찬 슛이 그의 득점인지, 아니면 디미타르 베르바토프의 자책골인지가 논란의 핵심이었다. 토티는 "그냥 300호는 다음으로 미루죠"라고 말해 불필요한 논쟁을 끝내고 다음 시즌을 기약했다. 토티는 세리에 A 8골, 챔피언스리그 2골을 넣어 로마 선수 중 가장 많은 골을 터뜨렸다. 토티가 팀 내 최다 골을 넣은 건 이번이 7번째였다.

## 토티 인사이드 10
### 깃발이 된 남자들, 반디에라의 의미

이탈리아에서 흔히 쓰이는 축구 용어 중 '반디에라(bandiera)'가 있다. 원래 깃발이라는 뜻의 단어로, 한 구단을 상징하고 표상할 수 있는 선수들을 비유적으로 부르는 말이다. 토티는 21세기의 대표적인 반디에라 중 한 명이었다.

이 표현은 단순한 슈퍼스타에게 쓸 때도 있지만 그보다는 구단에 대한 충성심, 오랜 근속년수, 팬들과의 끈끈한 유대 관계 등이 뒷받침될 때 쓰인다. 말 그대로 구단의 상징적 존재인 선수에게 쓸 수 있는 표현이다. 반디에라라는 표현에서 다양한 비유가 파생된다. 은퇴한 반디에라는 흔히 '내려진 깃발(bandiere ammainate)'이라고 불린다. 유니폼 색에 따라 토티를 '붉은색과 노란색이 들어간 깃발'이라고 부르는 것도 가능하다.

21세기에 이탈리아에서 활약한 대표적인 반디에라는 로마의 토티, 유벤투스의 델피에로, 밀란의 말디니, 인테르의 사네티가 있다. 이들은 짧으면 19년, 길면 25년 동안 한 팀에서 뛴 선수들이다. 그동안 꾸준히 주전이면서 핵심 멤버라는 지위를 유지했고, 구단의 간판 스타로서 활동했다. 팬들이 가장 사랑하는 선수를 꼽을 때 반드시 1, 2위를 다퉜다. 최근 이탈리아 축구를 대표하는 네 개 구단에 모두 확고한 반디에라가 있었다는 건 그만큼 그들에게 품위와 역사성을 더하는 요인이다.

반드시 원 클럽 맨이거나 토박이일 필요는 없다. 델피에로와 사네티는 스무 살 무렵에 각각 유벤투스와 인테르로 이적한 선수들이다. 반디에라는 이탈리아적인 개념이지만, 꼭 세리에 A 구단에만 반디에라가 존재할 수 있는 건 아니다. 스카이스포츠 이탈리아는 반디에라들을 정리하면서 첼시의 존 테리, 레알 마드리드의 라울과 카시야스, 리버풀의 스티븐 제라드, 맨유의 로이 킨, 바르셀로나의 카를레스 푸욜을 각 팀의 반디에라로 꼽았다.

반디에라들은 흔히 은퇴한 뒤 구단 경영자나 코칭 스태프로 합류한다. 특히 구단 수뇌부와 선수가 밀접한 관계를 형성하기 쉬운 이탈리아의 가족적인 분위기는 반디에라가 은퇴 후에도 팀과 관련을 맺게 만들곤 한다. 유벤투스의 네드베트, 로마의 토티 등 은퇴하자마자 구단 운영에 합류한 선수들은 챔피언스리그 조추첨 등 공식 행사에서 구단을 대표하는 얼굴로서 활동하곤 한다.

그러나 모든 반디에라들이 이런 길을 걷는 건 아니다. 델피에로는 유벤투스가 계약 연장을 원치 않았기 때문에 선수 경력을 연장하러 호주로 떠났고, 결국 데뷔도 은퇴도 유벤투스에서 하지 못했다. 말디니는 은퇴식을 치르며 밀란에서 영광스런 경력을 마쳤지만 그 뒤로 10년 가까운 기간 동안 밀란에서 어떤 일도 맡지 않았다.

최근 선수 중 반디에라로 불리는 것이 가장 자연스러운 인물은 단연 마렉 함식이다. 함식은 2007년부터 나폴리에서 뛰며 팀의 도전과 중흥을 모두 이끌었다. 2000년대 이후 명문으로 도약하려 한 팀 중 나폴리가 가장 성공적인 길을 걸어왔다는 건 시사하는 바가 크다. 반디에라는 단순한 슈퍼스타를 넘어 구단의 정체성을 유지해 주고, 팀이 단계적으로 발전할 수 있도록 일관성을 제시하는 존재가 될 수 있다.

### 토티 인사이드11
## *AS 로마의 전설들*

### 자코모 로시

토티와 데로시 전까지 로마 소속 최다 출장 기록 보유자였다. 1952년 크레모네세에서 50만 리라에 영입됐다. 1955년부터 1969년까지 로마 소속으로 세리에 A 386경기, 모든 대회 455경기를 소화했다. '로마의 심장'이라는 멋진 별명을 갖고 있다. 특히 아주리에 소집돼 있던 1962년 인테르 측이 "로마에서 얼마를 받고 있든 그 세 배를 주겠다"고 했으나 거절한 일화로 유명하다. 포지션은 수비수였다.

### 아고스티노 디바르톨로메이

로마에서 11시즌을 소화했고 1982/1983시즌 스쿠데토, 이듬해 유러피언컵 준우승의 주역이었던 선수다. 스타가 많았던 당시 멤버들 중에서도 로마 토박이였고 헌신적인 선수였기 때문에 유독 큰 사랑을 받았다. '디바(Dibba)'라는 별명으로 불렸다. 주장으로서 로마의 전성기를 이끌었다. 왕성한 활동량과 건장한 신체가 장점이었고, 기술과 슈팅 능력까지 갖추고 있어 전담 키커로서 멋진 장면을 만들곤 했다. 유러피언컵 결승전 이후 로마를 떠나 밀란으로 이적했다. 말년에 우울증으로 고생하다 1994년 5월 자살했다.

### 브루노 콘티

1982년 스페인 월드컵에서 이탈리아의 우승에 일조한 것으로 더 유명한 선수다. 왼발잡이지만 주로 오른쪽 날개나 공격형 미드필더로 배치돼 중앙으로 파고드는 드리블 돌파를 자주 구사했다. 1973년 로마에서 데뷔해 1991년 로마에서 은퇴했고, 그 사이

제노아로 두 차례 임대된 걸 제외하면 16시즌 동안 로마 소속이었다. 은퇴 이후 로마 유소년 팀 지도자를 거쳐 유소년 부문 총괄 담당자까지 역임했다. 데로시는 독일 월드컵 우승 이후 자신의 유니폼을 콘티에게 선정하며 "축구의 캄피오네에서 모든 것의 캄피오네가 된 사람"이라는 헌사를 보냈다.

### 로베르토 프루초

토티 전까지 로마의 가장 위대한 공격수였던 선수다. 1978년부터 1988년까지 활약했다. 한 경기에서 5골을 넣은 기록도 있다. 득점왕을 세 차례 차지했다. 특히 유벤투스를 상대로 인상적인 골을 많이 터뜨렸다. 스쿠데토를 차지한 1982/1983시즌에는 득점 4위였다. 은퇴 후 감독으로서 딱히 인상적인 모습을 보이지 못했는데, 2002년에는 팔레르모 신임 감독으로서 시즌을 준비하고 있다가 구단주가 센시에서 참파리니로 바뀌는 바람에 한 경기도 지휘하지 못하고 잘리는 굴욕을 당했다.

### 쥐세페 쟌니니

토티에게 10번, 주장 완장, '왕자'와 '로마의 8번째 왕'이라는 별명을 모두 물려준 바로 앞 세대 선배다. 스쿠데토 직후 로마에서 데뷔해 1996년까지 활약했다. 역시 로마 토박이였고, 로마 지역에서 축구를 배웠다. 기술이 좋은 미드필더로서 늘 높은 평가를 받았고 전성기 내내 누구보다 헌신적으로 활약했다. 1990년 이탈리아 월드컵 멤버로서 대표팀에서도 활약했다. 1999년 레체에서 은퇴한 뒤 2004년부터 감독으로서 새 도전을 시작했으나 경력이 잘 풀리지 않았다. 아시아로 건너와 레바논 대표팀을 맡기도 했고, 하부 리그 팀인 라싱 로마를 지휘하기도 했다. 오히려 방송 해설자와 라디오 진행자로 더 유명한 편이다.

8

# IL CAPITANO

마지막 불꽃과 은퇴

## ___ 노장을 위한 자리는 없다

이탈리아인들은 아름다움에 환장한 족속으로 불린다. 이 이미지를 뒷받침하는 일화가 있다. 제2차 세계대전 당시 스코틀랜드의 램홈 섬에 이탈리아 포로들이 수감돼 있었다. 그들에게 주어진 인공물은 어떠한 미적 고려도 없는 콘크리트 막사뿐이었다.

이탈리아인들은 잿빛 주거 환경을 견디지 못했다. 포로 중 한 명이었던 화가 도메니코 초케티의 감독에 따라 막사 리모델링을 시작한 그들은 18개월에 걸쳐 이탈리아식 예배당을 만들어 냈다. 직접 만든 제단과 이탈리아 성당에서 자주 보이는 실내 장식으로 내부를 꾸몄고, 심지어 파사드(건축물의 출입구를 둘러싼 정면 부분. 흔히 대성당의 정면 입구에서 많이 보인다)까지 그럴싸하게 만들었다. 창문은 스테인드 글래스로 장식했다. 이 모든 작업에 들어간 재료는 버려진 건축 자재와 약간의 시멘트가 전부였다. 포로들은 곧 고국으로 돌아갔지만 예배당은 이후로도 램홈 섬의 명물로 남았고, 나중에 하나님께 공식적으로 봉헌되었으며, 심지어 꼭 찾아가 봐야 할 세계의 건축물 순위에 이름을 올리기도 한다.

토티는 이탈리아 판타지스타들의 미학 가운데서도 독특한 아름다움을 가진 존재였다. 바조와 델피에로는 각각 라파엘로, 핀투리키오(둘 다 르네상스 시기의 화가 이름)라는 별명처럼 우아한 몸동작으로 이탈리아인들을 만족시켰다. 토티는 이들과 달리 그다지 우아하지 않았다. 대신 발상의 독특함과 상상력을 통해 예술성을 인정받았다. 델피에로가 기술적 숙련도를 중시하는 전근대 시기의 예술가와 비슷하다면, 토티는 창의성과 상상력을 중시하는 근대 이후의 예술가와 비슷한 면이 있었다. 토티에게 화가의 이름으로 별명을 붙인다면 피카소가 적당할 것이다.

토티의 유년기 이후 세계 축구계는 새로운 차원으로 접어들었다. 사키가 만든 현대 축구는 과르디올라의 시대를 거치며 더 정교해졌다. 축구 선수들의 전반적인 전술 이해도와 수행 능력이 상승했다. 그 결과 선수들은 더욱 시스템에 종속됐다. 토티보다 기술이 뛰어나고 시야가 넓은 선수는 많이 등장했지만, 토티처럼 괴상한 플레이를 하는 선수들은 찾아보기 힘들어졌다. 최후의 판타지스타로 불리는 카사노의 한탄대로, 이제 공격수들이 자기 마음대로 뛰도록 자유를 주는 시대는 저문 뒤였다.

그리고 토티의 창의성도 마지막을 향해 가고 있었다. AS 로마는 2015/2016시즌도 가르시아에게 맡겼다. 스피드가 탁월한 오른쪽 윙어 모하메드 살라, 한때 분데스리가 최고 원톱이었던 에딘 제코가 영입됐다. 가르시아의 입맛에 완벽하게 맞는 선수들이었다. 제르비뉴와 함께 주전 스리톱을 구성할 선수들이 완성됐다는 뜻이었다. 이제 토티는 이아고 팔케와 함께 후반 조커 겸 로테이션 멤버로 완전히 위상이 바뀌었다. 토티는 20년 만에 처음으로 후보 선수가 됐다. 토티는 첫 두 경기 동안 교체 투입조차 되지 않았다. 이바르보와 랴이치가 방출된 뒤에야 팀 내 입지가 조금 올라갔다. 3라운드에는 선발 출장했다. 나흘 뒤 열리는 바르셀로나전을 위해 주전 멤버들이 휴식을 취했기 때문이었다.

한정된 기회 속에서도 토티는 로마에 보탬이 되는 선수였다. 바르셀로나전에 이어 열린 세리에 A 4라운드에 토티는 또 선발 출장했다. 상대는 한때 동료 선수였던 디프란체스코가 이끄는 사수올로였다. 전반 36분 사수올로의 골키퍼인 안드레아 콘실리가 황당한 패스 미스를 저질렀다. 이 공을 가로챈 퍄니치가 원터치 패스를 토티에게 보냈고, 토티는 골대를 등진 자세에서 역시 원터치 슛으로 골망을 갈랐다. 사실 토티는 미묘하게 오프사이드 위치에 있었지만 오심으로 골이 인정됐다. 멋쩍은 토티는 요란한 골 세리머니를 하지 못했다. 대신 관중석을 향해 손가락 세 개를 펴 보였다. 300골을 의미했다. 앞선 시즌 마지막 경기에서 미뤄 뒀던 모든 대회 통산 300골 기록을 약 110일 만에 완성했다. 토티가 "가장 기다려 온 골"이었다.

토티가 골을 넣고 바라본 곳에는 크리스티안과 샤넬이 있었다. 이들은 '고마워요 아빠'와 '300'이라고 써 있는 티셔츠를 입고 난간에 매달려 응원 중이었다. 토티는 자녀들에게 손 키스를 보내고 중앙선으로 향했다. 전광판에는 토티의 300골 달성을 알리는 화면이 떴다. 그의 39번째 생일을 약 일주일 앞둔 날이었다. 데뷔골 이후 20년 16일이 걸렸다.

이날 관중석에서 경기를 본 리피는 "프란체스코의 주위에는 슬픔이 서려 있더군요"라고 말했다. "그저 예전만큼 자주 뛰지 못해서 그런 건지, 아니면 자신의 환상적인 경력도 이제 끝나 간다는 걸 알고 있기에 그런 건지 잘 모르겠습니다."

경기 후 가르시아는 "300골을 넣는 건 대단한 일이죠. 다만 이겼으면 더 좋았을 겁니다"라고 말했다. 사실 2-2 무승부로 끝난 경기에서 토티보다 더 주목받은 선수는 왼발 발리 슛으로 멋진 골을 넣은 살라였다. 가르시아는

**로마 소속 300골의 위업을 달성한 토티의 손가락 세 개를 펼친 골 세리머니**

"살라가 꼭 토티 같더군요"라고까지 말했다. 로마는 토티의 후계자를 모색하고 있었다.

토티는 6라운드에 어시스트 하나를 추가한 뒤 손가락 부상을 당했고, 이어 대퇴이두근까지 다쳤다. 10월부터 이듬해 1월 초까지 세 달 가까이 결장했다. 그 사이 로마 동료들은 6라운드를 시작으로 5연승을 달리며 선두에 올랐다. 그러나 희한하게도 앞선 시즌처럼 딱 11라운드부터 위기가 찾아오기 시작했다. 이후 6경기에서 1승 3무 2패를 당하며 순위가 5위까지 떨어졌다. 그리고 세리에 B 구단 스페치아와 승부차기를 벌이는 작태 끝에 코파에서 조기 탈락했다. 미국에서 생중계를 본 팔로타가 "진절머리가 나는구먼"이라고 한탄했다는 소식이 전해졌다. 팔로타는 애초에 가르시아를 '로마의 퍼거슨'으로 만들 생각이었지만, 점차 장기적으로 팀을 맡길 위인은 아니라는 쪽으로 생각이 변하고 있었다.

팔로타는 세 경기 더 가르시아를 지켜봤다. 로마는 제노아를 잡았지만 키에보와 3-3, 밀란과 1-1 무승부에 그쳤다. 야심차게 영입한 제코는 이때까지 단 3득점에 그쳤고 제노아전에서 퇴장까지 당하며 형편없는 전반기를 보냈다. 제르비뉴, 살라, 퍄니치의 분전 덕분에 그나마 상위권을 유지하는 수준이었다. 결국 가르시아는 19라운드 밀란전을 끝으로 목이 달아났다.

로마는 제만에 이어 다시 한 번 과거의 감독을 재선임하기로 했다. 토티와 함께 가짜 9번의 시대를 열었던 스팔레티가 돌아온 것이다. 스팔레티는 로마 이후 상트페테르부르크를 대표하는 팀 제니트를 맡아 4년 3개월 동안 트로피 4개를 따냈고, 2014년 3월부터 쉬고 있었다. 전성기가 지난 것 아니냐는 의문에도 불구하고 스팔레티를 환영하는 로마 팬들이 훨씬 많았다. 토티를 가장 잘 활용한 전술가라는 점도 환대를 받은 이유 중 하나였다. 겨울 이적시장을 통해 제르비뉴가 중국 구단인 허베이 화샤로 이적했고 기대에 부응하지 못한 이투르베도 떠났다. 대신 스테판 엘샤라위와 디에고 페로티가 측면 자원으로 영입됐다.

토티는 스팔레티의 세 번째 경기였던 프로시노네와의 경기에서 감독 교체 이후 처음 그라운드를 밟았다. 세 경기 내내 제코의 무득점을 지켜보던 스팔레티가 이젠 참아 줄 수 없다는 듯 교체를 단행한 것이다. 토티는 최전방에서 공을 잡은 뒤 자신을 지나쳐 침투하는 퍄니치에게 스루 패스를 제공해 오랜만에 어시스트를 하나 올렸다. 가짜 9번 시절부터 보여 준 전형적인 플레이였다. 이때까지는 둘의 재회가 희망적으로 보였다. 스팔레티는 오히려 불쾌해하는 제코에게 상황을 납득시키느라 진을 뺐다.

그러나 대중의 기대와 달리 토티를 둘러싼 상황은 점점 나빠지고 있었다. 스팔레티는 이후 두 경기에서 토티를 벤치에 내버려 뒀다. 그리고 토티는 또 부상을 당해 한 경기를 걸렀다. 세 경기에서 로마는 모두 승리를 거두며 토티 없이도 팀이 잘 돌아간다는 걸 보여 주고 있었다.

스팔레티는 이번에도 전술적으로 독창적인 선택을 했다. 기존의 4-3-3과 함께 4-3-1-2, 4-2-3-1, 3-4-2-1, 3-5-2 등 여러 포메이션을 혼용해 가며 로마의 잠재력을 끌어냈다. 특히 부임 직후 시도한 스리백은 흥미로웠다. 스팔레티는 스리백에 안토니오 뤼디거와 새로 영입된 에르빈 주카노비치를 배치해 좌우 측면을 커버할 수 있도록 했고, 데로시에게 리베로 역할을 맡겼다. 활동 반경이 넓고 공격 지원 능력이 좋은 선수로만 구성된 스리백이었다. 활동량이 많은 윙어 엘샤라위를 왼쪽 윙백으로 배치한 뒤 문전 침투를 통해 득점하게 만드는 전술은 파격적이었다. 수비진 구성이 지나치게 공격적이라면, 거꾸로 수비력이 좋은 나잉골란을 공격형 미드필더로 기용해 균형을 맞추기도 했다. 나잉골란은 야생마처럼 상대 진영에서 날뛰며 전방 압박과 득점, 어시스트를 기록했다. 이 전술적 틀은 2016/2017시즌에도 요긴하게 사용된다.

문제는 토티의 자리가 없다는 점이었다. 프로시노네전 바로 다음 경기였던 사수올로전에서 제코가 부상으로 결장했다. 스팔레티가 고른 공격수는 토티가 아니라 페로티였다. 이는 토티가 가짜 9번 중에서도 2순위, 최전방 공격수 중에서는 3순위로 밀렸다는 뜻이었다. 페로티가 어시스트를 기록하고 살라와 엘샤라위가 골을 넣으면서 새로운 스리톱은 안정적으로 작동했다. 토티는 벤치 멤버를 넘어 아예 잉여 자원으로 전락하기 직전이었다. 그는 잠자코 있지 않았다. 왕년에 알아주는 말썽꾼이었던 토티가 오랜만에 로마를 논란의 팀으로 만들 시간이었다.

## ___ 불화와 존중

　　스팔레티는 사수올로와 삼프도리아를 상대로 가짜 9번을 썼고, 카르피를 상대로 공격형 미드필더가 포함된 4-2-3-1 포진을 구사했다. 모두 페로티가 맡은 역할이었다. 토티는 세 경기 동안 경기에서 배제됐다. 챔피언스리그 16강에서는 레알을 만났다. 토티가 평생 가장 자신 있게 상대해 온 팀이었지만, 그는 후반 41분에야 교체 투입돼 로마의 패배에 아무 영향을 미치지 못했다. 스팔레티는 그중 삼프도리아전을 마치고 "토티는 내가 가장 사랑하는 선수"라고 말했으나 여전히 전력 구상에 포함시킨 것으로 보이지는 않았다.

　　2월 21일 열린 팔레르모와의 16라운드에서 말썽이 시작됐다. 토티는 선발 라인업은 물론 벤치에도 앉지 못했다. 세리에 A의 벤치 멤버는 최대 12명까지다. 7명으로 제한돼 있는 다른 리그들과 달리, 건강한 1군 선수라면 전원 벤치에 앉는다. 토티가 없는 이유에 당연히 관심이 집중됐다.

　　스팔레티가 토티를 집으로 돌려보냈다는 사실이 알려지자마자 로마시에 난리가 났다. 로마 선수들은 홈경기 전날 트리고리아에서 합숙을 하고 구단 버스를 통해 올림피코로 이동한다. 스팔레티는 경기 당일 아침에 토티를 불러 집으로 돌아가라고 지시했다. 토티는 동료들에게 인사를 하고 지시에 따랐다. 어색한 상황 때문에 선수들이 불편해 했다는 보도가 이어졌다. 로마는 토티 없이 5-0 승리를 거뒀으나 이미 사람들은 올림피코보다 트리고리아에서 무슨 일이 일어났는지를 더 궁금해 했다.

　　먼저 싸움을 건 쪽은 토티였다. 토티는 레알전이 끝나고 공동취재구역에서 자신을 기다리던 기자들을 지나쳐 가며 "저를 기다리세요? 뭐하러?"라고 말했다. 이때부터 그의 속은 부글부글 끓고 있었던 셈이다. 팔레르모전 전날 가진 인터뷰에서 토티는 한층 노골적으로 말했다. "부상은 다 나았어요. 제가 뛰지 못하는 건 순전히 전술적인 결정 때문이죠. 이런 식으로는 로마에 남을 수 없어요. 벤치에 앉아 있는 건 상처가 됩니다. 나이 때문에 출장 시간을 줄이는 건 이해합니다만 제 경력이 이런 식으로 마무리된다면 한 남자로서도 그렇고 로마에 기여한 바를 생각해도 잘못된 일입니다. 여기서 제가 해온 일을 더 존중해 줬으면 좋겠어요."

토티는 스팔레티와 권력 싸움을 시작한 것이다. "루치아노 스팔레티 감독과 인사를 나누는 정도의 사이일 뿐이에요. 그는 언론에 대고 저에 대한 좋은 말들을 하더군요. 그런데 저에게 직접 하지는 않아요"라는 말에도 대립 구도가 선명했다. 토티는 팔로타에게도 압박을 넣었다. "스팔레티를 감독으로 존중합니다. 제 계약 기간은 6월에 끝나죠. 팔로타로부터 기별이 오길 기다리고 있어요. 그러면 이 상황에 대해 이야기를 나눌 겁니다."

팔레르모전을 앞두고 토티의 이적설, 은퇴설이 지역지의 핵심 소재가 됐다. 이즈음 중국에서 토티에게 영입 제안을 했다는 보도도 있었다. 그 와중에 스팔레티는 토티에게 밀리지 않기 위해 훈련장에서 내보내는 강수를 쓴 것이다. 소식은 순식간에 퍼졌다. 스팔레티의 아들까지 "아빠, 왜 토티와 싸우시는 거예요"라고 물어볼 정도였다.

그러나 스팔레티는 원칙주의자의 태도를 고수했다. 그는 팔레르모전 이후 "모두 지나간 일일 뿐이에요. 내일은 우리 모두가 하나로 돌아오길 바랍니다. 토티는 관중석에서 경기를 봤고, 라커룸으로 내려와 동료들을 격려했어요. 내일부터 함께 훈련할 겁니다"라고 당시 사건을 대수롭지 않게 치부했다. "그저 화가 나서 나온 말일 뿐이에요. 존중하는 태도로 이해해 줄 수 있습니다. 토티처럼 위대한 선수가 그런 말을 하면 일이 커지기 마련이죠. 저는 토티를 오늘 경기에 내보내겠다고 공언한 상태였어요. 그래 놓고 경기에 내보내지 않았다면 토티는 말 몇 마디를 하는 것이 아니라 제게 미사일을 쐈을 겁니다." 스팔레티는 "토티는 위대한 캄피오네고 그를 존중하지만, 다른 선수들도 똑같이 존중받아야 합니다"라는 말로 자신의 입장을 정리했다.

스팔레티는 당시 토티에게 "긱스가 되고 싶으면 긱스가 될 수 있고, 네드베트가 되고 싶으면 네드베트가 될 수 있어. 한 명의 선수로서 뛰고 싶다면 다른 선수들과 동등한 입장이 되어야 해"라고 말한 것으로 전해졌다. 특별대우는 없다는 뜻을 확실히 하는 메시지였다.

갈등의 폭풍이 휩쓸고 지나간 뒤에도 토티는 한동안 출장하지 못했다. 다음 경기였던 엠폴리전에서 토티는 벤치에 머물렀다. 스팔레티는 "토티를 쓰고 싶었어요"라며 변수 때문에 투입하지 못한 것뿐이라고 해명했다. 토티는 경기 후 그라운드로 내려가 웃는 얼굴로 동료들을 격려했다. 그 다음 피오렌티나전에서 토티는 후반 31분 투입됐다. 두 달 만에 치르는 경기였다. 그의 프리킥이 골대에 맞는 순간이 가장 인상적인 장면이었다..

토티는 3월 8일 레알 마드리드와의 챔피언스리그 원정에서도 후반 39분 교체 투입됐다. 토티가 들어설 때 산티아고 베르나베우의 관중들이 기립 박수를 치는 진풍경이 벌어졌다. 토티는 레알에 올 뻔했지만 결국 거절한 사연으로 유명한 선수였고, 이 경기장에서 특별한 순간을 만들어 온 선수였다. 레알이 1차전에 이어 2차전도 승리하기 직전이었기 때문에, 이날이 토티의 마지막 챔피언스리그 경기일수도 있다는 예감이 관중들을 일어나게 만들었다. 경기가 끝난 뒤 토티는 세르히오 라모스와 사인 유니폼을 교환했다. 라모스는 트위터에 기념 사진과 함께 "큰 영광이었다. 어렸을 때부터 토티를 동경해 왔다. 그의 유니폼을 전시해 둘 것이다"라고 썼다.

그 뒤로도 세 경기 동안 토티는 벤치에서 벗어나지 못했다. 그중 세 번째 경기는 라치오와의 더비였다. 토티의 마지막 더비가 될 수도 있는데 너무한

**토티와 데로시가 더비 경기에서 벤치를 지키고 있는 장면에서 흘러간 세월이 느껴졌다**

것 아니냐는 질문을 받자 스팔레티는 "저도 미안하게 생각합니다"라고 답했다. 이날 로마의 미드필드를 케이타, 파니치, 나잉골란이 구성하면서 데로시까지 벤치에 머물렀다. 로마의 왕과 왕자가 조끼를 입고 벤치에서 수다나 떨고 있는 모습은 확실히 세대가 바뀌었다는 걸 보여 주는 상징적인 장면이었다. 대신 플로렌치가 골을 넣으며 로마 토박이의 대를 이었다.

이때까지만 해도 토티의 시즌은 말썽 말고는 기억할 만한 것이 없는, 씁쓸한 말년으로 남을 것만 같았다. 재계약 소식이 들리지 않았기 때문에 곧 은퇴할 거라는 추측이 퍼졌다. 그러나 아직 로마의 왕은 권좌에서 물러날 생각이 없었다. 라치오에 이은 상대는 볼로냐였다. 로마의 주전 공격진은 경기력 면에서 압도하고 있었음에도 불구하고 골을 넣지 못했다. 오히려 루카 로세티니에게 선제 실점을 한 뒤 전반전을 마쳤다. 하프타임에 변화가 필요했고, 스팔레티는 이아고 팔케를 빼고 토티를 투입하기로 했다.

모처럼 긴 시간 동안 뛸 수 있게 된 토티는 로마의 패스 플레이를 한 단계 업그레이드시켰다. 후반 5분, 페로티의 패스를 받은 그는 그대로 볼로냐 수비의 배후 공간에 스루 패스를 투입했다. 토티 특유의 원터치 패스가 살라에게 이어졌고, 살라가 수월하게 골을 터뜨렸다. 오프사이드가 아님을 확인한 살라는 환하게 웃으며 토티를 끌어안았다.

이 경기는 시작에 불과했다. 토티는 다음 경기인 아탈란타전에서 후반 40분 극적인 골을 터뜨렸다. 한 골 차로 뒤져 있던 로마를 3-3 무승부로 이끈 득점이었다. 그 다음 토리노와의 경기에서는 프리킥 상황에서 몸을 날려 밀어 넣은 골로 동점을 만들었고, 페널티킥까지 성공시키며 3-2 역전승을 이끌어 냈다. 페널티킥 장면을 휴대전화로 촬영하고 있던 한 팬은 자신이 익히 알던 로마의 왕이 귀환하는 장면을 보며 울음을 터뜨렸다. 토티는 이 경기를 통해 세리에 A 최고령 멀티골 기록을 세웠다.

토티는 그 다음 경기인 나폴리전 막판에 교체 투입됐고, 골이나 도움은 아니지만 나잉골란의 결승골로 이어지는 기점 패스를 제공했다. 제노아전에 후반 14분부터 기용되며 오랜만에 나온 프리킥 상황에서의 중거리 슛으로 3-2 역전승에 일조했다. 키에보전에서는 특기인 원터치 스루 패스를 통해 3-0 승리의 마지막을 장식하는 퍄니치의 쐐기골을 만들어 냈다. 시즌 최종전인 밀란전에서 토티가 또 날린 중거리 슛은 잔루이지 돈나룸마가 쳐냈다. 그러자 토티는 수비수들을 유인한 뒤 힐 패스로 살라에게 득점 기회를 열어 줬고, 이 슛이 막히자 에메르손이 다시 차 넣었다. 이 경기는 밀란의 사랑받는 골키퍼 크리스티안 아비아티의 은퇴 경기였는데, 토티는 말디니에 이어 아비아티의 잔치에도 찬물을 끼얹은 셈이 됐다.

로마는 이 일곱 경기 가운데 세 번의 한 골 차 승리를 거뒀고, 두 번 무승부를 거뒀다. 교체 투입된 토티가 아니었다면 두 번의 무승부와 세 번의 패

배가 됐을 경기들이었다. 시즌 막판 들어 특유의 뒷심 부족을 노출하기 시작
했을 때, 로마의 구원자로 등장한 선수가 토티였다. 막판 7경기의 기록만 따
지면 160분 동안 4골 2도움, 약 27분마다 한 골씩 만들어 낸 셈이었다. 시즌
이 끝났을 때 그의 통산 득점은 248골이었다.

토티는 이 짧은 시간을 통해 자신이 선수 경력 동안 보여 준 다양한 플레
이를 재현해 보였다. 쿠키아이오만 빼면 토티의 대표적인 플레이가 마치 하
이라이트 모음 영상처럼 연속으로 펼쳐졌다. 동료가 밀어 준 프리킥을 강력
한 슛으로 마무리하는 것, 페널티킥을 구석으로 차 넣는 것, 힐 패스로 상대
수비의 허를 찌르는 것, 페널티 지역 안의 동료에게 정확한 높이의 패스를
보내 후속 공격을 유도하는 것 모두 토티의 특기였다. 그중 가장 감탄을 자
아낸 건 키에보전에서의 어시스트였을 것이다. 자신에게 오는 공의 운동 에
너지를 유지한 채 방향만 바꾸는 발끝의 감각, 주위 360도의 상황을 직감적
으로 파악하는 인지 능력 모두 천재의 자질이었다. 잠피에로 벤투라 아탈란
타 감독은 "헐리우드 영화 같은 마무리를 원한다면, 토티는 훌륭한 영화를
찍고 있다"라고 말했다.

로마 팬들은 선수를 독려할 때 일종의 사투리인 '다예(daje) 로마'라는 표
현을 쓴다. '힘내라 로마' 또는 '서둘러라 로마' 정도의 의미가 있는 말이다.
토티는 이 응원을 가장 많이 받아 본 선수이자 가장 잘 끌어 내는 선수였다.
그가 그라운드에 들어설 때마다 경기장은 뜨겁게 달아올랐다. 올림피코의
관중들은 물론, 때론 상대 관중들도 그의 등장에 환호했다. 토티는 동료들의
사기를 고양시키고 고갈된 투지를 다시 차오르게 만든다는 점에서도 훌륭
한 서브 멤버였다.

## ___ 마지막 시즌

어느새 토티와의 재계약을 하지 않는 것이 미친 짓처럼 취급되고 있었다. 로마 관계자들은 2015/2016시즌 막바지로 가면서 토티를 붙잡겠다는 내용이 담긴 발언을 조금씩 흘렸다. 로마에 사는 기자들은 재계약 제의가 틀림없이 있을 것이며, 그 내용은 선수로서 뛰고 난 1년 이후에 디렉터로 자동 전환되는 내용일 거라는 보도를 했다. 밀란과 시즌 최종전을 치를 즈음, 팔로타는 "이미 토티에게 제안을 했다"고 밝혔다. 그리고 덧붙였다. "왜 아직 토티로부터 답이 오지 않는지는 잘 모르겠다."

그러나 방황은 짧았고, 곧 재계약 소식이 알려졌다. 토티는 로마에서 25번째 시즌을 보내기로 했다. 축구식으로 말하면 원 클럽 맨, 미국 프로스포츠의 언어로는 프랜차이즈 스타로서 평생 남기로 한 결정이었다. 24시즌을 한 팀에서 몸담은 선수는 말디니, 긱스 등 여러 명이 있지만 25시즌을 넘긴 선수는 단 한 명이었다. 터키에서 1920년대부터 활약한 사이드 알티노르두만 토티보다 긴 기록을 갖고 있었다. 그는 알티노르두 SK에서 27년 동안 활약했고, 이름과 함께 성도 바꿀 수 있는 터키 법 속에서 아예 자신의 성을 구단명으로 바꿔 버려 유명해진 선수였다. 또한 럭비, 아이스하키, 그리고 축구보다 선수 생명이 긴 농구와 야구 선수들 중에서도 토티보다 오래 한 팀에서 뛴 유명 선수는 없었다. 최소한 세계적인 선수들 중에서는, 토티는 모든 스포츠 종목을 통틀어 두 번째로 오래 한 팀에 몸담은 선수가 됐다.

토티의 마지막 시즌은 그리 밝은 분위기에서 시작되지 않았다. 미랄렘 퍄니치가 유벤투스로 떠나자, 데로시는 "반디에라가 되길 포기한 자"라고 비난했다. 주전급 멤버로 센터백 페데리코 파지오가 영입됐고 골키퍼로 알리손, 보이치에흐 슈첸스니가 동시에 합류했다. 여전히 좋은 멤버 구성이라고 볼 수 있었지만 문제는 챔피언스리그 플레이오프였다. 포르투와의 1차전에서 토마스 페르말런, 2차전에서 데로시와 에메르손이 퇴장당하며 1무 1패로 탈락한 것이다. 데로시의 14번째 퇴장이었다. 그는 어느덧 33세가 됐지만, 중요한 경기를 그르치는 로마인의 본능을 여전히 누르지 못하고 있었다.

토티는 시즌이 시작된 지 얼마 되지 않아 마지막 시즌에 대한 소감을 발표했다. 개인 홈페이지에 올라간 짧은 글을 보면 토티의 마지막이 다가오고 있다는 걸 새삼 실감할 수 있었다. "지난 25년은 승리, 패배, 골, 기쁨, 실망으로 가득 찼다. (중략) 최근 몇 년간 여러 감정을 경험했다. 치열함의 한가운데서 내 수준을 유지한다는 건 정말 어려운 일이었다. 확실한 건 이 유니폼을 입고 싶은 내 열망, 또한 감정을 공유하고 싶은 내 열망이 하나도 변하지 않았다는 것이다. 시간이 흐르지 않았다면, 나는 25번째 시즌을 투지와 열망을 갖고 맞이했을 것이며, 우리 동료들과 함께 팬들을 만족시키기 위해 모든 걸 바쳤을 것이다."

토티는 "중요한 도전과 새로운 가능성을 기다린다. 언제나 나를 응원해준 사람들과 함께하고 싶다. 나에게나 팬들에게나, 경기장 안에서든 밖에서든 특별한 시즌이 되었으면 좋겠다"고도 말했다.

토티는 시즌 초 여전히 슈퍼 서브였다. 토티가 처음 활약한 경기는 9월 11일 열린 삼프도리아와의 홈경기였다. 로마는 살라의 선제골로 앞서갔지만 루이스 무리엘, 파비오 콸리아렐라에게 연속골을 내주고 주도권을 잃어버렸다. 로마는 경기력도 삼프도리아보다 나빴다. 경기가 불가능할 정도로 거센 소나기가 지나가고 후반전이 시작될 때, 토티가 페로티 대신 공격수로 투입됐다.

후반 16분, 토티는 왼쪽 측면에서 공을 잡고서는 특유의 템포 빠른 플레이로 삼프도리아 수비의 허를 찔렀다. 여느 선수들처럼 짧은 패스나 돌파를

삼프도리아전의 1골 1도움으로 아직 자신이 건재함을 알린 토티의 골 세리머니

모색하는 것이 아니라, 공을 받기 전부터 문전 상황을 확인해 두고 있다가 원터치로 장거리 스루 패스를 날렸다. 수비수들의 머리 위를 넘긴 공이 제코에게 정확히 전달됐고, 제코가 쉽게 밀어 넣었다. 원터치 플레이의 최고수다운 어시스트였다.

후반 추가시간에는 거꾸로 제코가 토티에게 골을 선물했다. 제코의 수비를 막으려던 밀란 슈크리니아르가 반칙을 저질렀다. 페널티킥이 선언됐다. 토티는 유독 신중한 태도로 오른쪽 하단을 노려 킥을 성공시켰다. 광고판을 뛰어넘어 골대 뒤 응원단에게 달려간 토티는 유니폼을 벗어들고 머리 위로 흔들었다.

토티는 이번에도 1골 1도움으로 로마를 구했다. 23시즌 연속 득점이었다. 코리에레는 '주장의 봄은 끝나지 않는다'고 썼다. 경기 후 스팔레티는 "토티는 5년 정도 더 뛰어도 되겠던데요"라고 말한 뒤 "하지만 나는 로마의 새로 운 리더를 세워야만 합니다"라고 덧붙여 선을 딱 그었다. 제코 역시 "토티와 함께 뛰면 더 편해요. 하지만 난 후보에만 머무를 생각이 없습니다"라는 말로 토티에 대한 존중과 경쟁심을 함께 드러냈다.

토티의 활약은 이 시기에 집중돼 있었다. 토티는 9월 21일 크로토네를 상대로 선발 출장했다. 이 시즌 세리에 A에서 유일하게 풀타임을 소화한 경기였다. 토티는 하프라인에서 특유의 장거리 스루 패스로 제코의 골을 이끌어냈다. 살라의 어시스트를 제코가 마무리했을 때도 토티의 공격 전개가 동료들을 도왔다. 로마는 4-0으로 승리했다. 다음 상대는 떠오르는 스타 안드레아 벨로티가 이끄는 토리노였다. 토티는 0-1로 뒤쳐져 있던 하프 타임에 투입됐다. 경기 결과를 뒤집지는 못했지만, 페로티가 얻어 낸 페널티킥을 깔끔하게 처리하며 한 골을 추가했다. 토티의 세리에 A 250호 골이었다.

이틀 뒤인 9월 27일은 토티의 40번째 생일이었다. 생일 파티는 마냥 유쾌하지 않았다. 생일 기념 행사에서 일라리는 기자들과 만나게 됐고, 스팔레티에 대한 부정적 감정을 솔직하게 밝혔다. "토티가 훈련장에서 집으로 돌려보내진 건 초현실적인 일이었어요. 자기 집에서 쫓겨난 거나 마찬가지였다고요. 그가 돌아왔을 때 제가 말했죠. '스타디움으로 가자. 우리가 있어야 할 곳은 거기야.' 그리고 팬들은 토티를 버리지 않았다는 걸 보여 줬어요." 일라리는 스팔레티에 대해 "축구적인 결정은 존중하겠어요. 그러나 사람으로서의 도리를 따지자면 나는 스팔레티를 비판합니다. 그는 그릇이 작은 사람이에요"라고 이야기했다.

스팔레티는 대수롭지 않은 척 받아칠 수밖에 없었다. 이튿날 로마 공식 영상을 통해 스팔레티의 생일 축하 영상이 공개됐다. 스팔레티는 영화 〈백 투 더 퓨처〉에 나온 타임머신을 토티에게 선물하고 싶다고 말했다. "토티, 선물로 드로리안을 줄게. 과거로 갈지 미래로 갈지 마음대로 골라."

스팔레티는 일라리의 말에도 나름대로 재치 있게 받아쳤다. "토티 네 파티니까, 너와 함께 하는 여성분에게도 작은 선물을 드리고 싶어. 미아 마르티니의 노래인데 그녀가 기쁘게도 내게 이 노래를 떠올리게 했어. '작은 남자(PICCOLO UOMO)'라는 노래야."

토티와 스팔레티가 함께 만들어 온 역사에 대한 이야기도 빠지지 않았다. "네 등번호는 10번이지. 그런데 지금 우리는 9번에 대한 모색을 계속 하고 있어. 너는 그때나 지금이나 뛰어난 가짜 9번이지. 나와 함께 167경기에서 골을 넣었고 나를 99번 세리머니하게 만들었어. 가능한 가까운 날짜에 100번째 세리머니를 함께했으면 좋겠어. 그날 10점 만점에 10점을 줄게."

토티는 한동안 좋은 모습을 보였다. 챔피언스리그에서 탈락한 로마는 유로파리그에 나가야 했고, 토티가 1.5군 멤버들을 이끌고 유로파리그를 맡았다. 루마니아 구단 아스트라 지우르지우는 토티의 창의성을 감당하기 힘든 팀이었다. 토티는 문전으로 올린 프리킥과 수비진 배후로 찍어 차는 스루 패스를 통해 어시스트 두 개를 기록했다. 골키퍼가 제대로 처리하기 힘든 프리킥 강슛을 통해 파지오의 골에도 간접적인 도움을 줬다. 4-0 대승 중 세 골을 토티가 이끌어냈다. 다음 유로파리그 경기는 약 한 달 뒤인 10월 20일 열렸다. 오스트리아 비엔나 역시 토티를 제어하기엔 너무 느슨한 팀이었다. 토티는 두 개의 스루 패스로 2어시스트를 추가하며 3-3 무승부에 일조했다.

그러나 토티의 마지막 시즌은 한창 좋을 때 찾아온 대퇴이두근과 엉덩이 부상으로 흐름이 끊겼다. 로마는 곧 토티 없이 살아가는 법을 알아냈다. 스팔레티는 지난 시즌 실험한 나잉골란, 살라, 제코의 공격 조합을 본격적으로 가동했다. 나잉골란이 막대한 에너지와 중거리 슛을, 살라가 배후 침투와 드리블을, 제코가 포스트 플레이와 마무리를 맡는 좋은 조합이었다. 토티는 이

2016/2017시즌 AS 로마 베스트 라인업

듬해 1월 열린 코파 8강에서 체세나를 상대로 페널티킥을 넣으며 스팔레티 지휘하에서의 100번째 득점을 완성했다. 그 뒤로 토티가 눈에 띄는 활약을 한 경기는 없었다.

토티가 참여하기보다 지켜보는 시간이 늘어나는 가운데, 유벤투스를 힘겹게 추격하던 로마는 36라운드 맞대결에서 3-1 승리를 거두며 승점차를 4점으로 좁혔다. 로마는 남은 두 경기도 모두 잡아냈지만 유벤투스 역시 2연승으로 시즌을 마무리했고, 로마는 또 2위에 그쳤다.

토티는 올림피코에서 5월 28일 제노아와 시즌 최종전을 치렀다. 쉽지 않은 경기였다. 전반 3분, 떠오르는 유망주였던 피에트로 펠레그리가 골을 넣으며 제노아가 먼저 앞서갔다. 4분 뒤 제코가 동점골을 넣었다. 스팔레티는 경기 분위기를 바꿀 겸, 토티에게 마지막 예우를 할 겸 후반 9분 일찌감치 교체 카드를 썼다. 살라가 빠지고 토티가 경기장에 들어섰다. 올림피코에 모인 시민들이 박수로 토티를 맞이했다.

토티가 정교한 크로스를 날려 봤지만 엘샤라위의 헤딩슛은 골대를 빗나갔다. 데로시가 후반 29분 골을 넣었으나, 5분 뒤 다르코 라조비치가 또 동점을 만들었다. 아슬아슬한 경기는 후반 추가시간 제코가 따낸 공중볼을 페로티가 밀어넣으며 로마의 승리로 끝났다.

로마가 승리하며 리그 2위를 지켰고, 경기의 핵심 선수는 1골 2도움을 올린 제코였다. 제코는 29골로 시즌 득점왕을 차지했다. 로마 선수가 득점왕이 된 건 토티의 유러피언 골든 부츠 수상 이후 10년 만이었다. 마침내 로마는 최전방에 토티 대신 기용할 만한 공격수를 찾아낸 셈이었다. 제코의 활약은 토티에게 보내는 일종의 작별 인사처럼 보이기도 했다.

마지막 시즌까지 로마는 2위였다. 승점 87점으로 역대 2위팀 최고 승점을 3년 만에 또 다시 경신했는데도 여전히 2위였다. 토티가 로마에서 보낸

25시즌 중 세리에 A 준우승이 아홉 시즌이나 됐다. 2000년대 후반 인테르의 시대에도, 2010년 이후 유벤투스의 시대에도 로마가 이들의 가장 강력한 경쟁자였다. 이탈리아의 부와 축구 권력은 여전히 밀라노와 토리노에 집중돼 있었다. 남부를 대표하는 로마는 늘 힘껏 저항했지만 한계에 직면하곤 했다. 2000/2001시즌의 우승은 어느덧 까마득한 일이 되었다. 토티는 코파에서 두 번 우승하고 여섯 번 준우승했다. 수페르코파는 두 번 우승하고 세 번 준우승했다. 그는 입버릇처럼 챔피언스리그 우승을 한번 달성해 보고 싶다고 이야기했지만 최고 성적은 8강에 불과했다. 로마는 명문 구단이었지만 유럽 최고의 재력을 가진 빅 클럽이었던 적은 없었다. 그들이 유럽 정상권 전력처럼 보였던 건 토티가 있었기 때문이었다. 지난 25년 동안 토티는 로마의 저력과 위상을 한 단계 올려놓았고, 로마는 명실공히 빅 클럽이 됐다. 이제 토티 없는 시즌이 시작될 터였다.

## 작별

토티가 로마 선수로서 모든 경기를 마친 순간, 올림피코는 오로지 그를 위한 무대가 됐다. 그는 벤치에서 경기를 시작했지만 경기 전 몸을 풀 때부터 서포터 앞으로 다가가 두 손을 번쩍 들고 인사를 했다. 팬들은 카드 섹션으로 화답했다. 군데군데 흐느끼는 사람들이 보였다.

토티는 경기를 절반 가까이 소화했지만 딱히 중요한 플레이를 펼치진 못했다. 종료 휘슬은 마침 토티가 공을 갖고 있을 때 울렸다. 로마 동료들과 둥글게 서서 시즌을 마무리하는 감회를 나눈 뒤, 토티는 주인공으로서 그라운드에 섰다. 가족과 함께 돌아온 토티는 첫 마디를 떼기 전부터 이미 젖어 있는 눈으로 관중석을 천천히 훑었다. 경기장을 느릿느릿 한 바퀴 돌며 관중들과 인사를 나누던 토티는 서포터석 앞에서 두 손을 높이 들고 조금 더 깊은 교감을 나눴다. 토티의 동작은 느렸다. 공에 사인을 한 뒤 관중석으로 차 주는 일은 여느 때 같으면 단 몇 초 만에 해치웠을 것이다. 그러나 이날 토티는 시간이 지나가는 게 싫다는 듯 뜸을 들였다.

올림피코 한가운데서 토티가 팬들에게 보내는 마지막 편지를 읽었다. "로마에 감사합니다." 그는 "28년을 문장 몇 개로 요약하는 건 불가능합니다. 노래나 시를 써 보려 했지만 아무것도 할 수 없었습니다. 나는 내 발을 통해 자신을 표현하려 해 왔고, 어렸을 때부터 그게 편했죠"라고 고백했다. "이제 계단을 내려가 라커룸으로 들어갑니다. 내가 아이였을 때부터 반겨 줬고, 이제 남자가 된 나를 떠나 보내는 곳으로. 사랑으로 가득했던 28년이 자랑스럽고 행복합니다"라고 인사를 마무리했다.

토티의 인사가 끝나고 후배 선수들이 몰려들어 헹가래를 쳤다. 관중들은 장내 아나운서와 호흡을 맞춰 마지막으로 토티의 이름을 외쳤다. 전광판에 '단 하나뿐인 주장'이라는 문구가 떴다.

이탈리아 축구팬들은 문구와 그림을 통해 자신을 드러내려는 경향이 강하다. 토티의 고별전은 수많은 팬들이 만들어 온 걸개의 향연이었다. 세상에 존재할 수 있는 작별 인사의 문구가 거기 다 모여 있는 것 같았다. 그 중에는 '고마워요 캄피오네'라든가 '당신과 함께 한 24년이 영광스러웠어요'와 같은 평범한 문구도 있었다. 또 토티에게만 쓸 수 있는 특별한 문구도 있었다. '축구에 당신 같은 반디에라는 또 없을 거예요'가 그랬고, '당신은 우리와 같아요'가 그랬다. 토티가 로마 시민들과 나눈 동질감을 이만큼 솔직하게 표현하는 문구는 없을 터였다.

고별전을 치렀지만 토티는 아직 은퇴 선언을 하지 않았고, 로마 운영진에

**고별전 이후 후배 선수들의 헹가래를 받는 로마의 영원한 캡틴**

합류할지 여부를 정하지 못한 상태였다. 선수 생활을 더 이어 갈 가능성도 남아 있었다. 로마는 토티가 갈등 중이라는 걸 알고 있었다. 마우로 발디소 니 디렉터는 "토티가 선수 생활의 끝을 받아들이기 힘들어하고 있습니다. 그 러나 로마의 문은 언제나 열려 있다는 걸 알아줬으면 합니다"라며 완곡하게 은퇴를 권했다.

토티는 훨씬 젊었을 때 가진 인터뷰에서 30대 후반까지 선수 생활을 할 것 같냐는 질문을 받은 적이 있었다. 그때 토티는 그럴 일 없다며 웃어넘기 다시피 했다. 그러나 41번째 생일을 눈앞에 둔 시점에도 토티는 은퇴를 해 야 할지 갈등 중이었다.

그를 원하는 곳은 많을 터였다. 미국이나 중동으로 갈 수 있었다. 델피에 로의 길도 있었다. 아예 멀고 수준 낮은 리그로 이적해 큰 사랑을 받으며 말 년을 보내고, 새로운 경험을 하는 것이다. 델피에로는 유벤투스를 떠난 뒤 호주에서 2년 동안 활약하며 호주 A리그의 홍보 대사 같은 역할을 했고, 리그 전체의 국제적인 지명도를 크게 높였다. 도쿄 베르디가 토티를 원한다는 소식도 들렸다. 베르디는 토티를 끌어들여 전력 상승, 구단 홍보, 나아가 추후 단장직 제의까지 하며 구단 가치를 상승시키려 했다. 일본인들은 이탈리아 축구에 대한 애정이 깊다. 토티가 도쿄행을 받아들였다면 엄청난 환호 속에 선수 생활을 연장할 수 있었을 것이다.

토티는 13일 로마 시내의 데 루시에 호텔에서 팔로타와 만나 이야기를 나눴다. 이날 그의 마음은 로마의 원 클럽 맨이 되는 것으로 굳어졌다. 이 미팅이 끝나길 기다리고 있던 기자의 질문에 "아직 사인은 하지 않았어요. 아직은 디렉터가 아닙니다. 그러나 곧 합류할 거예요"라고 말했다.

사람들은 선수 토티와의 이별 과정을 긴 시간 동안 곱씹을 수 있었다. 8월, 토티의 마지막 유니폼이 지구를 떠났다. 로마는 토티를 영원히 기리기 위해 그의 유니폼을 우주 공간으로 쏘아 올리는 방법을 택했다. 프랑스령 기아나에 있는 우주 기지에서 베가 호가 우주로 발사됐다. 토티 유니폼을 입은 관계자들이 베가 호를 배웅했다. 외계의 지적 생명체가 베가 호와 마주쳤을 때, 처음 마주치는 인간의 문자가 'TOTTI 10'일 가능성이 생겼다.

8월 말에는 UEFA 회장상을 수상했다. 새 시즌 챔피언스리그 조추첨식에 참석한 토티는 알렉산데르 체페린 UEFA 회장과 함께 단상에 올라 상을 전달받았다. 토티는 "제게 중요한 의미가 있는 상입니다. UEFA에서 받은 첫 번째 상이거든요"라고 말했다. 토티는 팀 성적이 따라야 받을 수 있는 여러 상과 인연이 없었다. 대신 로마에서 보낸 25년 경력을 인정받아 뒤늦게나마 UEFA의 상을 탔다. 그는 "25년에 걸친 경력 동안, 내 꿈은 한 가지 색 유니폼만 입는 것이었습니다. 그 꿈을 이뤘죠"라고 이야기했다. 토티는 수상 당시 역대 최연소 수상자였다.

그해 12월에는 가제타 시상식에서 '스포츠의 전설' 부문의 초대 수상자로 선정됐다. 토티는 "전설이란 표현은 너무 거창하네요. 그러나 초대 수상자가 된 건 정말 기쁩니다. 여전히 축구화를 신고 싶냐고요? 종종 경기를 볼 때 그런 순간이 찾아오죠. 그러나 저 없이 선수들은 아주 잘해주고 있어요."라고 말했다.

이제 경영자로서 토티는 옛 친구들과 함께 첫 발을 떼기 시작했다. 토티보다 먼저 은퇴한 발차레티가 이미 디렉터로 활동하고 있었다. 스쿠데토를 따낼 때 함께 뛰었던 디프란체스코가 감독으로 부임했다. 말년에 세 시즌 동안 로마 골문을 지킨 데산치스는 팀 매니저를 맡았다.

토티는 존경, 최소한 존중받는 사람으로 남길 원했다. 그는 돈을 따라 움직이지도 않았고, 우승이라는 명예를 따라 움직이지도 않았다. 프로 스포츠 선수에게 가장 중요한 두 가지를 모두 포기한 토티는 자기 고향에서 이웃들과 호흡하는 구식 삶을 따랐다. 2017년에 은퇴한 슈퍼스타에게 그런 삶은 매우 드문 것이었다. 토티가 돈과 명예 대신 갈구한 것이 존중이었다.

"사람들 기억 속의 내 모습은 내가 정하는 게 아니다. 그건 사람들의 몫으로 맡겨 둔다. 축구 선수의 커리어에서 가장 중요한 건 존중받는 거라고 생각한다. 나는 충분히 받았다."

## 토티 인사이드12
## 로마에 남아 있는 토티의 흔적을 찾아가는 방법

로마인들은 토티를 머플러와 티셔츠로만 기리지 않았다. 손에 잡히는 방식으로 토티를 기념하기 위해 여러 방법을 썼다. 지난 2015년 토티의 생일을 맞아 헌정 교통 티켓이 발매됐다. 로마시 차원에서 생일 맞이 티켓을 만든 인물은 요한 23세 교황, 요한 바오로 2세 교황, 프란치스코 교황뿐이었다. 토티는 교황과 비슷한 대우를 받게 된 것이나. 로마는 오래도록 교황의 도시였지만, 이젠 토티의 도시라는 걸 잘 보여 주는 이벤트였다. 토티는 어린 시절 바오로 2세와 만나 세계 최고의 선수가 될 것을 다짐하기도 했었다.

토티를 기리는 가장 대표적인 방법은 벽화다. 한때 콜로세움 근처 골목 막다른 곳에 토티를 그린 작고 소박한 벽화가 명물로 자리 잡았었지만, 라치오 팬의 소행으로 추정되는 훼손 사건 이후 지금은 사라진 상태다.

토티의 흔적을 도시 위에 남기려는 시도는 온라인에서도 이어졌다. 팬들은 한때 로마 시내에 위치한 산타마리아 리베르트라체 공원의 안내 푯말에 '프란체스코 토티 로마 8대 왕 공원(Piazza Francesco Totti Ⅷ Re Di Roma)'이라는 새 이름을 제멋대로 인쇄해 붙여 뒀다. 이 종이는 곧 철거됐지만, 구글 지도에서 'Piazza Francesco Totti'를 검색하면 산타마리아 리베르트라체 공원 자리를 덮고 있는 새로운 지명을 볼 수 있다.

현재 토티 벽화를 가장 크고 선명하게 볼 수 있는 곳은 토티의 어린 시절 집 근처인 포르타 메트로니아 지역이다. 콜로세움에서 남동쪽으로 약 1.2km 떨어진 비아 아풀리아(Via Apulia) 거리의 초입에 토티의 대형 벽화가 그려져 있다. 바로 앞에 있는 축구장은 아들이 축구하는 모습을 보러 토티가 직접 찾았던 곳이지만 최근에는 거의 방문하지 않는다고 한다. 모두에 소개한 식당 코레 데 로마와 걸어서 약 20분 거리에 위치해 있으므로 토

토티의 어린 시절
집 근처에 그려진 토티 벽화

토티의 유명한 셀카 세리머니를
묘사한 그래피티

티를 기념하고 싶다면 로마 여행 중 두 장소를 한 번에 방문하는 것이 가능하다.

　그밖에도 그래피티 수준의 작은 벽화들은 로마 시내에 수시로 생겼다가 사라지곤

한다. 로마를 걸어서 여행하는 사람이라면 기대하지 않은 장소에서 갑자기 튀어나오는

토티의 얼굴을 만날 수 있다. 2018년 2월, 로마의 중앙역인 테르미니 역 근처에는 토티

의 셀카 세리머니 장면을 그린 그래피티가 있었다.

　AS 로마 팬숍과 올림피코의 팝업 스토어에서는 여전히 토티 관련 기념품을 다양하

게 판매하고 있다. 구단에서 제작한 토티 관련 티셔츠, 토티의 이름이 마킹된 유니폼이

서비스된다.

## 토티 인사이드 13
### 토티의 베스트

토티의 은퇴를 맞아 AS 로마 홈페이지에서 진행된 설문 결과다.

총 33,415명이 참여했다.


**베스트 시즌** : 2000/2001 (68%)

**베스트 이탈리아 대표팀 골** : 유로 2000 네덜란드전 승부차기 (36%)

**베스트 대표팀 경기** : 2006년 월드컵 호주전 (60%)

**베스트 로마 경기** : 2001/2002 라치오 대 로마 (41%)

**베스트 어시스트** : 2002/2003 유벤투스전에서 카사노에게 준 패스 (66%)

**베스트 골** : 2005/2006 인테르전 득점 (48%)

**베스트 더비 골** : 2014/2015 득점 (51%)

**베스트 파트너** : 빈첸조 몬텔라 (37%)

**베스트 세리머니** : '셀카' 세리머니 (51%)

**최고의 성취** : 로마에서 25년간 뛴 것 (71%)

# 에필로그

파리 오를리 공항에서 로마행 비행기를 기다리고 있을 때, 나는 로마에 앞서 AS 로마의 디렉터 한 명을 마주쳤다.

그날 파리에는 눈이 내렸다. 한국 기준으로는 평범한 함박눈이었지만 파리에서 그 정도면 폭설인 모양이었다. 저가 항공이 무더기 결항됐고, 심지어 어느 게이트에서 몇 시에 비행기를 탈 수 있는지 알려줄 생각도 없어 보였다. 혼란에 빠진 여행자들 사이에서 '원래 포르투갈 항공사로 파리와 로마를 오가려면 이 정도는 감수해야지'라는 듯 태연한 표정을 하고 있는 남자가 보였다. 단발머리에 벨벳 자켓을 입고도 느끼하기보다 고급스러워 보이는 남자, 페데리코 발차레티였다. 그는 한때 로마 선수였다. 토티보다 다섯 살 어리지만 3년 먼저 은퇴해 로마 디렉터로 일하고 있는 그는 파리의 집에서 로마의 직장으로 이동하는 중이었다. 그와 만나 잠깐 이야기를 나눴다. 토티에 대한 책을 쓰는 와중에 그 지인을 만났다는 게 신비한 일처럼 느껴졌다. 그와 셀카도 한 장 찍었다. 원래 축구 기자들은 축구인과 사진을 잘 찍지 않는다. 발차레티는 내가 셀카를 요청한 첫 축구인이었다.

짧은 로마 여행을 통해 그 도시와 스타디오 올림피코, 그리고 로마 구단의 현재를 느껴 보려 했다. 이 책은 토티의 과거를 다루고 있지만 종종 로마라는 도시가 어떤 곳인지를 이야기하기도 한다. 바로 지금 로마가 어떤 곳인지 잠깐이라도 느껴 봐야 도움이 될 거라고 생각했다. 그리고 내가 받은 인상을 책에 반영하려 했다. 토티가 살던 동네 근처에서 만난 아저씨들은 로마 팬과 라치오 팬이 섞여 있었다. 라치오 팬 아저씨는 고급스런 옷차림을 한 신사였는데, 영어는 서툴렀지만 토티에 대한 적개심을 생생하게 드러냈다. 그 앞에서 토티 이야기를 더 하다간 욕을 바가지로 얻어먹을 것 같아 대강 얼버무렸다. 로마 팬 아저씨가 "이 친구 좀 이해해 줘. 우리 관계 잘 알잖아" 라고 분위기를 누그러뜨리려 노력했다.

로마는 2017/2018시즌 토티가 밟아 보지 못한 챔피언스리그 4강에 진출했다. 이렇게 되자 토티가 오히려 로마의 잠재력을 제한하고 있었던 게 아니냐는 말도 나왔다. 말도 안 된다. 오히려 중상위권 구단에 불과했던 로마를 정상에 도전할 만한 팀으로 탈바꿈시킨 존재가 토티였다. 로마의 챔피언스리그 4강은 토티가 없어서 가능했던 게 아니라, 토티가 지난 25년 동안 헌신한 토대 위에서 가능했던 것이다.

이 책을 위한 작업은 대체로 즐거웠다. 1990년대 초반부터 시작되는 토티의 영상을 매 경기 찾아보는 건 유쾌한 일이었다. 토티 특유의 황당한 플레이가 이어지는 모습을 보고 있노라면 일을 하는 중이라는 걸 잊어버리고 순수한 시청자가 되곤 했다. 그러다가 집필 일정이 자꾸 미뤄졌다. 내게 이 책을 제안해 주고 기다려 준 브레인스토어에 감사드린다. 딸 재인이를 돌봐주고 날 지지해 준 아내 수연과 가족들에게 감사한다는 말도 꼭 남겨 두고 싶다. 책을 쓴 시간만큼 딸의 유년기를 놓쳤다. 그럴 가치가 있는 책이길 바란다. 칼초에 대한 이야기를 열심히 나누고 있는 한국의 축구 팬들, 특히 커뮤니티 사이트 세리에 A 마니아에도 감사드린다.

2018년 5월

김정용

# 추천의 글

'나는 이탈리아 축구에 관한 책을 쓸 한국인 저자를 추천해 달라는 요청에 반사적으로 김정용을 떠올렸다. 더 나은 인물이 없는지 잠시 검토한 뒤, 나는 입장을 굳혔다. 역시 김정용이 좋겠네요.'

김정용이 쓴 이 책의 서문에 인물 대신 책을, 토티 대신 김정용의 이름을 넣어 봤다. 역시나 낯간지러운 글이 되어 버렸다. 표현은 조금 그렇지만, 그 안에 담긴 의미엔 아무런 문제가 없다. 요컨대, 누군가 내게 실제로 저런 요청을 건넸다면 달리 생각했을 리 없을 거란 얘기다(실은 동시에 두 명이 떠올랐다는 게 함정이지만 이 글은 추천사이니 자세한 설명은 생략하기로 한다).

세상에 존재하는 다양한 저널리스트 가운데 스포츠 기자는 여러모로 독특한 직종이다. 그중 가장 큰 특징은 자율성이다. 스포츠 보도 분야에서는 전통적 의미의 스트레이트 기사가 차지하는 비중이 감소하면서 기자 개인이 자신의 주관이나 역량을 드러내는 일이 흔해졌다. 덕택에 스포츠 기자들은 다른 분야에 비하면 자기 스타일을 구축할 기회를 빨리 얻는 편이다.

내 눈에 김정용은 지금 현재 한국에서 가장 독창적인 스타일을 갖춘 축구 기자 중 한 명이다. 관심의 폭이 넓고, 또 제법 깊다. 오며가며 느낀 바로는 축구 외에도 흑인 음악이나 서브 컬처에 특히 관심이 많은데 이 직업을 가진 이들 중에 그리 흔한 취향은 아니다. 이런 그의 남다른(?) 심미안은 축구에서도 예외는 아니어서, 대개의 동료들이 일로든 취미로든 열광하는 EPL 이나 K리그, 또는 라리가나 분데스리가가 아닌 이탈리아 세리에 A에 대한 관심을 꽤 긴 시간 유지해 왔다.

지난해였다. 그런 김정용이 이탈리아 축구에 관한 책을 낼 예정이란 소문을 듣고 잔뜩 기대감이 들었던 기억이 난다. 불쑥 휴가를 내고 이탈리아로 건너가더니 인스타그램에 여러 도시의 축구장 사진을 찍어 올렸던 것도 생각난다. 그게 바로 이 책을 위한 노정이었다는 걸 뒤늦게 알게 됐다.

이탈리아 축구를 향한 애정에 '읽을 맛' 나는 필력까지 겸비한 저자가 쓴 이 책은, '프란체스코 토티'라는 아이콘이 걸어 온 길을 통해 이탈리아 축구의 한 시대를 반추한다. 토티가 평생 몸담은 AS 로마와 이탈리아 대표팀을 중심으로 전개되는 이야기를 따라가다 보면 이 책에 붙은 '로마인 이야기'라는 제목이 단순한 클리셰가 아니라는 걸 알게 될 것이다.

서형욱 MBC 축구해설위원